DIE BERÜHMTEN

Archäologen

DIE BERÜHMTEN

Archäologen

Vorgestellt von Andrea Rottloff

Philipp von Zabern

Inhalt

Einführung

Ein Buch über Archäologinnen und Archäologen? Gibt es das nicht längst? Bücher über die Geschichte der Archäologie gibt es sicher, aber wenige über die handelnden Personen selbst. Hier soll jedoch keine reine Aufzählung von Lebensdaten oder wissenschaftlichen Leistungen geboten werden, denn das ist andernorts nachzulesen. Die Forscherbiografien sind im Folgenden immer mit einem Blick aufs Persönliche, Anekdotenhafte, Schlaglichtartige geschrieben – Lebenssplitter eben, eingebunden in ihre Zeit und ihr Umfeld. Dabei ist die Auswahl der behandelten Personen mehr oder weniger subjektiv und hängt natürlich von der Quellenlage ab. Viele sicher ebenso spannende Individuen mussten wieder ausgeschlossen werden, da es über sie einfach nicht genug verlässliches Material gibt. Ansonsten sollte etwas von dem enthalten sein, was das gängige Bild der Archäologie in der Öffentlichkeit ausmacht. Daneben wird aber auch Unbekanntes oder Vergessenes zu berichten sein, was in seiner Lebensnähe aufzeigt, dass selbst die Archäologen des 19. Jhs. nicht so weit von uns heutigen, „modernen" Menschen entfernt waren.

Chronologisch umfassen die Biografien dieses Bandes die Neuzeit. Abgesehen von einem frühen Humanisten des 16. Jhs. beginnt die Reihe mit dem „Gründervater der Archäologie" Winckelmann und behandelt viele seiner unmittelbaren Nachfolger und Nachfolgerinnen des 19. und frühen 20. Jhs. Dabei sind die frühen Archäologen zugleich Reisende, denn das Reisen gehörte ab der Renaissance zur Bildung, während man in den Epochen zuvor, namentlich im Mittelalter, kaum aus anderen als politischen, religiösen oder wirtschaftlichen Gründen reiste. Daraus folgt zwangsläufig, dass wir nur wenigen Mitgliedern der Unterschicht begegnen werden – die meisten stammten aus adeligen, groß- oder gutbürgerlichen Verhältnissen und konnten sich Reisen und kulturelles Interesse leisten. Oftmals wurden diese angehenden Altertumskundler als Kinder oder Jugendliche von Vätern, Onkeln oder sonstigen Verwandten, die selbst Sammler waren, angeregt und setzten die Familientradition später als Erwachsene fort.

Aus Gründen der Fairness und der Objektivität wurden nur bereits verstorbene Wissenschaftler aufgenommen. Geordnet sind sie chronologisch nach Geburtsjahr, was den Vorteil hat, dass alle Wissenschaftler einer Generation parallel besprochen werden. Irgendwann entstand beim Schreiben der Eindruck, eine große, gut vernetzte Familie vor Augen zu haben, denn fast immer gibt es Querverbindungen durch zufällige Besuche oder aber durch enge Zusammenarbeit, ganz zu

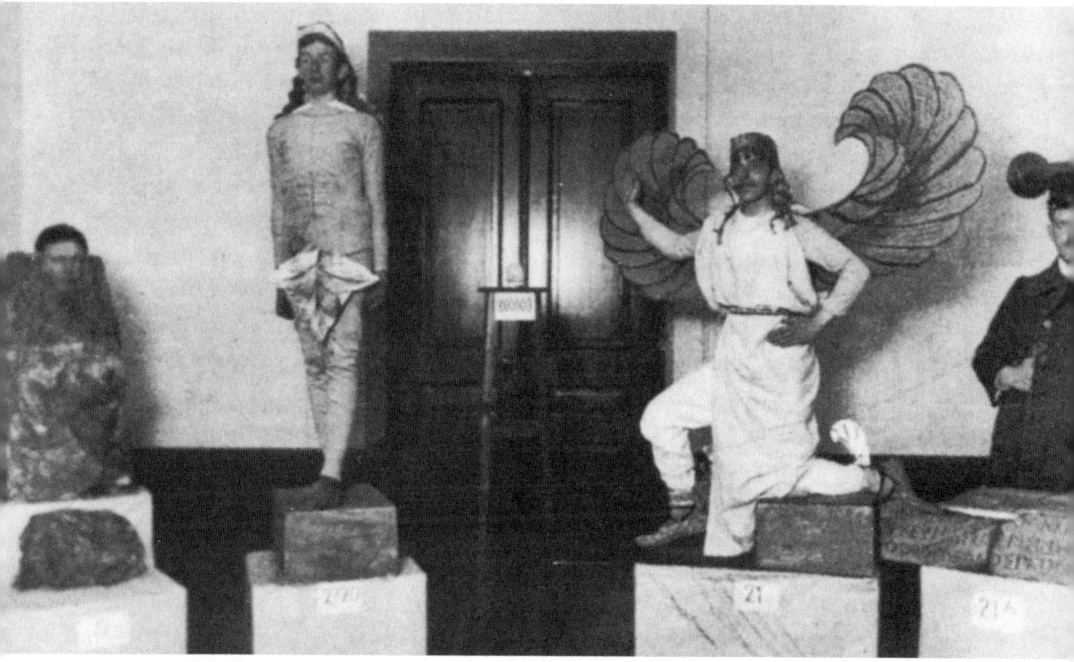

Karneval im DAI Athen um 1910. Von links nach rechts: Georg Lippold, versteckt hinter einem Stein, Eduard Schmidt als Kouros mit gigantischem Efeu-Feigenblatt, Camillo Praschniker als Gorgo im Knielaufschema, Otto Walter als Museumswächter.

schweigen von den unzähligen Briefen und Tagebuchnotizen. Hier war der Punkt, wo das Thema endgültig seine Sprödigkeit verlor und zum spannenden Abenteuer wurde. Die Zeit des Nationalsozialismus wird bewusst nur am Rande gestreift, denn sie wäre in diesem Rahmen nicht erschöpfend zu behandeln und fordert noch langjährige Forschungen ein. Sowohl „Täter" als auch „Opfer" kommen vor, gibt es doch so viele Lebensentwürfe, wie es Biografien gibt. Was den räumlichen Rahmen dieser Porträts betrifft, so wurden bewusst Europa und der Mittelmeerraum, die „Alte Welt", als Schauplatz gewählt. Ausgeklammert wurden jene Forscher, die sich amerikanischen, ostasiatischen oder ozeanischen Kulturen verschrieben haben, denn das ist eine völlig andere Welt, selbst wenn die Lebenswege vergleichbar sein mögen.

Was aber ist nun ein „richtiger Archäologe", eine „wahre Archäologin"? Sicherlich nicht nur jemand, der einen Universitätsabschluss oder gar eine feste Stelle hatte. Gemeint sind hier all diejenigen, die ihr Leben ernsthaft und ohne materielle, „schatzgräberische" Hintergedanken dem Erforschen alter Kulturen und dem Ausgraben und Sammeln von deren Hinterlassenschaften gewidmet haben. Im 18. und 19. Jh. wurde die Grauzone zur reinen Schatzgräberei oft noch wie selbstverständlich überschritten. Deswegen sind die handelnden Personen nicht unbedingt schlechtere Archäologen, nur eben andere. Ein Belzoni, Schliemann oder Petrie konnte von den gleichen Idealen geleitet sein wie ein Furtwängler oder Buschor, oder aber, wie im Falle von Petrie geschehen, erst genau die Kriterien entwickeln, die für die nachfolgenden Forschergenerationen maßgeblich werden sollten. Und auch bei Männern wie Howard Carter, der fachlich ein hervorragender Ausgräber war, gerät die wissenschaftliche Leistung allzu leicht hinter der Sensation eines geglückten Schatzfundes wie dem Grab des Tut-anch-Amun und dem mysteriösen „Fluch der Pharaonen" in Vergessenheit.

Sollte bei ihren Unternehmungen tatsächlich noch ein wenig Abenteuer dabei sein, so kann das durchaus nicht schaden, hilft es doch vor allem dabei, die Ergebnisse dieser scheinbar so „staubtrockenen" Disziplin einem breiteren Publikum zugänglich zu machen und dieses für die Archäologie zu begeistern. Gerade im Blick des Indiana-Jones-geübten Laien sind Archäologie und Abenteuer untrennbar verbunden. Oft spielen sogar die Archäologen selbst mit diesem Motiv, war doch in früherer Zeit das Abenteuer, in fremde Länder zu reisen und dort allen Widrigkeiten zum Trotz zu forschen, sehr real. Es ist zudem das Abenteuer des Entdeckens: Auf einer Ausgrabung etwas aus der Erde zu holen, das dort Jahrtausende unsichtbar war; aber auch in Museen und Magazinen etwas aus den Kisten des Vergessens zu holen und neu zu würdigen – im Idealfall fühlen sich Archäologen wie Kinder beim Auspacken der Weihnachtsgeschenke. Doch hinter all dem steht die eine Frage an die Menschen der Vergangenheit: *„Wie habt ihr gelebt?"* (Agatha Christie). Das herauszufinden ist das Ziel jedweder Archäologie.

„Ich würde ihr das beste Prädikat geben, wenn nicht diese ausgezeichneten Leistungen, die eben doch nur männlichen Naturen gelingen, vorbehalten bleiben müsste(n)."

Aus dem Gutachten von Ludwig Curtius über die Dissertation von Hermine Speier, 1925

Frauen in der Archäologie?

Einen ganz anderen Problemkreis schneidet der zweite Kernpunkt der folgenden Porträts an: Die Rolle der Frau in der Archäologie. Ich gebe es offen zu, mein erstes Ziel bei der Zusammenstellung dieses Bandes war es, das so ungleich gewichtete Geschlechterverhältnis des 1988 erschienenen Bandes „Archäologenbildnisse" zu verschieben, in dem unter 174 porträtierten Wissenschaftlern nur zwei Frauen zu finden sind. Nun gut, könnte man meinen, es gab eben nicht mehr Frauen in diesem Männerberuf. Genau das aber ist nicht der Fall. Wie in allen anderen Disziplinen hatten es Frauen im 19. und frühen (?) 20. Jh. schwer, sich im Fach zu behaupten, doch deswegen haben sie ihren Lebenstraum nicht aufgegeben. Geradezu symptomatisch sind dabei die an den Anfang dieses Unterkapitels gesetzten Zeilen aus dem Dissertationsgutachten für Hermine Speier, in dem selbst ein solch gewiefter Autor wie Ludwig Curtius einen klassischen, chauvinistischen Zirkelschluss präsentiert: Einerseits behält man die besten Noten den Männern vor, weswegen andererseits auch nur sie eine solche erreichen können? Wer ist hier die Henne (eigentlich: der Hahn), wer das Ei?

Dabei geht es mir nicht einmal um dezidiert feministische Fragestellungen, sondern einzig und allein darum, den Frauen den ihnen gebührenden Platz in der Forschungsgeschichte zurückzugeben. Man kann die Vergangenheit nicht verändern, aber man kann sie ehrlicherweise so darstellen, wie sie gewesen ist: Es gab eindeutig mehr als zwei Archäologinnen in der Geschichte der Wissenschaft. Da es Frauen bis ins 19. Jh. noch verwehrt war, an Universitäten zu studieren, bis ins frühe 20. Jh. zu habilitieren, eigneten sich viele der Genannten ihre Bildung zwangsläufig entweder durch Hauslehrer oder aber autodidaktisch an. In Deutschland gab es vor dem 1. Weltkrieg ganze fünf Promotionen von Frauen in Klassischer Archäologie. Zumindest bis einschließlich der Zeit des 2. Weltkrieges blieben Frauen die skeptisch beäugte Ausnahme, denen man, wenn schon nicht mehr die geistigen Fähigkeiten zu wissenschaftlichem Denken, so doch die körperliche Befähigung zur „Männerarbeit" des Ausgrabens absprach.

Trotzdem hat es immer Archäologinnen gegeben. Wer aber waren diese Frauen? Und in welchem Verhältnis standen sie zu den archäologisch tätigen Männern ihrer Generation? Nur wenige der Frauen waren verheiratet, und wenn, dann blieben sie meist kinderlos. Eine volle Berufsausübung stand und steht dem Gründen einer Familie entgegen, wie schon Kathleen Kenyon 1970 anmerkte. Häufig waren sie die mehr oder weniger freiwillig tätigen Ehefrauen männlicher Forscher, oft sogar die eigentlich treibende Kraft hinter dem Gespann (Jane Dieulafoy) – oder die engagierte, aber doch von außen auf den Wissenschaftszirkus blickende genaue Beobachterin (Agatha Christie). In der von Männern geschriebenen Forschungsgeschichte wird dann gerne nur der männliche Part genannt – wer kennt schon Hilda Urlin, die zeitlebens freiwillig im Schatten ihres berühmten Mannes Flinders Petrie blieb? Und keineswegs alle waren, wie Margaret Murray oder Hanna Rydh, Feministinnen. Es gibt sogar heute noch Archäologinnen, die der Frauenfrage irritiert bis ablehnend gegenüberstehen. Was für eine Frauenfrage? Wir waren nur am Fach interessiert, nicht daran, uns in den Vordergrund zu drängen, bekommt man dann als Antwort.

Die Archäologie ist und bleibt eine von Männern dominierte Wissenschaft, und eine Frau, die in diesem Rahmen von sich reden machen will, muss entweder bereit sein, die männlichen (Macht-)Strukturen zu verinnerlichen und damit zwangsläufig einen Teil ihres Frauseins zur Disposition zu stellen, oder aber sie wendet sich scheinbar (Schmuck, Textilien) oder dezidiert „weiblichen" Themen wie Matriarchat und Fruchtbarkeit zu, was mit Sicherheit – abgesehen von männlicher Häme und Spott – auch heute noch nicht ohne die Frage nach ihrer wissenschaftlichen Qualifikation abgehen wird (vgl. die Arbeiten von M. Gimbutas und M. K. König). Frauen spiel(t)en oft nur Nebenrollen, waren „dienstbare Geister" und Hilfsarbeiter, aber keine ernst zu nehmenden Kolleginnen – viele von uns werden sich in der einen oder anderen der hier vorgestellten Frauenbiografien zumindest ansatzweise wiedererkennen: *„Es ist wie beim Geschirrspülen – es fällt erst auf, wenn es keiner mehr macht"* (Liv Dommasnes).

Ein ursprünglich angedachtes reines Archäologinnen-Buch hätte allerdings den wahren Eindruck verfälscht, denn es gab nie eine ausschließlich weibliche Archäologie, weshalb man immer die Männer mit betrachten muss – schließlich sind beide ein Teil der Wissenschaftsgeschichte. So, wie es nicht **die** weibliche Karriere gibt, existiert nicht **die** standardisiert männliche. Daher wurde versucht, verschiedene Lebensentwürfe von Individuen nebeneinanderzustellen, die zusammen wie bei einem Mosaik ein buntes Gesamtbild ergeben.

Ratsherr und Antiquar

Conrad Peutinger

Name: **Conrad Peutinger**
Geboren: **14. Oktober 1465 in Augsburg**
Gestorben: **28. Dezember 1547 ebenda**
Tätigkeiten: **Ratsherr, Antiquar, Humanist**
Besonderheit: **Begründer der Römerforschung in Augsburg**

Peutinger gehört zu denjenigen süddeutschen Humanisten, die sich als Erste auch mit der Vergangenheit ihrer eigenen Heimat befassten. Dabei war ihm weniger die Regionalgeschichte an sich als deren Einbindung in die Römische Geschichte wichtig.

Wer war das?

Peutinger entstammte einer nicht-patrizischen Kaufmannsfamilie und war über die Ehe mit seiner Frau mit der patrizischen Kaufmannsfamilie der Welser verschwägert, was ihm sozialen Aufstieg brachte. Als Jura-Student hatte er fünf Jahre (1482–1486) in Italien verbracht, wobei er sein intensives Interesse an der Geschichte ausbildete. Wieder zu Hause, wurde er ab 1497 zum Stadtschreiber der Stadt Augsburg, Kaiserlichen Rat und einflussreichen Politiker. So gehört sein Bericht über den Wormser Reichstag 1521, als über Luther geurteilt werden sollte, zu den wichtigsten Quellen der Reformation. Neben seiner offiziellen Tätigkeit war Peutinger Humanist und Bücherfreund und hatte sich im Laufe der Zeit eine große private Bibliothek angelegt, in der unter anderem auch Aventin, der „Vater der bayerischen Geschichtsschreibung" (und der Limesforschung) studierte, als er sein Geschichtswerk für Albrecht IV. schrieb.

Peutinger hatte gute Kontakte zu allen wichtigen Personen seiner Zeit, etwa Erasmus von Rotterdam. Seinen Beziehungen nach Italien verdankte er einen beständigen Nachschub an lateinischen Büchern. Auch mit mehreren Augsburger Druckern unterhielt er Geschäftsbeziehungen. Zwei seiner engsten persönlichen Freunde waren Willibald Pirkheimer, der Nürnberger Kaufmann und Humanist und seinerseits Freund von

Dürer, sowie Michael Hummelberg aus Konstanz, mit dem er über humanistische Themen korrespondierte. Dieser schickte ihm einmal den Bericht über eine von einem ortsbekannten Wahrsager geleiteten „Schatzsuche", die aber nicht zum gewünschten Ergebnis, nämlich der Auffindung eines Schatzes, geführt hatte. Dazu ist zu bemerken, dass im 15. und 16. Jh. die Schatzsuche unter Einsatz der „verbotenen Künste" (*verpottne kunst*), also Magie oder Wahrsagerei, bei Strafe verboten war. Nur wer einen Schatz zufällig, etwa bei der Feldarbeit, entdeckte, musste keine Verfolgung fürchten – das galt auch für antike Schatzfunde.

Szenen einer Ehe im 16. Jh.

1498 heiratete der 33-jährige Conrad Peutinger die 17-jährige Kaufmannstochter Margarethe Welser. Während der Brautvater, Anton Welser der Ältere, das Geld hatte, besaß Peutinger die guten Beziehungen bis hin zum Kaiser – und beiden Seiten war geholfen. Das Ehepaar bekam zehn Kinder und war fast 50 Jahre lang verheiratet. Interessant ist diese Ehe für uns vor allem dadurch, dass sie Margarethe mit Peutingers humanistischer Tätigkeit und Antikenleidenschaft in Verbindung bringt. Sie hatte für eine Frau des 15./16. Jhs. eine hervorragende Bildung genossen und zusammen mit ihrem Bruder Latein gelernt, was auch die Peutinger-Töchter zusammen mit den Söhnen bei einem Hauslehrer erlernten. Die älteste Tochter Iuliana hielt beispielsweise im zarten Alter von drei Jahren eine lateinische Ansprache an den Kaiser (die natürlich von ihrem Vater verfasst und mit diesem eingeübt worden war). Damals galt, dass das Können von Frau und Kindern auf den Hausherrn zurückfiel, und Peutinger wurde nicht müde, die diesbezügliche Begeisterung seiner Gattin immer wieder zu betonen. So baute er es in seine Korrespondenz ein, dass sich seine Frau *„in ihrer beider Freizeit"* mit ihm in die Studierstube gesetzt und Bibelausgaben verglichen habe. Sie schrieb auch einige der römischen Inschriften ab und assistierte ihm anderweitig bei seinen Studien – stolz nannte er sie *„socia et assecla"*, „Partnerin und Anhängerin", was soviel wie „Schülerin" bedeutet.

Es ist ein angeblich von Margarethe verfasster lateinischer Brief an ihren Bruder in Rom überliefert, der ihre hohe Bildung illustrieren sollte – dieser wurde aber von Conrad selbst geschrieben (und von Margarethe dann der Authentizität halber abgeschrieben), um mit der Gelehrtheit seiner Gattin anzugeben: Er wollte sich „mit ihr schmücken" und in Italien den Eindruck erwecken, dass man im Norden der Alpen inzwischen so gelehrt sei, dass sogar eine Ehefrau und vielfache Mutter, eine *foemina Germana*, die Zeit und Bildung hatte, sich haarklein mit antiken Autoren auseinanderzusetzen. Eine Frau der Renaissance sollte, ganz in altrömischer Tradition, „*bene morata et erudita*", „gesittet und gebildet" sein – was für ein Gegensatz zur viktorianischen Epoche, als man befürchtete, zu eifriges Studieren führe bei Frauen zur „Gehirnerweichung"! Doch bereits Freund Hummelberg, der selbst nicht verheiratet war, war anderer Ansicht, wie wir aus seinen misogynen Bemerkungen schließen können. Er war überzeugt, dass Frauen generell nur „*zum Spinnen und Weben*" geboren seien und einen „*schwachen und kraftlosen Verstand*" besäßen ... Aristoteles lässt grüßen, sorgsam über die Zeit getragen von unzähligen spätantik-mittelalterlichen Frauenverächtern in der Tradition des Hieronymus.

Was hat er geleistet?

Peutinger war der erste, der die immer wieder zutage tretenden römischen Funde seiner Heimatstadt Augsburg ordnete, wobei er sich auch mit dem Namen der Stadt selbst beschäftigte. Warum hieß sie wie so viele weitere „*Augusta*"?

Es waren vor allem Inschrift-Steine, die in den Gärten der locker besiedelten Frauenvorstadt nördlich des Doms immer wieder auftauchten – wann immer man eine Grube aushob, etwa um das „*haimlich gemach*" (die Latrine) zu leeren, dessen Inhalt einfach im hinteren Teil der Gärten vergraben wurde. Die Sammler waren Patrizier, aber auch einfachere Bürger – so ist ein Weber bekannt, der einen solchen Fund der Nachwelt überlieferte. Doch Peutinger sammelte nicht nur Inschriften aus Augsburg, sondern aus der ganzen römischen Welt, die er sich in Abschriften von überall her schicken ließ.

Conrad Peutinger wohnte ab 1515 direkt südlich des Augsburger Domes, wo noch heute Inschriftensteine eingemauert sind. In seinen Schriften wird oft angegeben, ein Stein befinde sich „*in aedibus Peutingerorum*" (im Hause Peutinger), andere in seinem vor der Stadtmauer gelegenen Garten. Das Vorbild für eine solche Antikensammlung ist sicher in Italien zu suchen, doch darf auch der Wille, die Antiken vor der Zerstörung zu bewahren, nicht unterschätzt werden. Möglicherweise haben er und andere Patrizier auch Steine getauscht oder aneinander veräußert, da bei einigen bekannt ist, dass sie sich zuvor in anderem Besitz befanden („*in aedibus Georgii Mulich*"). Im Vorwort zu der gleich zu besprechenden Inschriftensammlung prangerte Peutinger die Ignoranz und Nachlässigkeit seiner Zeitgenossen im Umgang mit antiken Denkmälern an (*accedit inscicia et negligentia nostrorum hominum*), die entweder zu Kalk gebrannt oder in Häuser eingemauert wurden.

„Den Fehlern der Alten folgt die Ignoranz und Vernachlässigung durch unsere eigenen Leute."
Peutinger über die Zerstörung antiker Inschriften

1505 erschien sein Buch „*Romanae vetustatis fragmenta in Augusta Vindelicorum et eius dioecesi*", einer der ersten systematischen Kataloge (Inschriftensyllogen) römischer Inschriften überhaupt. Er stellt 23 römische Inschriften aus Augsburg und seinem Umland bis Kempten und Lauingen vor und bildete selbst für Friedrich Vollmers *Inscriptiones Bavariae Romanae* von 1915 noch eine der Grundlagen. Interessant ist der Fall einer Inschrift aus Biberbach, drei Meilen nördlich von Augsburg gelegen. Sicherlich hat Peutinger sie vor Ort aufgenommen, dabei aber einen Lese-/Abschreibfehler begangen, der bei späterer Erwähnung der Inschrift bereits korrigiert ist. Peutinger bemühte sich, im gedruckten Schriftbild den Originalen so gut wie möglich nahezukommen, sah er sie doch als historische Dokumente. Auch die Fragmentierung und die Zeilenumbrüche der Inschriften waren im Druckbild erkennbar, was für die damalige Zeit revolutionär war, da man normalerweise Inschriften wie Fließtext behandelte und Ergänzungen nicht eigens hervorhob. Offensichtlich wollte er mehr erreichen, als nur den reinen Text wiederzugeben, und so sind oft auch die Fundorte genannt. Ein solches Buch war in sich selbst ein Kunstwerk – besonderer Luxus war, dass in diesem Fall das teure Papier durch den breiten weißen Rand nur schlecht ausgenutzt wurde. 1520 erfolgte dann eine Neuauflage des Werkes, das um elf Neuerwerbungen Peutingers ergänzt worden war.

Das zweite wichtige Sammelgebiet eines Humanisten wie Peutinger waren die antiken Münzen. Im Gegensatz zu den Inschriften interessierten hier nicht die Fundorte, sondern allein ihre antiquarische Bedeutung. Darstellungen wie mythologische Themen wurden ausführlich ikonografisch besprochen, wobei es ein Zeichen für hohe Bildung war, wenn man eine unbekannte Darstellung identifizieren und in ihren Zusammenhang inklusive literarischer Erwähnungen einordnen konnte. Eine gut erhaltene und lückenlose Reihe römischer Kaiser zu besitzen, war das oberste Ziel. Peutinger korrespondierte hierüber sogar 1510 mit Kaiser Maximilian I. und lieh sich Münzen aus dessen Sammlung für sein nie publiziertes „Kaiserbuch“ aus. Dabei fällt auf, dass das Prinzip des Schatzfundes beiden ein Begriff war, da sie sich jeweils auf einen kürzlich aufgefundenen Hort beziehen, der Münzen von besonderer Qualität geliefert hatte. Peutinger ließ die vom Kaiser ausgeliehenen Münzen abzeichnen („*zu meiner notturft ab lassen machen*“) – es gab bereits im 16. Jh. darauf spezialisierte Zeichner, die *„antiquitetabconterfetter“*. Interessant ist auch die Ansprache der Münzen als „heidnisch“. Das ist keineswegs negativ gemeint, sondern weist darauf hin, dass man sich in Humanistenkreisen der entscheidenden Bedeutung des Übergangs von der griechisch-römischen („heidnischen“) Epoche zur christlichen durchaus bewusst war.

Was bleibt?

Mit der Inschriftensammlung des Conrad Peutinger vom Anfang des 16. Jhs. beginnt nicht nur die Auseinandersetzung mit der Augsburger Stadtgeschichte, es werden auch erste denkmalpflegerische Erwägungen sowie Fundkritik geäußert. Damit war der Grundstock für eine Römerforschung gelegt, die so erst wieder im 18./19. Jh. fortgesetzt werden sollte und heute durch die Arbeit der Stadtarchäologie systematische Formen angenommen hat.
Nach dem Humanisten ist heute das Peutinger-Gymnasium in Augsburg benannt.

Getriebener Schöngeist

Johann Joachim Winckelmann

Name: **Johann Joachim Winckelmann**
Geboren: **9. Dezember 1717 in Stendal**
Gestorben: **8. Juni 1768 in Triest**
Tätigkeiten: **Archäologe, Antiquar, Kunstschriftsteller**
Besonderheit: **Vater der wissenschaftlichen Kunstgeschichte**

Winckelmann gilt als Begründer der Archäologie als Wissenschaft, indem er das bis dahin vorherrschende reine Kunstsammeln auf ein festes theoretisches Fundament setzte. Viele Archäologen und Kunsttheoretiker haben sich seither auf ihn berufen.

Wer war das?

Winckelmann war der Sohn eines einfachen Schuhmachers in Stendal, durfte aber die Lateinschule besuchen. Aufgrund seiner umfassenden Interessen eignete er sich – größtenteils im Selbststudium – eine große Allgemeinbildung an. Auch seine Studienfächer zeigen eine breite Themenpalette: Theologie, Hebräisch, Griechisch, Geschichte, Recht, Medizin, Mathematik. Die Altertumskunde kam hier zunächst nur am Rande vor. Er nahm eine Stelle als Hauslehrer an, die ihm die Möglichkeit gab, seine Studien weiter zu vertiefen. Am liebsten las er griechische Klassiker wie Homer und Sophokles sowie europäische Schriftsteller wie Montaigne.

1743–1748 war Winckelmann Konrektor an der Lateinschule in Seehausen, konnte dem Lehrerdasein aber nicht wirklich etwas abgewinnen: *„Ich habe den Schulmeister mit großer Treue gemacht."* 1748 wurde er dann „dritter Bibliothekar" des Grafen von Bünau in der Nähe von Dresden, wo er neben reinen Katalogarbeiten in der über die Landesgrenzen hinaus berühmten Bibliothek auch Auftragsarbeiten wie historische Zusammenstellungen schrieb (Geschichte der Ottonen).

„Nichts hatte dieser Mensch auf seinen Lebensweg mitbekommen als sich selber."

Ludwig Curtius über J. J. Winckelmann

Die Nähe zum Dresdener Hof machte sich bald bezahlt, da Winckelmann dort eine Vielzahl wichtiger Kontakte knüpfen konnte. Entscheidend für seine Zukunft wurde seine Begegnung mit dem späteren römischen Kardinal Archinto, der ihm nahelegte, mit nach Italien zu kommen. Er wechselte sogar die Konfession und wurde Katholik, um diese Chance wahrnehmen zu können – und er lernte zu zeichnen. Nach ersten schriftstellerischen Erfolgen erlangte er ein Stipendium des sächsischen Königs, mit dessen Hilfe er sich 1755 nach Rom aufmachte. Dort angekommen, wurde er schnell in die künstlerischen Kreise eingeführt und von verschiedenen Kardinälen gefördert. Er erhielt einen Bibliothekarsposten an der Apostolischen Kanzlei der Cancelleria und wurde schließlich zunächst Schreiber der Vatikanischen Bibliothek, dann Präsident der stadtrömischen Altertümer. Der preußische König wollte ihn nach Deutschland zurückholen, indem er ihm eine Stelle in Berlin anbot, doch Winckelmann lehnte ab, hatte er doch in Rom seinen wahren Lebensmittelpunkt gefunden. Kurz vor seinem Tod wollte er noch einmal seine Heimat besuchen, machte aber angewidert schon in Bayern kehrt und reiste über Wien zurück nach Italien, wo er sein vorzeitiges Ende fand.

Menschliches …

Winckelmann hatte offenbar ein gesundes Selbstvertrauen, das er mit seiner niedrigen Herkunft auch dringend benötigte. Er selbst hielt sich für einen hervorragenden Forscher, während alle anderen bestenfalls Dilettanten waren. Eitel und selbstverliebt wie er war, stimmte er einmal dem Diplomaten und Kunstsammler William Hamilton ohne zu zögern zu, als der sein klassisches Profil rühmte. Dagegen war er ungern bereit, Fehler einzugestehen. Er hat Großes geleistet, aber er wusste es auch und gab sich entsprechend arrogant. *„Einer sich häutenden Schlange gleich kaufte Winckelmann sich jedesmal neue Garderobe, wenn er in einen neuen Lebensabschnitt eintrat"* (Wolfgang Leppmann).

1768, auf der Rückreise vom abgebrochenen Heimatbesuch, wurde Winckelmann unter mysteriösen Umständen in Triest ermordet. Über diesen Mord wurde und wird noch immer spekuliert. Während manche annehmen, die Tat könne etwas mit seinen homosexuellen Neigungen zu tun haben, erklären andere sie mit der simplen Geldgier seines Zimmernachbarn. Was wirklich das genaue Motiv war und wie der Mord ablief, wird wohl nie genau zu klären sein. Der Mörder wurde jedenfalls überführt und durch Rädern (!) hingerichtet. Schon wenige Jahre später war die Affäre vergessen, so dass der deutsche Reiseschriftsteller Johann Gottfried Seume 1802 im selben Hotel in Triest übernachten konnte, ohne etwas von Winckelmann oder dem Mord zu erfahren.

Was hat er geleistet?

Winckelmanns erstes Werk, die „Gedanken über die Nachahmung der Griechischen Werke in der Malerei und Bildhauer-Kunst“ (1755), wurde schnell populär, war aber auch – scheinbar – umstritten, denn das kritische „Sendschreiben ...“, das im Jahr darauf unter falschem Namen erschien, war von ihm selbst zu Werbezwecken verfasst worden. Wieder unter eigenem Namen antwortete er darauf mit den „Erläuterungen ...“ Er behandelt darin den von ihm postulierten Vorbildcharakter der griechischen Kunst und das Problem der richtigen und falschen Ergänzungen fragmentierter Statuen. Dabei kombinierte er literarische und archäologische Quellen, auch unter Einbeziehung der Kleinfunde und besonders der Gemmen, und entwickelte daraus eine völlig neue Kunsttheorie. Allerdings kannte er ausschließlich römische Kopien, so dass er die richtigen Schlüsse aus den falschen Voraussetzungen zog. In der Epoche zuvor hatte man ausschließlich Einzelbetrachtungen von Kunstwerken mit einem Schwerpunkt in der Ikonografie betrieben und sie mit den Schriftquellen zu parallelisieren versucht.

Winckelmanns Aufenthalt in Rom half ihm, diese Gedanken zu vertiefen und zu präzisieren. 1764 erschien seine „Geschichte der Kunst des Altertums“, die einen rein subjektiven und darum sinnlichen Zugang zur antiken Kunst thematisierte. Sein bis heute oft zitierter Leitsatz der „edlen Einfalt, stillen Größe“ führte also ausgehend von einer falschen Idee zum tiefgreifenden Einfluss auf den beginnenden, auf die klassische Antike fixierten Klassizismus (ca. 1770–1830). Auch die Weimarer Klassik mit Schiller und Goethe war sehr von Winckelmann geprägt – insbesondere Goethe kannte dessen Schriften genau und äußerte sich über sie 1805 in seinem Aufsatz „Winckelmann und sein Jahrhundert“. In seinen Werken entwickelte er den Winckelmann'schen Ansatz der reinen Nach-

Der Antiquar Johann Joachim Winckelmann arbeitet im pelzverbrämten Mantel an seiner antiken Kunstgeschichte. Gemälde von Anton von Maron, 1768, Staatliche Galerie Moritzburg, Halle/Saale.

ahmung des Griechischen später weiter und arbeitete auch moderne humanistische Ansätze ein.

„Edle Einfalt, stille Größe“

Für Winckelmann war es die vorrangige Aufgabe der Kunst, Schönheit darzustellen. Hierfür fand er die Formel „edle Einfalt, stille Größe“, welche er dem Überladenen und Allegorischen des Barock und Rokoko entgegenhielt. Er verklärte das „Schöne“ an sich, ging aber dabei von der falschen Annahme aus, die antiken Statuen seien „weiß“ oder unbemalt, also „hell“ gewesen, was ihren Eindruck auf den Betrachter sehr verändert. Der Nachweis der ursprünglichen Farbigkeit antiker Statuen durch erhaltene Farbreste gelang erst später.

Winckelmanns Veröffentlichung unbekannter Denkmäler war jedoch weniger für die noch kaum existente archäologische Wissenschaft gedacht, sondern für bildende Künstler zur Bereicherung ihres Formenkanons. Ironischerweise wurden die Denkmäler aber im Laufe der Zeit viel mehr von der Archäologie rezipiert als von der Kunst und waren richtungsweisend für die sich entwickelnde Klassische Archäologie des 19. und 20. Jhs. Eine der wichtigsten Fragestellungen war dabei der Versuch einer Rückführung römischer Plastiken auf griechische Originale und das Ausfindigmachen von Vorbildern oder Anregungen aus der Mythologie oder Literatur. Somit ist Winckelmann der Begründer der wissenschaftlich betriebenen Kunstgeschichte und ihrer bis heute gültigen Methodik. Entscheidend war zudem sein revolutionärer kulturtheoretischer Entwurf, wonach in jeder Hochkultur die Abfolge Aufstieg – Blüte – Niedergang zu beobachten ist.

Er leistete auch Pionierarbeit bei der Unterteilung der klassischen Kunst und war der erste, der überhaupt „griechisch“ von „römisch“ unterschied. Er erstellte folgende Zeitstufen: Archaik, Frühklassik, Spätklassik, Hellenismus, Spätantike (inkl. Römerzeit). Dabei galt ihm die griechische, insbesondere die klassische Kunst des 5. und 4. Jhs. v. Chr. als das Maß aller Dinge, nach der nur noch Degeneration folgen konnte. Neu war außerdem die Forderung, zum Verstehen einer antiken Kultur all ihre Relikte heranzuziehen und sich nicht nur auf Literatur und Philosophie zu beschränken.

Insgesamt dreimal (1758, 1762, 1764) besuchte Winckelmann Pompeji und Herculaneum, die damals gerade erst entdeckt worden waren (Herculaneum 1709, Pompeji 1748) und die durch ihren Fundreichtum die Sicht auf die römische Antike in völlig neue Bahnen lenkten. Darüber hinaus besuchte er weitere antike Stätten und Privatsammlungen, was ihm aber oftmals von den Ausgräbern oder Sammlern erschwert wurde, die „ihre“ Antiken eifersüchtig bewachten. Dass er in solchen Fällen dann seine Beziehungen spielen ließ, um dennoch Zugang zu erhalten, machte ihn in diesen Kreisen nicht beliebter, ebenso wenig seine oft harsche Kritik an ihren Methoden, die der bereits in wissenschaftlichen Maßstäben denkende Winckelmann lautstark äußerte. Die Dilettanten sahen ihn als Bedrohung und fürchteten um ihre Position.

Was bleibt?

Durch seine völlig neue Sicht auf die antike Kunst, die er nach neu entwickelten Kriterien beschrieb und als Erster in Epochen einordnete, gab Winckelmann nicht nur Anregung für den Klassizismus, der ohne ihn so nicht stattgefunden hätte, sondern auch für die Entwicklung der verschiedenen archäologischen und kunsthistorischen Disziplinen. Trotz mancher Irrtümer ist seine Pionierarbeit aus der europäischen Kunstgeschichte nicht wegzudenken. Goethe nimmt etwa in seiner „Italienischen Reise“ häufig Bezug auf Winckelmann und setzte sich sein Leben lang intensiv mit ihm auseinander.
Die Winckelmann-Gesellschaft in Stendal wurde 1940 im Andenken an Winckelmanns Leistungen gegründet. Sie unterstützt Forschungen zu dessen Person, zur Kunst- und Wissenschaftsgeschichte und betreibt ein eigenes Museum in der Geburtsstadt des Gelehrten.

Ein Artist als Raubgräber

Giovanni Battista und Sarah Belzoni

Name: **Giovanni Battista Belzoni**	**Sarah Belzoni, geb. Bane**
Geboren: **15. November 1778 in Padua**	**???**
Gestorben: **3. Dezember 1823 in Gwato/Benin**	**1870**
Tätigkeiten: **Zirkusartist, Erfinder, Raubgräber**	**Artistin, Abenteurerin**
Besonderheit: **Begründer der wissenschaftlichen Ägyptologie**	

Giovanni Belzoni ist eine Ausnahmeerscheinung in der frühen Geschichte der Archäologie. Wer war dieser großsprecherische italienische Zirkusartist, den es nach Ägypten verschlug und der dort durch planmäßiges Rauben von Antiken bekannt wurde? Brian Fagan nennt ihn jedenfalls den *„größten Plünderer von allen"*.

Wer war das?

Belzoni stammte aus Padua in Oberitalien, wo sein Vater als Barbier tätig war. Nach dem Willen seiner Eltern sollte der junge Giovanni Priester werden, doch dafür konnte er sich ebenso wenig begeistern wie für die Aussicht, bis ans Ende seiner Tage im Laden seines Vaters Haare zu schneiden. Da er für das späte 18. Jh. mit fast zwei Metern Körpergröße ein Hüne war, fühlte er sich zu Höherem berufen. Begeisterungsfähig wie er war, mischte er sich als junger Mann in die Lokalpolitik ein und musste daraufhin Padua fluchtartig verlassen. Als ihm auch noch die Einberufung in die napoleonische Armee drohte, drehte er Italien ganz den Rücken zu und ging nach Holland. Dort beschäftigte er sich zunächst mit seiner Leidenschaft, der Hydraulik, doch schon bald setzte er über den Ärmelkanal nach England über. Auf der Insel fand er eine bei seiner Statur naheliegende Tätigkeit – er arbeitete unter verschiedenen Künstlernamen als „Starker Mann" im Varieté. Dieser „patagonische Samson" oder „französische Herkules", der ohne Mühe mehrere Männer durch die Manege tragen konnte, war bald in ganz England sehr populär. Neben dem Gewichtheben zeigte er auch andere Tricks wie exotisch gefärbte Wasserspiele und entlockte einer Glasharfe Töne. Vielleicht übte gerade dieser offensichtliche Widerspruch seinen besonderen Reiz auf das Publikum aus. Wenn erwünscht, trat er auch als Schauspieler auf, etwa in *Tableaux vivants*, lebenden Bildern mit biblischen Szenen, die im 19. Jh. sehr beliebt waren.

Belzoni fand eine Ehefrau, Sarah, die ihm später auch in Ägypten auf vielfältige Weise half, und ging mit ihr und seiner Nummer auf Tournee, die ihn bis nach Spanien und Portugal führen sollte. Auch auf Malta machte er Station, wo er durch Zufall dem Mann begegnete, der sein ganzes Schicksal in neue Bahnen lenkte: dem Gesandten des ägyptischen Paschas. Dieser berichtete Belzoni davon, dass sein Herrscher immer auf der Suche nach technischen Neuerungen sei, mit deren Hilfe er sein Land auf den modernen Stand bringen wollte (auch wenn die meisten seiner „Neuerungen" im wahrsten Sinne im Sand verliefen). Belzoni witterte seine Chance und pries dem Gesandten ein revolutionäres Wasserrad an, das er erfunden hatte und das die Feldarbeit um ein Vielfaches würde rationalisieren helfen. Der Gesandte biss an, und die Belzonis machten sich auf den Weg nach Ägypten. Doch leider versagte der mühsam hergestellte Prototyp des Wasserrades bei der Vorführung vor dem Pascha, und Belzoni brauchte schnell eine andere Einnahmequelle, denn die langwierigen Vorbereitungen hatten seine ganzen Reserven aufgezehrt.

Da jedoch der Pascha durchaus Gefallen am Erfinder gefunden hatte, protegierte er Belzoni und machte ihn mit einigen wichtigen Leuten bekannt. Darunter waren sowohl der englische Konsul Henry Salt als auch der Schweizer Orientreisende Johann Ludwig Burckhardt. Letzterer war so vertraut mit der orientalischen Sprache und Lebensart, dass er sich „Scheich Ibrahim" nennen und als Einheimischer ausgeben konnte. Salt dagegen suchte gerade jemanden, der Altertümer auftreiben und für das Britische Museum nach London verschiffen konnte – Belzoni war dafür genau der richtige, und nach den ersten Erfolgen entwickelte sich eine jahrelange Partnerschaft zwischen den beiden. Doch irgendwann war Belzoni die Intrigen und Machenschaften leid und verließ Ägypten 1819/1820. Nach einem erneuten Aufenthalt in England starb er bereits 1823 auf einer spontanen Expedition nach Zentralafrika, wo er die Quellen des Niger hatte suchen wollen. Er kam aber nur bis Benin, erkrankte schwer an der Ruhr und starb. Als der englische Afrikareisende Richard Francis Burton einige Jahre später dort vorbeikam, war nicht einmal mehr sein Grab wiederzufinden.

Ein starker Charakter mit Sinn für Stil

Belzoni hatte ein für seine Herkunft und Biografie erstaunlich höfliches und zuvorkommendes Auftreten, was es ihm leicht machte, Kontakte zu neuen Auftraggebern zu knüpfen. Er war begierig nach der Anerkennung seines Publikums und wollte schließlich als Pionier der Ägyptologie wahrgenommen werden und nicht als ehemaliger Zirkusartist – dieser Teil seines Lebens wird in seinen niedergeschriebenen Erinnerungen nicht einmal erwähnt. Zugleich war er ein rastloser Charakter, zupackend und furchtlos: Mehr als einmal stellte er sich kaltblütig – und siegreich – bewaffneten Überfällen in Ägypten entgegen. Mit seiner Entscheidungsfreudigkeit schaffte er vollendete Tatsachen, während andere noch zögerten und verhandelten.

Was hat er geleistet?

Belzonis erster „archäologischer" Auftrag galt dem „Jungen Memnon" in Theben, dem Oberteil einer Kolossalstatue des Pharaos Ramses II., an dem alle großes Interesse hatten. Doch niemand war bisher in der Lage gewesen, den riesigen, 7 Tonnen schweren Stein auch nur zu bewegen – Belzoni aber traute sich das ohne Weiteres zu. Zwar widersetzte sich der Kopf zunächst auch seinen Transportversuchen, aber schließlich wurde er doch mit archaischen Mitteln wie Holzrollen und Seilen sowie durch die Muskelkraft von 130 Männern auf ein Schiff verladen und nach London verschickt.

„[Der junge Memnon] lächelte mich offensichtlich an, angesichts des Gedankens, nach England verschifft zu werden."

Beschreibung des Abtransports in Belzonis Reisebericht

Nachdem dieses Problem gelöst war, belud Belzoni Schiff um Schiff mit Antiken für das Britische Museum, was ihm den Titel „Offizieller Mitarbeiter und Lieferant" einbrachte. Das klang besser als es war, arbeitete doch Belzoni zum Selbstkostenpreis – er erhielt von Salt nur seine Auslagen zurück, aber so gut wie kein Honorar. Erst nach einigen Jahren konnte er eine schriftliche und lukrativere Einigung mit dem Konsul treffen. Im nationalistischen Wettrennen um die altägyptischen Kunstwerke hatte Belzoni mehrere entschiedene Konkurrenten, allen voran seinen Landsmann Bernardino Drovetti, der als französischer Konsul für den Louvre das tat, was Belzoni für das Britische Museum versuchte. Gerade die „Diplomaten" waren die größten Schatzjäger und Raubgräber, waren sie doch als offizielle Vertreter ihrer Länder beim Pascha gut angesehen. Da sie neben ihrer diplomatischen Tätigkeit noch viel freie Zeit hatten, machten sie sich einen Sport daraus, ihren Konkurrenten Antiken vor der Nase wegzuschnappen. Der Pascha stand diesem Treiben eher gleichgültig gegenüber – zwar war er es, der offiziell Grabungslizenzen vergab und über die Ausfuhr von Kunstwerken entschied, doch beidem verweigerte er sich gegen entsprechend fürstliches Bakschisch selten.

Schließlich lief das „Antikengeschäft" damals weitgehend über Bestechung ab – wer das meiste bot, bekam das Stück, denn die Einheimischen hatten nur den größtmöglichen Verdienst im Sinn. Intrigen und Betrügereien waren an der Tagesordnung, und ab und zu gab es sogar Morddrohungen oder Anschläge auf den Gegenspieler. Doch Belzoni beeindruckte die ägyptischen Fellachen allein durch seine Körpergröße und Kraft, weswegen die meisten ihn bewunderten. Im Gegensatz zu vielen anderen Europäern war er zudem in der Lage, sich in die Mentalität der Bauern einzufühlen und bot ihnen als Tauschware Spiegel oder Perlen an, denn für Geld hatten die meisten keine Verwendung. Sein Kontrahent Drovetti bot dagegen immer noch mehr Geld und konnte nicht verstehen, warum es abgelehnt wurde. Überhaupt war es nicht einfach, die Einheimischen zum Arbeiten zu bewegen, denn die hier geforderte Art „Arbeit" ergab in ihrem Weltbild keinen Sinn und ließ die Fremden schlicht verrückt erscheinen.

Europäer plündern Ägypten

Die Europäer sahen ihre Tätigkeit im frühen 19. Jh. als ein Retten der ägyptischen Kulturgüter an. Hätten sie sie nicht für französische oder englische Museen außer Landes gebracht, wären sie auf Nimmerwiedersehen verschwunden: Verkauft oder zerstört von den Einheimischen, verschenkt vom Pascha, der zwar ein Museum für ägyptische Altertümer eingerichtet hatte, dies aber nur als Vorratslager für diplomatische Gastgeschenke nutzte. Ihr Wettrennen war auch eines gegen die ägyptischen Kalköfen, die Architekturteile von Tempeln fraßen, und gegen die ländlichen Lagerfeuer, die unablässig mit Mumienhüllen und Sarkophagbruchstücken gefüttert wurden – natürlich nachdem man diese auf der Suche nach Goldschmuck oder Papyri zuvor handlich zerkleinert hatte. Da planmäßige Archäologie damals noch nicht bekannt war, muss man dieses Argument zumindest zum Teil gelten lassen. Denn – was wäre aus dem „Jungen Memnon“ oder den Obelisken geworden, wären sie im Lande verblieben?

Immerhin verwendete Belzoni kein Dynamit, um Gräber oder Pyramiden aufzusprengen, wie es sogar ein Forscher vom Schlage eines Lepsius tat. Auch hielt er – zumindest meistens – fest, was er plünderte, und ließ von vor Ort verbleibenden Artefakten Zeichnungen oder Wachsabgüsse herstellen. So dokumentierte er das Innere des Tempels von Abu Simbel unmittelbar nach der Entdeckung und fertigte zahlreiche Aquarellzeichnungen von Fundorten und Funden an – trotz der hohen Temperaturen, die oftmals den Schweiß auf die Zeichenblätter tropfen ließen. Insofern war er durchaus auf der Höhe der Zeit und verwendete diejenigen Methoden, die die Forscher im Schlepptau Napoleons ihm vorgemacht hatten. Ob er jedoch tatsächliches Interesse an den Antiken hatte, ist unklar – wichtiger war ihm sicher der Entdeckerstolz: *„Dieses außerordentliche Vergnügen, etwas zu entdecken und der Welt ein neues, perfektes Monument der ägyptischen Vergangenheit vorstellen zu können.“*

Erst im Nachhinein, etwa durch Howard Carter, erhielt Belzoni dann die Anerkennung für seine außergewöhnlichen Leistungen, die ihm zu seinen Lebzeiten nicht vergönnt gewesen war. Wie jener grub auch er im Tal der Könige, wo er ein gutes Dutzend Gräber innerhalb von zwölf Tagen freilegte. Darunter war auch das Grab Sethos’ I. mit seinem wundervollen, aber leeren Alabastersarkophag – es sollte später oftmals auch als „Belzonis Grab“ bezeichnet werden. Das Grab Tutanch-Amuns verfehlte er dagegen – man muss schon sagen, glücklicherweise – nur um wenige Meter. Nicht auszudenken, was Belzoni mit dem legendären Grabschatz angestellt hätte, dessen fachgerechte Bergung Carter über 100 Jahre später für mehrere Jahre beschäftigen sollte! In diesem Fall hatte also Belzoni sein sprichwörtlich „richtiger Riecher“ nicht zum Ziel geführt. Sonst erkannte er oftmals verborgene Eingänge, die niemand zuvor entdeckt hatte, weil er sich die mutmaßliche Konstruktion des Baues vor Augen führte. Auch wenn ab und zu ein zu verladendes Stück im Nil landete, wie der Obelisk aus Philae – es wurde eben wieder herausgefischt und erreichte trotzdem sein Ziel.

Expeditionen und Ehekrisen

Belzoni reiste kreuz und quer durch Ägypten, bis weit nilaufwärts nach Nubien (Philae, Edfu, Elephantine, Abu Simbel), nach Westen in die Oase Bahariya, und er war auch der erste, der die Handelsstadt Quseir al-Qadim am Roten Meer wiederentdeckte, das antike Berenike, das damals in Europa noch so gut wie unbekannt war. Während Giovanni eifrig auf Antikenjagd war, reiste seine Frau Sarah mal eben aus Langeweile nach Jerusalem. Dort wartete sie eine Weile auf ihren Gatten, der versprochen hatte, nachzukommen, doch als er das nicht tat, kehrte sie ins Tal der Könige zurück, um im Grab Sethos' I. geduldig auf seine Rückkehr zu warten. Ansonsten schrieb sie gelegentlich an seinen Büchern mit, half ihm aber nicht im Sinne einer Ausgräberin bei der Arbeit, wie es später beispielsweise Hilda Petrie tun sollte. Wie sie die Zeit nach seinem Tod verbrachte, ist nicht genau bekannt – jedenfalls überlebte sie ihn um 50 Jahre.

Wieder in Europa zeigte Belzoni Ausstellungen seiner Entdeckungen in London und Paris, darunter Abzeichnungen der Grabreliefs aus dem Tal der Könige. Angereichert waren diese Expositionen mit Modellen der Bauten sowie lebensgroßen Figurinen der Götter und Pharaonen. Von besonderem Interesse für das staunende Publikum waren aber altägyptische Alltagsgegenstände wie Körbe oder Schuhe – all das wurde nach Ende der Ausstellung an Interessenten verkauft. Ab und zu wurde dazwischen als Attraktion eine Mumienauswicklung durchgeführt, denn Belzoni blieb trotz aller Antikensammlerei doch immer der Showman, als der er früher so große Erfolge gefeiert hatte.

Was bleibt?

Giovanni Belzoni schrieb meist sehr schnell umfangreiche Berichte über seine Expeditionen. Diese sind lebhaft und großspurig formuliert, denn ihr Autor war nicht unbedingt der Wahrheit verpflichtet. Gerade deshalb sind sie sehr amüsant zu lesen, etwa wenn er beschreibt, wie der Staub von Mumien schmeckte, den er aus Versehen aufwirbelte, als er versuchte, sich auf einen Stapel mumifizierter Körper zu setzen und diese seinem Gewicht nicht standhielten. An solchen Szenen wird deutlich, dass Belzoni nach wie vor in seinem Herzen der Schausteller war, der auch im Falle des alten Ägypten jeden Show-Effekt auszunutzen wusste.

Fasziniert von der Antike und vom Karneval

Sibylle Mertens-Schaaffhausen

Name: **Sibylle Mertens-Schaaffhausen**
Geboren: **29. Januar 1797 in Köln**
Gestorben: **22. Oktober 1857 in Rom**
Tätigkeiten: **Antiquarin, Sammlerin**
Besonderheit: **Erste Frau in Deutschland, die eine eigene Antikensammlung anlegte**

Sibylle Mertens-Schaaffhausen war eine der ersten anerkannten Sammlerinnen in Deutschland und Zeitgenossin Goethes. Dass sie darüber hinaus auch ein bewegtes, von Tragik nicht freies Leben hatte, ist jedoch nur wenigen bekannt. Gerade in den letzten Jahren erweckte ihr ungewöhnliches Schicksal das Interesse vor allem der Frauenforscherinnen – zwei Monografien über sie sind in Vorbereitung.

Wer war das?

Die oftmals die „Rheingräfin" genannte und in Köln geborene Tochter eines reichen Ratsherren und Bankiers verstand sich durchaus als „Kind aus dem Volke", auch wenn ihr Leben sich von dem des Volkes durchaus unterschied. Von Seiten ihrer Mutter hatte sie einfache Schiffer als Vorfahren, doch diese verstarb bereits bei Sibylles Geburt und ihr Vater gab den Säugling bei seiner Nichte ab, bis er nach drei Jahren erneut heiratete. So konnte sie nie ein inniges Verhältnis zum Vater oder zur Stiefmutter aufbauen, insbesondere weil bald fünf Halbgeschwister die Aufmerksamkeit der Eltern auf sich zogen. Sibylle fühlte sich Zeit ihres Lebens als Außenseiterin und bekannte sich später durch ihre unkonventionelle Lebensweise auch dazu.

Nach ihrer 1816 arrangierten Heirat mit einem Teilhaber ihres Vaters war Sibylle vor allem Gattin und Mutter von insgesamt sechs Kindern. Es war diese sehr unglückliche Ehe mit einem aufbrausenden und

Verträumt und jugendlich. Zeichnung von Ludwig Krevell.

zur Gewalt neigenden Mann, die Sibylle den Kontakt zu vielen (auch intimen) Freundinnen suchen ließ, anstatt sich ihm anzupassen. Er hasste die Freundinnen und sie ihn – bis zu seinem Tod 1842. In ihren späteren Jahren lebte sie in Italien, vor allem in Rom, wo sie auf dem Campo Santo Teutonico begraben liegt.

Antikenbegeisterung bis über den Tod hinaus

Sibylle war kulturell und musisch sehr engagiert und beispielsweise erstes weibliches Mitglied des Vereins der Altertumsfreunde im Rheinlande sowie Mitbegründerin des Kölner Dombauvereins. Daneben förderte sie auch den Kölner Karneval, an dem sie als Tochter der Stadt

mit Begeisterung teilnahm. Sie sprach zum Unmut ihres Gatten mit Vorliebe Kölner Platt, das sie als Kind ebenso gelernt hatte wie Französisch und Italienisch und nun an ihre Kinder weitergab.
Ihr Haus war Treffpunkt eines wissenschaftlich-künstlerischen Salons ähnlich dem, den ihr Vater früher abgehalten hatte. Dort trafen sich Wissenschaftler, Künstler, Schriftsteller und Politiker weit über das Rheinland hinaus. Sibylle orientierte sich an den Winckelmann'schen Idealen: Antike war ihr Leben, nicht nur der Spleen einer unausgefüllten reichen Dame. Man spielte beispielsweise antike Spiele nach, stellte *Tableaux vivants* (lebende Bilder) zusammen und kostümierte sich. Doch es gab auch ernstere Seiten: Nach dem Tod ihrer langjährigen engen Freundin Adele Schopenhauer verbrannte Sibylle deren Habseligkeiten „nach römischer Art" in ihrem Garten:
„Am 29. ließ ich einen Wachholderbaum in meinem Garten fällen und auf dem kleinen Hügel baute ich einen Scheiterhaufen, worauf ich ihre falsche Haarflechte, ihre Öle, Pommaden, Kämme, Schwämme, Essenzen, Räucherwerk, die Rosenbouquetts, die bei ihrer Leiche gestanden, verbrannte. Zuletzt aus dem Garten Zweige von ihren liebsten Pflanzen und Bäumen, ein paar Trauben, eine Feige und einen Epheuzweig. Die Weinreste aus den Flaschen, woraus man sie in den letzten Tagen gelabt, löschten die Asche, die unter dem Rasen meines Gartens dann begraben wurde. Es war in ihrem Sinne: wer wird für meine Bestattung Sorge tragen?"

Trotz der vergleichsweise unglücklichen Kindheit vergötterte Sibylle ihren Vater von klein auf und übernahm seine Interessen. Abraham Schaaffhausen war selbst Sammler und hatte Kontakte zu allen wichtigen Museen und Altertumskundlern. Einer seiner engsten Freunde war der berühmte Ferdinand Franz Wallraf, der so etwas wie Sibylles Mentor wurde. Zusammen mit ihrem Vater war sie oft bei Wallraf zu Gast, der sie mit römischen Münzen beschäftigte, die er ihr gelegentlich auch schenkte und so den Grundstock zu ihrer Münzsammlung legte. Einmal soll er sogar an der kleinen Sibylle die auf einem Münzbild dargestellte Frisur der Kaiserin Agrippina ausprobiert haben – einen Friseur brachte er zu diesem Zwecke gleich mit. Sie sammelte immer gezielt und las einschlägige Fachliteratur, die sie ebenso sammelte wie die Antiken selbst. Darüber hinaus machte sie, wie man heute sagen würde, „Baubeobachtungen" in Köln und rettete dabei zahlreiche provinzialrömische Funde.

> „Es ist mir, als tauchten überall Erinnerungen in mir auf, [...] es klingen überall Töne an meine Seele, denen ein verwandter Ton aus meinem Innern antwortet."
>
> *Sibylle über ihre Beziehung zur Antike*

Was hat sie geleistet?

Die Mehrzahl ihrer Antiken stammte aus dem Kunsthandel, genauso wie ihre Gemälde und die Kollektion orientalischer Waffen. Ihr Sammlungsschwerpunkt lag jedoch – wie so oft in dieser Zeit – auf Münzen und Gemmen. Mit 1876 Stück war Sibylles Gemmen- und Kameensammlung eine der größten in Europa, dazu kamen zahlreiche Glaspasten, die billigeren Imitationen der Gemmen. Kernstück war die im 17. Jh. zusammengetragene Sammlung des Nürnberger Patriziers Praun mit über 1000 Stück, die Sibylle 1839 erworben hatte. Größer war nur die Sammlung Stosch mit 3444 Stück.

Gemmen – Antike im Kleinformat

Als Gemmen bezeichnet man Schmucksteine aus (Halb-)Edelstein, die durch Einschneiden von Motiven verziert wurden. Steine mit vertieftem Muster nennt man Intaglio (ital. „das Eingeschnittene"), solche mit erhabenem Relief Kameen. Bekannt seit altägyptischer Zeit, waren Gemmen besonders in der hellenistisch-römischen Zeit beliebt und wurden oft zum Versiegeln von Dokumenten verwendet. Warum aber waren ausgerechnet Gemmen im 18. und 19. Jh. als Sammelobjekte so begehrt? Man sah sie als Abbild der Antike im Miniaturformat. Gleichzeitig bewunderte man die technische Herausforderung – es galt als ein Zeichen besonderer Bildung, sich mit Gemmen beschäftigen zu können und aus ihnen quasi eine Enzyklopädie der Antike zusammenzustellen, wobei man sich am Winckelmann'schen Katalog orientierte. Gemmensammler waren ein elitärer Kreis von Sammlern, die untereinander tauschten, fachsimpelten und korrespondierten (es war Mode, die Briefe mit neu erworbenen Gemmen zu versiegeln). So bildet die Gemmenkunde den Ursprung aller Kleinfundforschung und wurde zum adeligen Hobby der Zeit. Winckelmann versprach sich etwa von der Bearbeitung der Sammlung Stosch berufliches Weiterkommen, denn wer sich mit Gemmen auskannte und es bewies, hatte gute Anstellungschancen.

Sibylle bekam über die Gemmen beispielsweise Kontakt zu Goethe, der selbst nur etwa 60 Exemplare besaß, aber einige ihrer Stücke begutachtete. Eine weitere Bekanntschaft war Philipp Houben in Xanten, einer der bedeutendsten Sammler des Rheinlandes, der wohl ebenfalls mit ihr tauschte oder ihr Xantener Stücke verkaufte. Sibylle wurde so im Laufe der Jahre zu einer ausgewiesenen Expertin auf dem Gebiet, die auch von ihren männlichen Kollegen anerkannt wurde. Sie publizierte immer wieder kleinere Aufsätze, ein geplanter Gesamtkatalog konnte jedoch nie realisiert werden. Zudem hielt sie – vollkommen ungewöhnlich für eine Frau ihrer Zeit – Vorträge, in denen sie besondere Stücke ihrer Sammlung besprach, so im Vorläufer des Deutschen Archäologischen Instituts (DAI) in Rom, dem Instituto di Corrispondenza Archaeologica. Zur Vergrößerung ihrer Sammlung pflegte Sibylle Kontakte zum stadtrömischen Kunsthandel, der damals europaweit tätig war und über den sie gezielt kleinere Sammlungen aufkaufte. Eine besonders gute Möglichkeit, um Gemmen zu erwerben, boten die Mittelmeerhäfen: Genua, wo Schiffe aus Nordafrika anlandeten, Marseille, aber auch und vor allem Rom und Neapel, wo sie sich regelmäßig aufhielt. Andere, nichtgemmenkundliche Entdeckungen begeisterten sie weniger, so dass sie sie männlichen Kollegen zur Publikation überließ. Anderes blieb aus familiären und gesundheitlichen Gründen liegen und wurde überhaupt nicht mehr ausgearbeitet.

Was bleibt?

Sibylle betrachtete die Antiken generell als Allgemeingut der Menschheit, nicht als Privatbesitz. Deshalb sollte ihre Sammlung nach ihrem Willen einmal in öffentlichen Besitz übergehen. Doch dem sollte nicht so sein – nach dem Tode ihres Mannes war sie gezwungen, einen Teil ihrer Sammlung zu verkaufen, um dessen Erben ausbezahlen zu können, mit denen sie in bitterem Streit stand. Schließlich verkaufte sie sogar ihre rheinischen Immobilien und zog auf Dauer nach Rom. Sofort nach ihrem Tod versteigerten ihre Erben die restliche Sammlung, die auseinandergerissen wurde und heute nicht mehr verifizierbar ist. So bleibt nur die Erinnerung an diese ungewöhnliche Frau voller revolutionärer Ideen.

Ein Historienmaler als Museumsgründer

Ludwig Lindenschmit d. Ä.

Name: **Ludwig Lindenschmit der Ältere**
Geboren: **4. September 1809 in Mainz**
Gestorben: **14. Februar 1893 ebenda**
Tätigkeiten: **Historienmaler, Antiquar**
Besonderheit: **Gründer des Römisch-Germanischen Zentralmuseums Mainz**

Ludwig Lindenschmit war vieles in einer Person: Pionier-Prähistoriker, Historienmaler, Lithograf und Zeichenlehrer. Er entstammte einer weitverzweigten Künstlerfamilie, deren Mitglieder über vier Generationen hinweg als Künstler tätig waren und zwischen Mainz und München pendelten. Sein Bruder Wilhelm war ebenfalls Historienmaler.

Wer war das?

Lindenschmit wurde in Mainz geboren, wo er auch das Gymnasium besuchte. Zur Künstlerausbildung wurde er zusammen mit seinem Bruder nach Wien geschickt, mit dem er 1825 nach München ging, um an der Kunstakademie zu studieren. Ab 1831 war Lindenschmit dann als Zeichenlehrer in Mainz tätig, wobei seine Spezialität historische Themen wie Ritter oder Landsknechte waren. Ebenfalls zusammen mit seinem Bruder schuf er ab 1835 die historischen Fresken in Hohenschwangau. 1842 heiratete er eine Münchnerin, mit der er sechs Kinder haben sollte.

Zurück in Mainz beschäftigte Lindenschmit sich zunehmend mit heimischer Altertumskunde und gehörte 1841 zu den Mitbegründern des dortigen Altertumsvereins. Daneben wirkte er als Konservator für die damals im Kurfürstlichen Schloss aufbewahrten archäologischen Fundstücke. 1852 initiierte Lindenschmit die Gründung des Römisch-Germanischen Zentralmuseums (RGZM), damals „Centralmuseum für germanische und römische Altertümer", sowie des Germanischen Nationalmuseums Nürnberg (damals „Germanisches Museum"). Schon bald kam es zum Streit, ob man wirklich zwei ähnlich angelegte Museen in einem Land brauchte, was durch finanzielle Probleme beim Mainzer Museum scheinbar unterstrichen wurde. Eine wie auch immer geartete Vereinigung beider Museen wurde aber von Lindenschmit mit Vehemenz abgelehnt und schließlich fallen gelassen. Zunächst erledigte er die gesamte Museumsarbeit nebenberuflich und unbezahlt, erst ab 1872 konnte er seinen Beruf als Zeichenlehrer aufgeben, weil das Deutsche Reich jetzt bereit war, das Museum und seinen Direktor zu finanzieren. Unterstützung erhielt er von seinem gleichnamigen Sohn Ludwig Lindenschmit dem Jüngeren, der nach dem Tod des Vaters die Position des Direktors des RGZM übernahm.

Das Römisch-Germanische Zentralmuseum

Um die Mitte des 19. Jhs. war man bemüht, die Kenntnis der heimischen vorgeschichtlichen und geschichtlichen Epochen zu systematisieren. Zu diesem Zwecke gründete man sog. „Centralmuseen", in denen Funde, Abgüsse und Dokumentationen überregional zusammengetragen wurden. Insbesondere die große Anzahl von Kopien und Zeichnungen antiker Denkmäler waren eher als Materialbasis für Forscher gedacht denn als imposante Schausammlung. Nach und nach kamen auch hoch spezialisierte Restaurierungswerkstätten dazu, die das RGZM heute zu einer der wichtigsten Forschungsinstitutionen auf deutschem Boden machen. Es besitzt zu Recht internationalen Ruf und arbeitet mit Museen in ganz Europa zusammen. Über die Tätigkeit des Hauses berichtet jährlich das Jahrbuch des RGZM.

Lindenschmit erkannte als einer der ersten die Notwendigkeit von überregionalen Studien in der Archäologie, um zu verwertbaren Ergebnissen zu gelangen. Er legte deshalb unter dem Dach des RGZM eine riesige Sammlung von Abgüssen an – 12.000 Abformungen aller Arten von Altertümern wurden angefertigt und archiviert, teilweise auch finanziert durch den öffentlichen Verkauf solcher Kopien. Daneben wurden aber auch alle Originale, die zu bekommen waren, sowie Abbildungen von weiteren Funden in den Museumsbestand aufgenommen. Schon damals wurde das RGZM eher als Forschungseinrichtung denn als Museum für Publikumsverkehr verstanden, was bis heute so gehalten wird. 1861 fungierte Lindenschmit bei der Gründung des Museums der Antiquités Nationales in St. Germain-en-Laye als Berater von Napoleon III. und schenkte dieser Einrichtung eine Reihe wichtiger Denkmäler.

„[In der Arbeit Lindenschmits] verbindet sich hellsichtiges Erfassen archäologischer Erkenntnismöglichkeiten, namentlich in Bezug auf die Chronologie frühmittelalterlicher Grabfunde, mit historischem Forschungsdrang, nationaler Begeisterung und unverhohlener Streitlust ..."

Hermann Ament

Ebenfalls bis heute von Bedeutung sind seine neolithischen Ausgrabungen, zu denen die ersten Funde der später so genannten Hinkelstein-Gruppe gehörten. Zusammen mit seinem Sohn identifizierte er in den 1870er Jahren die prähistorischen Tiergravierungen von Thayngen/Schweiz als angebliche Fälschungen und schrieb einen sarkastischen Aufsatz darüber; was ein gutes Licht auf den damals in der Wissenschaft herrschenden Ton wirft, der auch bei vielen anderen „wilhelminischen" Forschern wie Furtwängler zu beobachten ist. Lindenschmit schloss kategorisch aus, dass so etwas wie eiszeitliche Kunst überhaupt existierte, auch wenn sich einige der Stücke später als echt erweisen sollten. Allerdings waren ihm sowieso alle Kunstwerke, die vor der römisch-mittelalterlichen Epoche entstanden sein sollten, suspekt, denn seine Liebe gehörte der Merowingerzeit, die im einzig erschienenen Band des „Handbuchs der deutschen Alterthumskunde" behandelt wird und ihn zum Begründer dieser Spezialdisziplin der Archäologie macht. Zu den unter Lindenschmits Regie durchgeführten Grabungen gehörte das sog. „Todtenlager von Selzen", ein bedeutendes, reich ausgestattetes fränkisches Reihengräberfeld, das er zusammen mit seinem Bruder in hervorragenden Aquarellen publizierte. Diese Zeichnungen berücksichtigen auch den archäologischen Befund, nicht nur die vollständig erhaltenen Funde, was damals revolutionär war. Viele glaubten sogar noch, die Reihengräber wären keltischen Ursprungs, während Lindenschmit sie eindeutig den Germanen (den „Deutschen") zuwies. Wiederum zusammen mit seinem Sohn gab er die fünf Bände der „Alterthümer unserer heidnischen Vorzeit" (1864–1911) heraus.

Pathologe mit Passionen

Rudolf Virchow

Name: **Rudolf Ludwig Karl Virchow**
Geboren: **13. Oktober 1821 in Schivelbein/Pommern**
Gestorben: **5. September 1805 in Berlin**
Tätigkeiten: **Pathologe, Medizinhistoriker, Sozialreformer, Vorgeschichtsforscher**
Besonderheit: **Begründer der Vorgeschichte als eigenständiger Wissenschaft**

Rudolf Virchow hatte nicht nur einen Beruf, sondern er hatte viele: Mediziner und Medizinhistoriker, Anthropologe, Ethnologe, Vorgeschichtler, aber auch Sozialreformer. So zeichnete er verantwortlich für die Einführung der Kanalisation in Berlin, war zugleich Politiker und aktiver Teilnehmer der Märzrevolution.

Wer war das?

Virchow promovierte 1843 in Pathologie und war danach an der Berliner Charité und der Militärärzte-Akademie tätig. 1856 wurde er Ordinarius für Pathologie. Er gab mehrere Zeitschriften heraus, deren berühmteste die „Verhandlungen der Berliner Gesellschaft für Anthropologie, Ethnologie und Urgeschichte" ist. An seinem Institut baute Virchow eine riesige Vergleichssammlung von über 10.000 Skeletten und Einzelschädeln auf. Damals galten Schädel als wichtigster Körperteil für morphologische Vergleiche, die das gesamte übrige Skelett ersetzen konnten. Man sandte ihm daher Schädel aller Epochen und Regionen, unter anderem auch von Ausgrabungen. So schickte ihm etwa der deutsche Ägyptologe Emil Brugsch von seinen Ausgrabungen im römerzeitlichen Gräberfeld von Hawara den abgetrennten Mumienkopf einer Frau, von der auch das zugehörige Mumienporträt ins Berliner Museum gelangt war (die sog. Aline). Virchow sollte versuchen, mögliche Ähnlichkeiten zwischen Schädel und Porträt festzustellen, was aber nur zum Teil erfolgreich war.

Menschliches ...

1848 war Virchow heftig in die Revolutionswirren verstrickt und musste daraufhin Berlin für sieben Jahre verlassen. Diese Zeit nutzte er gut: Er lehrte an der Universität Würzburg, heiratete und gründete eine Familie, die im Laufe der Zeit auf sechs Kinder anwachsen sollte. Er betrachtete es als Entspannung, in den Sommerferien mit seinen Kindern am jeweiligen Urlaubsort Probegrabungen durchzuführen, was nicht selten in regulären, von Fachleuten geleiteten Ausgrabungen mündete.
Virchow war eng mit Heinrich Schliemann befreundet, der ihm aus Troja Exemplare der sog. Gesichtsurnen schickte – einem seiner bevorzugten Sammelgebiete. Daraus entwickelte sich eine langjährige Freundschaft, die nach zehnjährigen Verhandlungen darin gipfelte, dass Virchow die Troja-Funde für das Berliner Museum sichern konnte. Auch verschaffte er dem als Raubgräber verschrienen Schliemann fachliche Hilfe und vermittelte ihm möglicherweise sogar Wilhelm Dörpfeld als Assistenten. Er hatte erkannt, dass Schliemann durchaus wissenschaftlich denken und handeln konnte, selbst wenn er dessen „Überinterpretation" Homers kritisch sah. Von seiner Ägyptenreise mit Schliemann ist eine Reihe ethnologisch und kulturgeschichtlich sehr interessanter Fotografien erhalten.
Über den Menschen Rudolf Virchow ist relativ wenig bekannt, außer einigen Schlaglichtern wie diesem, das sein Ende schildert: Er war es sein Leben lang gewohnt, von der noch fahrenden Straßenbahn zu springen. Im Januar 1902, er war inzwischen über 80 Jahre alt, brach er sich dabei auf vereister Straße das Bein und sollte sich davon nicht mehr erholen.

Was hat er geleistet?

Neben bahnbrechenden Entdeckungen auf dem Gebiet der Medizin (u. a. die Entdeckung der Zellularpathologie, 1858) beschäftigte Virchow sich auch intensiv mit der Archäologie und Vorgeschichtsforschung, die er erstmals als eigene Disziplin von der Klassischen Archäologie absetzte. Auch wenn Virchow nie selbst eine vorgeschichtliche Fundstelle ausgrub, war er dennoch davon überzeugt, dass alle Aspekte der Forschung – und somit auch die Archäologie – nötig seien, um ein genaues Bild von der Lebensweise vorgeschichtlicher Menschen zu gewinnen. Dabei orientierte er sich streng an rein naturwissenschaftlichen Kriterien und lehnte alle anderen Herangehensweisen ab. Heute ist seine vorgeschichtliche Arbeit weitgehend vergessen, was auch daran liegt, dass er seine Ergebnisse nur sehr verstreut publiziert hat.

„Der Mensch mit seinem ganzen Thun und Treiben, seinem Denken und Meinen, seinem inneren Wesen soll wieder entdeckt, soll aufgefunden werden ... Nicht nur der Anatom, sondern auch der Zoolog, der Botaniker, der Geolog, der Astronom müssen hier mitwirken, gleichwie die prähistorische Archäologie ..."

Rudolf Virchows ganzheitlicher Ansatz der Vorgeschichtsforschung

Ausschlaggebend für Virchows Beschäftigung mit der Vorgeschichte war seine Teilnahme an einem entsprechenden Kongress im Jahr 1867 in Paris, wo ihm klar wurde, dass auch dieses Spezialgebiet, ebenso wie Anthropologie und Ethnologie, entscheidend für das Verständnis der Menschheitsgeschichte war. Er nahm sich daher vor, diese bis dahin weitgehend unbekannte Disziplin in Deutschland zu fördern. Dabei hatte er neben all seinen medizinischen Aufgaben nur sehr wenig Zeit für Vorgeschichtsforschung – umso bemerkenswerter ist, was er in Bewegung gebracht hat! Virchow besaß eine für einen „Nebenberufler" erstaunlich umfangreiche Materialkenntnis, die er durch regelmäßige Museumsreisen beständig erweiterte. Ihn interessierte alles: von der Steinzeit über vorgeschichtliche Handelswege bis hin zur Gräberforschung. Zudem hatte er eine private Antikensammlung, die nach seinem Tod den Berliner Museen übergeben wurde.

Zu Virchows Lieblingsthemen gehörten die Feuchtbodensiedlungen in Nordeuropa, die er mit den Schweizer Seeufersiedlungen verglich und im Gegensatz zu anderen Wissenschaftlern in ihrer Echtheit belegen konnte. Dass sie so völlig anders konstruiert waren als die alpinen Siedlungen, lag einerseits an den in Nordeuropa veränderten Gegebenheiten, anderseits an ihrer um einiges jüngeren Datierung. Durch typische Keramikfunde konnte Virchow sie in frühmittelalterlich-slawische Zeit datieren. Hierbei erkannte er die Bedeutung der Keramik für die Bestimmung und Datierung von Kulturgruppen, was für seine Zeit erstaunlich weitsichtig war. Vieles sollte erst eine Wissenschaftlergeneration später von Paul Reinecke und seinen Nachfolgern formuliert werden. Er erforschte vor allem die Vorgeschichte seiner unmittelbaren Umgebung, wobei er erstmals bronze- und eisenzeitliche sowie slawische Keramik unterscheiden konnte. Insbesondere seine Herausarbeitung der spätbronzezeitlichen Lausitzer Kultur (2. Hälfte des 2. Jts. v. Chr.), die er auf stratigrafischem Wege von den slawischen Befunden abgrenzen konnte, ist bis heute von Bedeutung. Zudem gelang ihm die Zuordnung der für diese Epoche charakteristischen Schläfenringe, was einen bedeutenden Fortschritt in der Slawenforschung bedeutete.

Virchow und die Arierfrage

Virchow äußerte auch seine Meinung zur damals wichtigen „Arierfrage“. Ab 1886 ging er diesem heiß diskutierten Thema mit einer breit angelegten Studie auf den Grund: 6 Millionen Schulkinder wurden auf Haar- und Augenfarbe, Typ und Herkunft untersucht, was einige der Annahmen bezüglich „Ariern“ und „Turaniern“ widerlegte – ganz abgesehen davon, dass er etwa 10% blonde und blauäugige Juden nachweisen konnte. In seinem bis heute lesenswerten Vortrag „Die Urbevölkerung Europa's“ [sic] stellt er genau fest, in welchem Verhältnis Philologie und Archäologie bei der Rassenfrage stehen und welche Schlüsse man überhaupt ziehen kann. Er entlarvt die „kaukasische Rasse“ als Mythos und lehnt generell die Gleichsetzung „Kultur = Rasse“ ab. Diese Widerlegung der ganzen Rassenlehre wurde aber in der Folgezeit stillschweigend ignoriert. Ironie der Geschichte: 1902, im Jahr von Virchows Tod, erhielt Gustav Kossinna die Professur für „Deutsche Archäologie“, machte die Rassenlehre zum wichtigsten Forschungsthema – und das Unheil nahm seinen Lauf.

Doch Virchow unterliefen auch – zugegeben seltene – Irrtümer. So stand er Darwins Evolutionstheorie eher skeptisch gegenüber, was aber möglicherweise daran liegen könnte, dass er an ihrer Entwicklung nicht beteiligt war, denn er allein entschied, was als ausreichender Beweis gelten durfte und was nicht. Ebenso wenig glaubte er daran, dass der Neandertaler eine Vorstufe des Homo sapiens war, sondern hielt die dort zu beobachtenden Unterschiede für rein pathologische Veränderungen des Skeletts – die einzige Art von Evolution, die er akzeptieren konnte; selbst wenn er sich dabei widersprach.

Was bleibt?

Rudolf Virchow ist nicht nur der Begründer der modernen Pathologie, sondern auch der Vorgeschichtsforschung und zudem, da er ebenfalls vorgeschichtliche Nahrungsreste als wichtige Quelle zum Leben der Menschen untersuchte, Begründer der Paläobotanik und Archäozoologie. In vielem nahm er spätere Forschungen vorweg und erstrebte immer die Synthese, die er höher bewertete als die als reiner Selbstzweck gesehene Detailstudie der Einzelfunduntersuchung. Dabei waren für ihn Fundumstände genauso wichtig wie der Fund selbst – eine überaus moderne Sichtweise.

Der Kaufmann und die neue Helena

Heinrich Schliemann und Sophia Engastromenos

Name:	**Heinrich Schliemann**	**Sophia Engastromenos**
Geboren:	**6. Januar 1822 in Neubukow**	**12. Januar 1852 in Athen**
Gestorben:	**26. Dezember 1890 in Neapel**	**27. Oktober 1932 ebenda**
Tätigkeiten:	**Kaufmann, Archäologe**	**Schülerin**
Besonderheit:	**Entdecker der homerischen Fundplätze Troja, Tiryns und Mykene**	

Heinrich Schliemann ist bis heute eine umstrittene Figur in der Archäologie. Er wird als Dilettant und Schatzgräber verteufelt, und trotzdem kann man ihm eine grundlegende Rolle im Fach nicht absprechen: Er ist und bleibt der Vater der vorgeschichtlichen Archäologie in Griechenland. Er war ein Mann, der sich von seiner Überzeugung leiten ließ – zugleich knallharter Geschäftsmann und romantischer Träumer.

Wer war das?

Schliemann verlebte eine unglückliche, schwierige Kindheit. Sein Vater, ein Pastor, war trunksüchtig und ließ seine Familie in Armut leben. So kam es, dass Schliemann kaum Bildungschancen hatte, aber als Kind immerhin die homerischen Geschichten erzählt bekam. Sie ließen ihn nicht mehr los, und angeblich hatte er sich mit acht Jahren dazu entschlossen, Troja zu finden. Sein Bericht, er habe zu Weihnachten eine „Weltgeschichte für Kinder" geschenkt bekommen, könnte auch nur seiner Phantasie entsprungen sein, denn bei Schliemann verwischt die Grenze zwischen Wahrheit und Wunschtraum häufig.

Mit 14 Jahren wurde er Lehrling bei einem Krämer, der offenbar sein kaufmännisches Talent erkannte und förderte. Der junge Schliemann war intelligent und durchsetzungsfähig, so brachte er sich selbst zahlreiche Fremdsprachen bei. Er wurde ein erfolgreicher Geschäftsmann mit dem Spezialgebiet Indigo-Handel; residierte in St. Petersburg,

H Schliemann

lernte Russisch und vermählte sich mit einer Russin. Durch Spekulationen im Krimkrieg (1853–1856) wurde er im Alter von 40 Jahren zum Millionär und begab sich daraufhin auf eine ausgedehnte Reise nach Asien und in die USA. Da ihn seine Geschäfte inzwischen langweilten, wandte er sich der Archäologie zu.

Der Lügenbaron

Schliemann war sein Leben lang ein Getriebener, was er in die Worte fasste: *„Zeit ist Gold bei mir."* Er besaß eine schwierige, egomanische und starrköpfige Persönlichkeit, war aber dennoch immer bereit, dazuzulernen. Schon in den verschiedenen Ausgaben seiner Autobiografie wird deutlich, dass er es mit der Wahrheit nicht so genau nahm. Er veränderte Details, aber auch Jahreszahlen und wichtige Tatsachen, weshalb es schwierig ist, heute von ihm ein wirklich authentisches Bild zu bekommen. Doch genau das scheint seine Absicht gewesen zu sein, denn es erhöhte das Mysterium, das schon zu Lebzeiten um seine Person kreiste. Leider hat er auch seine Fundberichte „ausgeschmückt", so dass vieles an Information über Troja und die anderen Grabungsorte heute als verloren gelten muss. Schliemann war ein meisterhafter Selbstdarsteller, der sich, ganz in homerischer Tradition gefangen, seinen eigenen „Gründungsmythos" erfand. *„Diese Biographie hat er selbst geschaffen, gelebt wie geschrieben"* (J. Cobet). Doch bereits in jungen Jahren war er sich dessen bewusst, dass man ihn oft für einen Lügner hielt. Ein Brief an seine Schwester endet mit den Worten: *„Ich schließe ... die Quittung vom Krankenhaus mit ein, damit Ihr sehet, dass ich Euch nichts vorlüge."* Insbesondere während seiner Zeit als erfolgreicher Geschäftsmann stand er in dem Verdacht, nicht alles korrekt ablaufen zu lassen, ja sogar betrügerisch zu handeln.

1869 heiratete er mit weit über 40 Jahren seine zweite Frau, die 17-jährige Sophia Engastromenos, die er nach eigenen Angaben nach ihren Geschichtskenntnissen ausgewählt hatte – aber in ihr auch eine Wiedergeburt der trojanischen Helena sah. Trotzdem scheint die Ehe, aus der zwei Kinder mit den klassischen Namen Andromache (geb. 1871) und Agamemnon (geb. 1878) hervorgingen, glücklich gewesen zu sein. Über die Jahre assistierte sie ihm auf seinen Grabungen, und nach Schliemanns Tod war es Sophia, die sein Erbe verwaltete und verteidigte.

Schliemann hatte nur wenige enge Freunde und Mitarbeiter, wobei Wilhelm Dörpfeld der wichtigste war. Ein wichtiger Förderer und Korrespondenzpartner war der Berliner Anthropologe und Vorgeschichtler Rudolf Virchow, den er 1875 kennenlernte. 1879 besuchte Virchow ihn in Troja und gemeinsam unternahmen sie 1888 eine Ägyptenreise. Als wahrer Freund warnte er Schliemann vor voreiligen Schlüssen und brachte ihn mit Wissenschaftlern zusammen, die seine Arbeitsweise relativierten. Im Gegensatz zum restlichen Europa wurde Schliemann in Deutschland lange Zeit nicht anerkannt und als reiner Raubgräber betrachtet: Theodor Mommsen soll ihn als „Trüffelschwein" bezeichnet haben, wobei das noch einer der netteren Ausdrücke war. Virchow gelang es schließlich, Schliemann wieder mit Deutschland zu versöhnen und ihn dazu zu bringen, die Troja-Funde den Berliner Museen zu überlassen.

Schliemann litt über lange Zeit hinweg an starken Ohrenschmerzen und ließ sich schließlich auf Anraten Virchows operieren. Doch wartete er die endgültige Heilung nicht ab und reiste im Winter nach Pompeji, worauf die Schmerzen wieder schlimmer wurden. Man riet ihm zu einer zweiten Operation, die er ablehnte. Kurz darauf brach er zusammen und starb, da die Entzündung bereits auf das Gehirn übergegriffen hatte.

Was hat er entdeckt?

Mit 48 Jahren kam Schliemann zum ersten Mal nach Griechenland, von Anfang an auf der Suche nach Troja, durch dessen Entdeckung er die Wahrheit der homerischen Schriften beweisen wollte. Jedoch lehnte er die damals gültige Identifizierung von Bunarbashi mit der legendären Stadt intuitiv ab, da sie nicht mit der Beschreibung Homers übereinstimmte. 1868 traf er auf den Amerikaner Frank Calvert, den Besitzer des Landes rund um Hissarlik, das dieser für Troja hielt, aber aus Geldmangel nicht selbst ausgraben konnte. Schliemann finanzierte die Grabungen. 1871 trieb er einen tiefen Längsschnitt durch die Mitte des Hügels, da er annahm, das homerische Troja müsse sich auf dessen Boden befinden. Dabei wühlte er sich durch alle darüber liegenden Schichten, ohne sie zu dokumentieren.

Wer war Homer?

Homer ist der erste Dichter des antiken Griechenland, den wir namentlich kennen – auch wenn nicht einmal mehr sicher nachweisbar ist, ob er eine historische Person war. Er lebte möglicherweise im 8. Jh. v. Chr. in Kleinasien und hat durch die ihm zugeschriebenen Epen *Ilias* (die Schilderung des Trojanischen Krieges) und *Odyssee* (die abenteuerlichen Fahrten des Odysseus) sowie seine *Hymnen* Eingang in die Weltliteratur gefunden. Sein Name bedeutet möglicherweise „der Blinde“, woran viele Legenden um sein Leben anknüpfen. Sicher scheint, dass seine Epen ursprünglich mündlich tradiert und erst lange nach ihrer Entstehung schriftlich niedergelegt wurden – ob sie tatsächlich alle auf einen Mann mit Namen Homer zurückgehen, kann nicht mehr festgestellt werden. Trotzdem hatte gerade Homer in allen Geschichtsepochen großen Einfluss, was bis zur modernen Deutung der vorgeschichtlichen und antiken Kultur Griechenlands reicht.

Zwei Jahre später entdeckte Schliemann den sog. „Schatz des Priamos“ und war davon überzeugt, damit das Troja Homers gefunden zu haben, obwohl das Depot sich in der zweiten Schicht von unten fand, was ihn hätte stutzig machen müssen. Die Beschreibung dieser Entdeckung ist legendär: Sophia verbarg die Metallfunde in Einzelportionen in ihrem Schal und schmuggelte sie an den Wachen vorbei ins Grabungshaus, ohne dass jemand etwas bemerkt hätte. Da ihr Mann große Angst vor Diebstahl hatte, schickte er die meisten Arbeiter heim, als sich der Schatzfund ankündigte. Das war angesichts seiner Schatzgier geradezu lebensgefährlich, denn er unterhöhlte wie manisch das Profil, das jederzeit hätte einbrechen und ihn verschütten können. Von vielen Fachkollegen wurde er wegen dieser Vorgehensweise belächelt und verulkt. Erinnert sei hier an eine Weihnachtsfeier des DAI, auf der der Altphilologe und Mommsen-Schwiegersohn Ulrich von Wilamowitz-Moellendorf in der Rolle der Sophia mit dem Schal die Bergung des Schatzes nachspielte.

Der Prophet gilt nichts im eigenen Lande …

Schliemann schmuggelte die Funde in seinem Privatgepäck aus der Türkei und publizierte sie. Zugleich begann er, vor europäischen Fachleuten Vorträge über seine Entdeckungen zu halten, was ab den späten 1870er Jahren zu großer Popularität führte. Er kommentierte das mit folgenden Worten: *„Ich bin der Löwe der Saison.“* Seine Funde wurden im Ausland zwar wohlwollend bis enthusiastisch aufgenommen, in Deutschland aber belächelt. Die deutsche akademische Welt stand diesem Autodidakten von vornherein skeptisch gegenüber, wobei sich besonders Ernst Curtius und die Berliner Schule negativ hervortaten. Schliemann selbst nahm es mit Sarkasmus: *„Er [Ernst Curtius] könnte mich aus Neid kreuzigen und braten.“* 1878 kehrte er nach Troja zurück, da er inzwischen doch Zweifel an seiner Identifizierung bekommen hatte. Wirklich wissenschaftlich wurde seine Grabung erst, als Wilhelm Dörpfeld als sein Assistent dazukam. Dessen wichtigstes Kriterium war: Geduld – eine Eigenschaft, die Schliemann selbst bis dahin nie hatte aufweisen können. Ob die Anstellung Dörpfelds auf Vermittlung von Virchow geschah, wie oft vermutet wurde, lässt sich anhand der Quellen nicht belegen.

Dörpfeld konnte in der Folgezeit soweit eingreifen, dass die Ausgrabungen in Troja doch noch ernst zu nehmende Ergebnisse lieferten. Nun erkannte man auch, dass die Schicht II mit dem Schatz in Wahrheit viel älter war als das homerische Troja, während man statt dessen Schicht VI als „dessen" Stadt identifizierte. Daraufhin verstärkte sich die massive Kritik an Schliemann, den man einen Schatzgräber und Narren schalt. Es ist eine Tatsache, dass er der Stratigrafie des Hügels von Troja irreparablen Schaden zugefügt hat – und doch muss man auch das in Zusammenhang mit seiner Biografie sehen. Als vollkommener Autodidakt hatte er keinerlei archäologische Vorbildung, war damit aber im 19. Jh. nicht der einzige, als Schatzgräberei eher die Regel denn die Ausnahme war. Immerhin hob Schliemann alle Funde auf, selbst einfache Keramikscherben, denen er durchaus chronologische Bedeutung beimaß – das taten damals bei weitem nicht alle Archäologen. Auch die umgehenden Fundpublikationen sind hervorzuheben, ebenso wie die Durchführung von Metallanalysen – in vielen Bereichen war Schliemann also tatsächlich ein Vorreiter.

„… er ist ein widerlicher Kerl, confus, ohne Halt, verworren – und doch von leidenschaftlicher Energie für eine Sache."

Adolf Furtwängler über Schliemann (um 1880)

„Schliemann wird riesig gefeiert hier, ist und bleibt aber ein doch halb verrückter und confuser Mensch, der von der eigentlichen Bedeutung seiner Ausgrabungen keine Ahnung hat und wirklich nur aus dem niedern Interesse, daß die Sachen so und so alt sind und gerade aus Troia und Mykenae stammen, all seine wirklich erstaunliche Energie aufbietet. Aber genützt hat er unsrer Wissenschaft deswegen doch enorm."

Adolf Furtwängler über Schliemann (um 1880)

„Trotz Homer-Begeisterung ist Schliemann doch im Grunde ein Speculant und Geschäftsmann, was er nicht verhehlen kann."

Adolf Furtwängler über Schliemann (um 1880)

Dörpfeld dagegen äußerte sich später nur mit äußerster Vorsicht über Schliemann, da er dessen allgemeine Leistung nicht durch zu harsche Kritik schmälern wollte – obwohl er derjenige war, der am besten wissen musste, welche Defizite die Schliemann'schen Ausgrabungen hatten. Er war sogar dazu in der Lage, die Spannungen zwischen diesem und seinen deutschen Fachkollegen zu entschärfen. Schließlich stiftete Schliemann sogar den Neubau des Athener Institutsgebäudes und wurde in seinen letzten Lebensjahren zum Ordentlichen Mitglied des DAI ernannt. Die beiden Männer ergänzten sich gut: Schliemann mit seiner unruhig-nervösen, drängenden Art und der vermittelnde, ausgleichende Wilhelm Dörpfeld. Ein Beobachter sagte einmal: *„Dörpfeld [war] Schliemanns schönster Fund."*

Was bleibt?

Trotz gerechtfertigter Kritik muss man Schliemann zugestehen, mit seiner Vision von Troja die Archäologie des 19. Jhs. in vielen Bereichen angestoßen zu haben und sprichwörtlich zum Urvater der deutschen Archäologie geworden zu sein. Ohne ihn hätte die Welt nicht erkannt, dass gelegentlich auch persönliche Träume zum Erfolg führen können. Und er selbst wusste um seine eigene Unkenntnis: *„... jetzt aber bleibe ich ein Leben lang in wissenschaftlicher Hinsicht nur ein Stümper."*

Mutter der Moorleichen

Johanna Mestorf

Name: **Johanna Mestorf**
Geboren: **17. April 1928 in Bramstedt/Holstein**
Gestorben: **20. Juli 1909 in Kiel**
Tätigkeiten: **Gesellschafterin, Übersetzerin, Museumsdirektorin**
Besonderheit: **Erste Museumsdirektorin im Deutschen Reich**

Johanna Mestorf war die einzige Frau in der deutschen Vorgeschichtsforschung des 19. Jhs., denn alle anderen, wie z. B. Sibylle Mertens-Schaaffhausen, widmeten sich der klassischen Antike. Anders als jene orientierte Mestorf sich nach Norden, erlernte skandinavische Sprachen und erforschte die Altertumskunde der Nord- und Ostseeregion.

Wer war das?

Johanna Mestorf wurde 1828 in Bad Bramstedt/Holstein als Tochter eines praktischen Arztes und Chirurgen geboren. Sie hatte eine Schwester und zwei Brüder, die ebenfalls das Erwachsenenalter erreichten, während weitere fünf Geschwister bei der Geburt oder als Kleinkinder starben. Auch der Vater starb früh, worauf die Familie in Armut lebte. Trotzdem erhielt Mestorf eine gute Ausbildung an einer höheren Töchterschule, nur archäologisch gesehen war sie Autodidaktin. Sie erarbeitete sich die Vorgeschichtsforschung zu einer Zeit, als es noch keine entsprechenden Abteilungen an den Universitäten gab – und sie als Frau dort sowieso keinen Zutritt gehabt hätte. Mestorfs Vater war selbst in seiner Freizeit Altertumsforscher und Sammler gewesen, so dass sie in einem entsprechenden Umfeld aufwuchs. Er erkannte beispielsweise Jahre vor Thomsen die Einteilung der vorgeschichtlichen Epochen in Stein-, Bronze- und Eisenzeit und nahm damit die später heiß umstrittene These vorweg. Publiziert hat er sie jedoch nie.

Die frühen Jahre – Gesellschafterin und Übersetzerin

Im Alter von 20 Jahren ging Johanna Mestorf als Privatlehrerin und Gesellschafterin zur adeligen Familie des Grafen Piper am Mälarsee in Schweden, 100 km westlich Stockholms gelegen. Dort wurde sie wie ein Familienmitglied aufgenommen und hatte Zeit ihres Lebens guten Kontakt zur Familie. Sie lernte so gut Schwedisch, dass sie später als Übersetzerin arbeiten konnte. Danach ging sie ebenfalls als Gesellschafterin einer italienischen Adeligen auf Reisen durch Italien und Frankreich, wo sie wiederum die Landessprachen erlernte. 1866 schrieb sie einen historischen Roman über die Zeit des Dänenkönigs Kristian IV. (1577–1648), dessen Protagonistin das Bauernmädchen Wibeke ist.

Ab 1867 musste sie ihren Lebensunterhalt zur Gänze selbst verdienen, arbeitete als Sekretärin und Übersetzerin bei dem Hamburger Verlag Lithographisches Institut C. Adler und wurde vom Altphilologen und Direktor der Stadtbibliothek, Prof. Petersen, gefördert. Sie übersetzte die wichtigsten Werke der skandinavischen Vorgeschichtsforschung ins Deutsche und machte sie so hierzulande zugänglich. Damals galt Skandinavien in diesem Bereich als führend, da von dort unter anderem die Idee des Dreiperiodensystems Stein-, Bronze- und Eisenzeit kam. Neben der Fachliteratur übersetzte Mestorf auch Belletristik, häufig, um Freunden einen Gefallen zu tun und weniger um Geld zu verdienen.

Was hat sie geleistet?

Aufgrund ihrer Übersetzungsarbeit war Mestorf die Kontaktperson zu den skandinavischen Archäologen. Sie stand mit zahlreichen berühmten Wissenschaftlern ihrer Zeit – von Virchow über Montelius bis Nilsson – in regelmäßigem Briefkontakt oder war sogar enger mit ihnen befreundet. Sie tat damit etwas sehr Modernes: Sie unterhielt ein wissenschaftliches „Netzwerk". Neben ihrer umfangreichen Korrespondenz führte sie eine Art Tagebuch, das „Journal", das sie zwar für privat hielt, in das aber alle dienstlichen Belange Eingang fanden. Wie so oft ist die Erhaltung der Korrespondenz einseitig, meist fehlen die Antwortschreiben der Angeschriebenen. Zudem scheint ein beträchtlicher Teil ihres Nachlasses nach ihrem Tod vernichtet worden zu sein – vermutlich sogar auf ihren eigenen Wunsch hin. Erhalten sind dagegen ihre zahlreichen volkskundlichen und archäologischen Artikel, die sich hauptsächlich mit Norddeutschland und Skandinavien befassen.

Ab 1869 nahm Johanna Mestorf als einzige Frau an verschiedenen internationalen und nationalen Archäologie-Kongressen in Kopenhagen, Bologna, Brüssel oder Regensburg teil. Das war äußerst ungewöhnlich, da sie dort allein und ohne männliche Begleitung auftrat. Obwohl sie natürlich als „Fräulein“ angesprochen und für einen „Blaustrumpf“ gehalten wurde, erkannte man zumindest in den späteren Jahren ihre Arbeit als ernsthafte Kollegin an. Dass das nicht immer so war, lässt gelegentliche Kritik am Verhalten ihrer männlichen Kollegen durchscheinen, die sie wiederum als „Stockfische“ bezeichnete, als diese ihr die Teilnahme am Kopenhagener Kongress beharrlich verweigern wollten.

Bereits in Jahr zuvor, 1868, wurde Mestorf freie Mitarbeiterin am Kieler und am Hamburger Museum, wo sie einen handgeschriebenen Katalog der Sammlung erstellte, der bis heute verwendet wird. Ab 1873 wurde sie dann Kustodin des neugegründeten „Museums für vaterländische Altertümer“, an dessen Entstehung sie maßgeblich beteiligt war, und ab 1891 sogar Direktorin – als erste Frau Preußens.

Was sind Moorleichen?

Eine der interessantesten Ehrungen, die Mestorf am Ende ihres Lebens erhielt, ist der Dr. med. h. c., der ihr für ihre Verdienste um die Moorleichenforschung verliehen wurde. Sie war die erste Wissenschaftlerin überhaupt, die einen – 1907 insgesamt 52 Einträge umfassenden – Katalog aller ihr bekannten Moorleichen Nordeuropas angelegt hat (heute kennt man um die 1000 Funde) und damit auch den Terminus als solchen festlegte. In zahlreichen Mooren Nordeuropas wurden die durch die speziellen Umweltbedingungen erhaltenen Überreste bronzezeitlicher bis mittelalterlicher Menschen entdeckt. Während die Knochen vielfach vergangen sind, haben sich Haut, Haare und Kleidung hervorragend erhalten. Man hielt diese Menschen für Opfer von Unfällen oder aber der germanischen Gerichtsbarkeit, doch befinden sich auch einige eindeutige Sargbestattungen darunter.

Somit war Johanna Mestorf die Begründerin der Archäologie in Schleswig-Holstein mit ihrem Zentrum im Kieler Museum (heute Museum Schloss Gottorf). Sie erkannte die Gefahren der Industrialisierung für die Bodendenkmäler und ernannte zuständige Kontaktpersonen als

Vorläufer des späteren Landesamtes. Während ihrer Tätigkeit in Hamburg verfolgte sie erste Ansätze einer Stadtarchäologie. Ein weiterer Schwerpunkt ihrer Arbeit waren wikingerzeitliche Schatzfunde, die sogenannten Hacksilberhorte. Dabei ergab sich das Problem, dass niemand in ihrem Umfeld in der Lage war, die darin enthaltenen arabischen Münzen zu lesen oder zu datieren.

Was bleibt?

Mestorf sah in der Vorgeschichtsforschung einen „Ableger" der Anthropologie, in deren Zusammenhang sie alle ihre Forschungen gesehen haben wollte, was einen gewissen Einfluss von Rudolf Virchow nahelegt. Wichtig war ihr, die Lebenswelt der vorgeschichtlichen Menschen aus deren Hinterlassenschaften zu rekonstruieren, wobei die besonderen Schwerpunkte Handel, Nahrungsmittelversorgung, soziale Abstufungen, Kommunikation oder Siedlungsarchäologie waren – alles relativ „moderne" Fragestellungen. Sie stellte auch völkerkundliche Vergleiche an, deren Zulässigkeit im Rahmen der Vorgeschichtsforschung noch immer nicht unumstritten ist. Ihr handgeschriebenes Inventarverzeichnis des Hamburger Museums wird bis heute verwendet.

Die Königin der Ägyptologie

Amelia Edwards

Name: **Amelia Ann Blanford Edwards**
Geboren: **7. Juni 1831 in Islington/London**
Gestorben: **15. April 1892 in Weston-super-Mare/North Somerset**
Tätigkeiten: **Journalistin, Reiseschriftstellerin, Ägyptologin**
Besonderheit: **Begründerin der wissenschaftlichen Ägyptologie in England**

Auf den ersten Blick ist Amelia Edwards nur eine unter vielen reisefreudigen Damen des 19. Jhs., von denen Tagebücher überliefert sind. Doch sie unterscheidet sich sehr wohl, denn noch in Ägypten beschloss sie, etwas gegen den allgegenwärtigen Raubbau an den Kunstschätzen zu unternehmen. Sie schrieb nicht nur darüber, sondern gründete den Egypt Exploration Fund und rief einen Lehrstuhl für Ägyptologie ins Leben. Man sollte sie schließlich die „Königin der Ägyptologie“ nennen.

Wer war das?

Amelia Edwards, als Kind Amy oder „little Lady“ genannt, war die einzige Tochter einer Mittelklassefamilie. Ihr Vater war Armeeoffizier, ihre Mutter die Hauslehrerin der Tochter. Bereits als Kind schrieb Amelia kleine Zeitschriftenbeiträge und Gedichte – ihr erstes wurde veröffentlicht, als sie sieben Jahre alt war, die erste Kurzgeschichte mit zwölf Jahren. Mit diesen guten Voraussetzungen hätte sie sofort als Schriftstellerin Karriere machen können, doch das Herz des Mädchens gehörte damals noch der Musik. Erst als sie tatsächlich vom Schreiben leben konnte, gab sie alle anderen Pläne auf und konzentrierte sich allein darauf. Sie wurde Reporterin für verschiedene Magazine, schrieb über den Alltag, Haus und Garten, aber auch Kunst- und Musikkritiken. Zu ihrer Zeit war das ein durchaus ungewöhnlicher Beruf für eine junge Frau. Ihren ersten Roman veröffentliche sie mit 24 Jahren – wie das gute Dutzend, das noch folgen sollte, handelte es sich um einen gut recherchierten und geschriebenen Gesellschaftsroman, mit allem, was die damaligen Leserinnen liebten – Familienintrigen, Ehedramen und so weiter. Doch selbst für diese scheinbar trivialen Themen benötigte sie zwei Jahre pro Buch – eine Sorgfalt, die sich in den Verkaufszahlen niederschlug.

Nach dem Tod der Eltern begann Edwards im Alter von 30 Jahren zu reisen und darüber zu schreiben. Ein verregneter Frankreichaufenthalt zusammen mit ihrer Freundin Lucy Renshawe führte zur alles entscheidenden Frage: zurück nach Hause oder weiter nach Süden? Da beide dringend auf der Suche nach Sonne und Wärme waren, landeten sie schließlich in Ägypten – der Rest ist Geschichte. Ohne „männlichen Schutz" zu reisen, war damals auch für zwei Frauen nicht ganz ungefährlich, so dass man beider Mut durchaus bewundern kann. Mit einem kleinen gemieteten Schiff, einer Dahabiya, und nicht mit einem der bequemen Dampfschiffe des Reiseveranstalters Thomas Cook, reisten sie nilaufwärts bis Abu Simbel. Dort blieben sie drei Wochen und nahmen erste Ausgrabungen vor, was Edwards als Krönung der ganzen Reise bezeichnete. Bereits bei dieser ersten Begegnung mit Ägypten fiel ihr auf, wie gefährdet die Altertümer allerorten waren – sie beschloss spontan, etwas dagegen zu unternehmen und sich fortan der Ägyptologie zu widmen.

Außerdem versuchte sie ihr Anliegen, die ägyptischen Denkmäler zu retten, mittels Lesereisen populär zu machen. Auf ihrer letzten Reise durch die USA erlitt sie jedoch einen Unfall, von dem sie sich, schon durch die jahrelangen Anstrengungen geschwächt, nicht mehr erholte. Als 1892 auch noch ihre langjährige Freundin und Reisebegleiterin Lucy starb, gab Edwards auf. Eine schwere Grippe setzte ihr so zu, dass sie noch im gleichen Jahr starb – sie wurde nur 61 Jahre alt.

Lesefrüchte aus der Feder einer neugierigen Reisenden

Der einzige Weg, etwas Näheres über den Menschen Amelia Edwards zu erfahren, ist, ihre Bücher zu lesen, geschrieben nach dem Motto: *„Ich versuche, mir nichts entgehen zu lassen."* Darin beschreibt sie ihre Mitmenschen und die Umwelt auf Reisen oft mit Sarkasmus; so vergleicht sie etwa eine auf einer Felskante in Reihe hockende „ausgewählte" Gruppe von Geiern mit einer Bank voller andächtiger Bischöfe! Sehr anschaulich ist auch ihre Beschreibung einer Begegnung zwischen Mensch und Kamel (bewusst als „er" bezeichnet), das anderswo gerne beschönigend als „Wüstenschiff" bezeichnet wird:

„Du weißt, dass er dich hasst, vom ersten Augenblick an, wo du um ihn herumläufst und dir Gedanken machst, wo und wie du am besten seinen Höcker erklimmen kannst. Tatsächlich zögert er nicht, dir das in den treffendsten Worten deutlich zu machen. Während du Platz nimmst, flucht er frei heraus; er knurrt, wenn du dich auch nur ein wenig im Sattel bewegst; und starrt dir ärgerlich ins Gesicht, wenn du versuchst, seinen Kopf in irgendeine andere Richtung als die ihm genehme zu bewegen. Solltest du darauf beharren, versucht er, dich in die Füße zu beißen. Wenn dich in die Füße zu beißen nichts nützt, legt er sich hin.“

Auf einem Kamel zu reiten, ist nach ihrer Ansicht *„eine Strafe, zu der man niemanden bei gutem Gewissen verurteilen möchte – nicht* *einmal einen Rezensenten".* In dieser Bemerkung lassen offenbar unangenehme Erfahrungen aus dem Schriftstellerinnenleben grüßen. Edwards befasste sich nicht nur mit den altägyptischen Denkmälern, sondern auch mit Land und Leuten – sowohl den Einheimischen wie auch ihren Mitreisenden, die nicht als Individuen, sondern als Typen charakterisiert sind: Es gibt den Zeichner, das glückliche Paar, den Müßiggänger, sie selbst firmiert als „the writer", also etwa „die Schriftstellerin" oder „die Autorin", wobei es sich nicht um eine hundertprozentige Darstellung ihrer eigenen Person handeln soll. Belustigt beschreibt sie das „Wettrennen" zwischen den einzelnen Booten: Welches macht früher an einer antiken Stätte fest? Wer sichert sich den besten Anlegeplatz, wer muss weitab vom Kai ankern? Und – war man einmal an Land – wer kann welche Antiken den anderen vor der Nase wegschnappen? Nicht alle Reisenden waren dabei so ernsthaft wie Amy und Lucy – eine weitere Engländerin, die gleichzeitig mit beiden unterwegs war (allerdings in einem anderen Boot), beschreibt dieselbe Reise eher nachlässig in ihrem Tagebuch, etwa dass dieser oder jener *„Tempel von einem Jemand namens Caesar fertiggestellt"* worden sei. Sie beschwert sich über das Wetter, den Sand, die Araber – nichts von alledem ist in Amelias Buch zu finden, die ungebrochen enthusiastisch bleibt. Allerdings fehlt auch ihr das tiefe Verständnis für die so fremde Kultur – sie bleibt durch und durch, wie alle ihre Zeitgenossen, Kolonialistin.

Edwards wunderbarer Reisebericht „A Thousand Miles up the Nile" ist ein humorvolles, lebhaftes Buch, geschrieben in dem blumigen Stil der viktorianischen Epoche – also ganz das, was ihre Leserinnen wollten und wollen, denn es wird bis heute immer neu aufgelegt. Doch nicht nur der Text, sondern auch die Illustrationen stammen von der Hand der Autorin. Dabei plaudert sie nicht etwa gedankenlos vor sich hin, sondern vermittelt eine Vielzahl von historischen Fakten. Ab und zu lässt sie auch unschöne Details weg, etwa die 48 Stunden dauernde Quarantäne, der sie und ihre Freundin nach der Ankunft in Ägypten unterworfen waren. Sie beschreibt den ersten Morgen in Kairo so, als hätte das alles nie stattgefunden.

Was hat sie geleistet?

Angeblich fasste Edwards noch in Abu Simbel den Entschluss, Ägyptologin zu werden, und studierte nach ihrer Rückkehr nach England autodidaktisch Ägyptologie. Sie bediente sich dazu neben der greifbaren

Fachliteratur der Museumssammlungen sowie einer umfangreichen, über Jahre geführten Korrespondenz mit Wissenschaftlern wie Maspéro, die sie über alle Neuentdeckungen auf dem Laufenden hielten. Schließlich übersetzte sie fremdsprachige Fachbücher ins Englische und schrieb Rezensionen und Artikel. Nach ersten Schürfungen anlässlich ihres Besuches in Abu Simbel hat sie jedoch nie wieder zum Spaten gegriffen – sie war eine reine Schreibtischarchäologin.

Bereits bei diesem ersten Besuch fiel ihr auf, wie sehr die altägyptischen Denkmäler von der Vernichtung bedroht waren: durch Raubgräber, gedankenlose Einheimische, europäische Sammler und Museen oder simple Neugierige – besonders verhasst war ihr die schon seit der Antike immer wieder von „Touristen" geübte Unsitte des Anbringens von Graffiti auf historischen Monumenten. Aber auch die Wissenschaftler bekamen ihr Fett ab, die oftmals durch zu eifriges Kopieren den Reliefs und Inschriften genauso schadeten wie die internationalen Museen, die den einheimischen Grabräubern begierig ihre Beute abkauften. Sie setzte sich ab da vehement für die Erhaltung der Denkmäler ein und befasste sich auch mit der Problematik der Privatsammlungen. Im Gegensatz zu vielen anderen Autodidakten in der Archäologie wurde Edwards jedoch von ihren Fachkollegen anerkannt.

Was bleibt?

In ihren späteren Büchern ergriff Edwards vehement Partei für die Erhaltung der ägyptischen Denkmäler und gründete 1882 mit R. S. Poole den Egypt Exploration Fund (heute Egypt Exploration Society). Sie trieb unermüdlich Sponsorengelder hierfür auf und gab die Publikationen der Gesellschaft heraus. Im Laufe der nächsten Jahre korrespondierte sie mit allen bedeutenden Ägyptologen ihrer Zeit und wurde eine besonders enge Freundin von W. M. F. Petrie, den sie nach Kräften förderte. Speziell für ihn ließ sie aus ihrem Nachlass am University College London einen Lehrstuhl für Ägyptologie schaffen, der bis heute Bestand hat. Sowohl Edwards' noch immer erhältliches Reisebuch als auch der nach wie vor bestehende Lehrstuhl für Ägyptologie in London erinnern an diese bemerkenswerte Frau, die auf einer simplen Vergnügungsreise durch Zufall ihre Lebensaufgabe in der Bewahrung der altägyptischen Denkmäler fand.

Die Herrin des Gelben Salons

Contessa Ersilia Caetani-Lovatelli

Name: **Contessa Ersilia Caetani-Lovatelli**
Geboren: **12. Oktober 1840 in Rom**
Gestorben: **22. Dezember 1925 ebenda**
Tätigkeiten: **Archäologin, Gastgeberin**
Besonderheit: **Erste weibliche Altertumskundlerin Italiens**

Wie in anderen europäischen Ländern, so war es auch in Italien der Adel, der sich mit den Kunstwerken der Antike beschäftigte. Die meisten dieser Adeligen waren Männer, doch auch eine Frau, die Contessa Ersilia, erlangte großen Ruhm als Altertumskundlerin und Gastgeberin eines der beliebtesten internationalen Salons der Stadt Rom. Über Jahre hinweg war sie eine ausgezeichnete Kennerin römischer Antiken.

Wer war das?

Geboren wurde Ersilia als Tochter des Danteforschers Michelangelo Caetani, dem Duca di Sermoneta, und seiner Frau, einer polnischen Adeligen. Die Familie ihres Vaters gehörte zu den ältesten und angesehensten stadtrömischen Adelsgeschlechtern, die seit Generationen als kunstsinnig bekannt waren. Ersilias Mutter war selbst vielseitig künstlerisch tätig, schrieb Romane und komponierte. Obwohl sie bereits verstarb, als Ersilia noch ein kleines Kind war, blieb die Erinnerung an ihre Mutter für sie prägend. Als einziges Kind hatte sie immer eine Anzahl Gouvernanten und Hauslehrer, die sich um sie kümmerten und sie unterrichteten. Da es im damaligen Italien für Frauen noch nicht möglich war, eine Universität zu besuchen, bildete Ersilia sich durch intensives Selbststudium weiter. Mit 19 Jahren ging sie eine standesgemäße Ehe ein – ihr Mann, ebenfalls Spross einer sehr alten Adelsfamilie, teilte ihre Interessen und förderte die Studien seiner Frau, anstatt sie zu beschränken. Die gemeinsame Tochter erhielt den altrömischen Namen Callista.

Nun ist es zwar Tatsache, dass Ersilias archäologische Arbeiten schon deshalb Aufsehen erregten, weil sie eine bekannte Adelige war. Aber sie war auch eine hervorragende Wissenschaftlerin, die als die erste Altertumsforscherin Italiens galt. Ihr wurden viele Ehrungen zuteil, etwa als erste Frau in die Accademia dei Lincei oder als Ehrenmitglied ins Deutsche Archäologische Institut (DAI) aufgenommen zu werden. Die Krönung war die Verleihung der Ehrendoktorwürde der Universität Halle im Jahr 1894. Nachdem ihr Mann 1870 verstorben war, vergrub sie sich noch tiefer in ihre umfangreiche Bibliothek und ihre Studien. Nur ihren Salon führte sie weiter, während sie selbst niemals ausging.

Die „Ersiliasti“

Contessa Ersilia war eine imponierende, Ehrfurcht gebietende Erscheinung. Sie war hochgebildet, beherrschte neben Latein und Altgriechisch auch Sanskrit, das sie für wichtig für die Altertumskunde hielt. In ihrem Palazzo in Rom hielt sie allabendlich einen weithin berühmten Salon ab (*salone giallo* – gelber Salon, von Ersilia *„un porto di mare“*, ein Hafen, genannt), in dem sich alle wichtigen Gelehrten und Künstler Roms trafen, genannt die „Ersiliasti“. Bereits ihr Vater hatte einen solchen kulturellen Salon geführt, den seine Tochter weiterführte und ihm neue Akzente verlieh. Auch viele derer, die sich zeitweise auf kultureller Pilgerreise (*pellegrinaggio culturale*, Laura Nicotra) in Rom befanden, waren herzlich willkommen. Hier wurden alle europäischen Sprachen gesprochen, alle wichtigen Themen diskutiert. Sie unterhielt gute Beziehungen zum DAI und anderen Instituten, was an der besonders großen Zahl deutscher Gäste wie Theodor Mommsen zu erkennen war. In vielen deutschen Archäologenbiografien des 19. und frühen 20. Jhs. wird die Contessa rühmend erwähnt, so von Georg Karo, Ludwig Curtius oder Ludwig Pollak.
„Im Palazzo Lovatelli, dessen Hausherrin … eine der besten Altertumskundler in Italien war, konnte man sicher sein, jede ausländische literarische Berühmtheit zu finden, die in der Stadt [Rom] zu Besuch war.“ (Rendell Rodd)

Was hat sie geleistet?

Ersilia Lovatelli hatte eine immense Materialkenntnis und schrieb zahlreiche Artikel und Bücher zur römischen Antike, wobei sie der Forschung viel unpubliziertes Material zugänglich machte. Ihr Anliegen war es, das Alltagsleben im antiken Rom in seiner geschichtlichen Entwicklung über die Jahrhunderte hinweg bildlich begreifbar zu machen. Besondere Arbeitsschwerpunkte waren das Zirkuswesen, die Katakomben, der Gräberkult allgemein (etwa „Thanatos", eine kulturgeschichtliche Arbeit über den Tod im antiken Griechenland und Rom, genaugenommen eine philosophische Abhandlung über die menschliche Vergänglichkeit). Weitere Themen waren die antike Tracht, die römischen Feste oder römisches Kinderspielzeug. Ihre bedeutendste Publikation war das 1915 erschienene „Aurea Roma".

Was bleibt?

Die bedeutende Stilistin, die berühmt war für ihre detailgenauen Beschreibungen, galt als einzige Archäologin im Italien ihrer Zeit. Ihr weithin beliebter Salon ist in Rom bis heute legendär.

Höhere Tochter in Hosenrolle

Jane Dieulafoy

Name: **Jane Henriette Dieulafoy, geb. Magre**
Geboren: **29. Juni 1851 in Toulouse**
Gestorben: **25. Mai 1916 in Langlande bei Toulouse**
Tätigkeiten: **Reise- und Romanschriftstellerin, Archäologin, Pionierin der archäologischen Fotografie**
Besonderheit: **Löste durch ihr konsequentes Tragen von Männerkleidung einen Skandal aus**

Jane Dieulafoy war eine der ersten „modernen Frauen", die Gleichwertigkeit mit den Männern anstrebte und nur Häme erntete. Auch ihr bewusst an das Männliche angeglichenes Äußeres war ein Skandal, obwohl es nie als solcher gemeint war. In ihrem Leben waren nur zwei Dinge wichtig: das Schreiben und die Archäologie.

Wer war das?

Jane Henriette Magre wurde als jüngstes von sechs Kindern in Toulouse geboren. Da ihr Vater und ein älterer Bruder früh verstarben, rückte der Rest der Familie enger zusammen – eine Beziehung, die ihr immer den nötigen Rückhalt gab. Ab 1862 besuchte das intelligente und talentierte Kind eine Klosterschule bei Paris, wo ihre künstlerischen Anlagen nach Kräften gefördert wurden. Sie lernte mehrere Fremdsprachen inklusive Latein und Altgriechisch, was für ein Mädchen der damaligen Zeit außergewöhnlich war. Ihr starker Charakter wurde von den Klosterschwestern keineswegs gebrochen, sondern in die richtigen Bahnen gelenkt. Noch als Erwachsene erinnerte Jane sich mit Freude an ihre Schulzeit zurück.

1869 traf sie ihren späteren Mann Marcel Dieulafoy, der wie sie aus dem Toulouser Bürgertum kam. Er war von Beruf Eisenbahningenieur und arbeitete in Algerien, wo er ebenso dem Orient verfiel wie Jane. Beide heirateten 1870, doch forderte Marcel von seiner jungen Frau nicht ein simples Hausfrauenleben, sondern ließ ihr die Möglichkeit, ihre Interessen weiterzuentwickeln – schließlich liebte er gerade das „Unnormale" an ihr. Ihre gleichberechtigte Partnerschaft basierte auf gegenseitigem Verständnis, womit sie ihrer Zeit weit voraus waren. Beide waren von Kunst und Archäologie fasziniert und begannen bald zu reisen.

Flitterwochen in Uniform

Schon kurz nach ihrer Hochzeit brach der Krieg gegen Preußen aus – Marcel schloss sich der Defense Nationale an und Jane wollte keinesfalls allein zurückbleiben. Sie unternahm einen für Frauen aller Epochen wagemutigen Schritt: In Männerkleider und einen Soldatenmantel gehüllt, begleitete sie ihren Mann. Schließlich nahm sie in der Uniform eines Scharfschützen an den Kämpfen gegen die Deutschen teil. Auch nach Ende des Krieges, den beide unbeschadet überstanden, behielt Jane die Angewohnheit bei, aus praktischen Gründen Männerkleider zu tragen – aber wohl auch, um öffentlich die Gleichheit der Geschlechter zu demonstrieren.

Marcel erhielt einen Posten bei der Stadtverwaltung von Toulouse, wo er unter dem Kunsthistoriker Viollet-le-Duc (1814–1879) für historische Monumente zuständig war und eng mit dem großen Gelehrten zusammenarbeitete. Noch 1871 brachen Jane und Marcel in den Orient auf, den sie von Nordafrika über Ägypten bis nach Vorderasien jedes Jahr für mehrere Monate bereisten. Sie begannen unterwegs, erste archäologische Prospektionen zu unternehmen, und schließlich ließ sich Marcel ganz von seinem Posten beurlauben, um nur noch archäologisch tätig zu sein. In den Monaten zu Hause in Paris schrieb Jane ihre Erlebnisse nieder. Ab 1888 setzten sie nach schweren Enttäuschungen ihre Forschungen in Spanien und Portugal fort, denn die dortige Kunst war – ebenso wie die des Orients – in Frankreich noch so gut wie unbekannt.

Im Vorfeld des 1. Weltkrieges setzte Jane sich erfolglos für die reguläre Aufnahme von Frauen in die Armee ein. Als Marcel sich 1914 freiwillig zum Expeditionskorps meldete, war Jane wieder an seiner Seite. Während er in Marokko Eisenbahnlinien und Spitäler baute, führte sie mithilfe deutscher Kriegsgefangener Ausgrabungen durch, so in der Hassan-Moschee in Rabat. Jane war mittlerweile über 60 Jahre alt und durch die jahrelange Überanstrengung nicht mehr gesund. Sie starb im Mai 1916 während der Schlacht von Verdun in Marcels Armen – den dort kämpfenden französischen Soldaten galten ihre letzten Worte. Als eine von nur wenigen Frauen hatte sie das Kreuz der französischen Ehrenlegion erhalten, das zugleich ihren Kriegseinsatz 1870/71 ehrte.

Kurzhaarschnitt und Männerkleider: Beides sollte zu ihrem Markenzeichen werden und im Paris des späten 19. Jahrhunderts einen Skandal provozieren.

Menschliches …

Von klein auf war es Jane klar, dass sie kein großes Interesse an Haushaltsführung und anderen „weiblichen" Tätigkeiten hatte – eine solche „Karriere" schreckte sie geradezu ab. Sie wollte kein behütetes Frauenleben im stillen Kämmerlein – die Ausgrabungen waren für sie *„ein revolutionäres Projekt gegen die Verlockung, ein faules und bequemes Leben zu führen"*. Dass sie auf Reisen Männerkleidung trug, geschah aus praktischen Gründen, ebenso wie sie sich ihre Haare erst dann abscheren ließ, als sie von Läusen gepeinigt wurde. Allerdings behielt sie diese Angewohnheiten auch nach ihrer Rückkehr von den großen Mesopotamien-Expeditionen bei, was von den Parisern teilweise als Provokation gedeutet wurde. Manchmal ist nicht klar, worüber mehr in den Zeitungen geschrieben wurde: Über ihre Ausgrabungen und Reiseberichte oder über ihre Kleidung.

„Ich denke, deshalb lebe ich."

Da der „Schreibdämon" sie nie verließ, schrieb sie ihre Erlebnisse unablässig auf oder verwendete sie später in ihren historischen Romanen, von denen einige in Persien spielen. Sie hatte eine wirkliche Gabe zum Schreiben, was sie schnell zu einer populären Autorin machte. Doch nicht nur die archäologischen Ausgrabungen waren ihr

Thema, sondern auch die politische und soziale Situation im Orient oder die Landesgeschichte. Sie illustrierte ihre Bücher mit selbstfotografierten Fotos, die die sowieso schon herrschende „Orientmanie" in Frankreich noch weiter schürten.

Was haben sie entdeckt?

Das Ehepaar Dieulafoy erforschte Persien in den Jahren 1880–1885, wobei sie vor allem für zwei Kampagnen in Susa arbeiteten – trotz der dortigen klimatischen Bedingungen. Jane schrieb beständig Tagebuch, das sie nach ihrer Rückkehr immer sofort der Öffentlichkeit zugänglich machte. Zwar hatten beide keinerlei archäologische Vorbildung, sie lernten aber vor Ort, was nötig war. Über Konstantinopel, das Schwarzmeergebiet und den Kaukasus erreichten sie Persien von Norden her, zu Pferde, in grauenhafter Kälte und bei dichtem Schneetreiben. In nur 14 Monaten legten sie 6000 km zurück. Wann möglich, schlossen sie sich Karawanen an, reisten aber auch allein und ohne Eskorte, was sehr gefährlich war. Mehr als einmal mussten sie sich mit Schusswaffen oder Peitschen gegen Angriffe von Mensch und Tier verteidigen.

Im Gegensatz zu anderen frühen Orientreisenden trugen die Dieulafoys keine arabische Kleidung, doch auch die europäische Männerkleidung bot Jane ein wenig Schutz. Trotzdem waren die Einheimischen bis hin zum Schah von Persien immer wieder verblüfft, wenn sich herausstellte, dass „der junge Mann" eine verheiratete Frau war. Marcel jedenfalls nannte sie seinen *„collaborateur"*, seinen Mitarbeiter, bewusst verwendet in der männlichen Form des Wortes. Jede historische Stätte, die sie erforschten, hielt Jane fotografisch fest – in den 1880er Jahren im wahrsten Sinne kein leichtes Unterfangen. Ein Großteil ihres Gepäcks bestand aus fotografischer Ausrüstung und Chemikalien zur Entwicklung der Platten, die Jane bei jedem neuen Halt sofort entwickelte. Diese einmaligen und historisch unschätzbar wertvollen Bilder zeigen eine in Europa damals noch völlig unbekannte Welt, die heute schon lange zerstört ist.

Susa im Iran

Als eine der ältesten durchgehend besiedelten Städte der Welt war Susa vom 3. bis 1. Jt. v. Chr. Hauptstadt des Reiches von Elam und wird mehrfach in der Bibel erwähnt. Die Stadt zeigt in ihren vorgeschichtlichen Phasen Verbindungen zur Indus-Kultur und war später eines der Zentren des Achämenidenreiches. Besonders die imposanten Baureste dieser Epoche waren das Ziel der in Susa durchgeführten Ausgrabungen – ihre Reliefs und glasierten Ziegelwände bilden heute den Glanzpunkt vieler europäischer Museen wie dem Louvre in Paris. Auch in den späteren Epochen der seleukidischen, parthischen, sassanidischen und islamischen Zeit blieb Susa ein wichtiges Zentrum. 1259 aber wurde die Stadt von den Mongolen dem Erdboden gleichgemacht.

Zu den spektakulärsten Funden aus Susa gehörten der sog. „Löwenfries" und ein Kriegerfries aus dem Palast des Darius. Glasierte Ziegel, die sehr genau verzeichnet wurden, wurden sozusagen zum Leitfossil der ganzen Ausgrabung. Jane barg den Fries mit 50 Mann, und es gelang ihr, ihn so zu verpacken, dass man ihn später in Paris rekonstruieren konnte. Doch schon der Transport nach Frankreich war problematisch, da die Türken die Ausfuhr stoppten. Erst nach zähen Verhandlungen, während derer sie einen persischen Prinzen mit dem Kreuz der Ehrenlegion bestechen mussten, und dem demonstrativen Einsatz eines Kanonenboots gelang es, die Freigabe der Funde zu erwirken. Insgesamt schaffte man 400 Kisten mit Ziegelfragmenten mit einem Gesamtgewicht von 45 Tonnen nach Paris. Dort wurden die Fragmente über Monate hinweg ausgelegt und wieder zusammengesetzt, um im nach dem Ehepaar Dieulafoy benannten Raum des Louvre ausgestellt zu werden. Der Besucheransturm übertraf alle Erwartungen. Trotz dieser immensen Erfolge gab es in den darauffolgenden Jahren Probleme mit der Grabungserlaubnis, die schließlich vom Schah an jemand anderen übertragen wurde. Die Dieulafoys fühlten sich zu recht übergangen und Persien wurden zu ihrem „Paradise Lost". Jane schrieb dennoch weiterhin darüber: Sie musste schreiben, um zu leben. Ihr historischer Roman über die Königin Parysatis erschien 1890.

Was bleibt?

Jane Dieulafoy kann als eine der ersten Archäologinnen bezeichnet werden, die auf Ausgrabung ging, als diese Disziplin noch in den Kinderschuhen steckte – zumal in Frankreich. Sie war eine emanzipierte Frau, ohne eine „Emanze" zu sein, folgte ihrer Intuition und tat die Dinge, die ihr lebenswichtig erschienen – Reisen, im Orient ausgraben und darüber schreiben.

Minotauros und Stierspringer

Arthur Evans

Name: **Sir Arthur John Evans**
Geboren: **8. Juli 1851 in Nash Mills/Hertfordshire**
Gestorben: **11. Juli 1941 Youlbury/Oxfordshire**
Tätigkeiten: **Archäologe, Museumsdirektor**
Besonderheit: **Entdecker der minoischen Kultur auf Kreta mit dem Palast von Knossos**

Arthur Evans, neben Schliemann einer der „Gründerväter der Archäologie“, darf in keiner Zusammenschau zum Thema fehlen. Doch was hat er in seinen 90 Lebensjahren noch getan, außer die minoische Zivilisation zu erforschen?

Wer war das?

Arthur war der älteste Sohn des Altertumsforschers und Geologen Sir John Evans, der im Hauptberuf in einer Papierfabrik tätig war. Seine Mutter starb, als er erst sechs Jahre alt war. Ihr Tod hinterließ einen tiefen Eindruck bei dem Knaben, der in seinem weiteren Leben vor engen persönlichen Beziehungen zurückschreckte. Vater und Sohn aber schlossen sich noch enger zusammen. Der junge Evans erhielt die für Kinder seiner Schicht übliche Erziehung, wobei er sich besonders in modernen und alten Sprachen sowie Biologie hervortat. Daneben liebte er elisabethanische Poesie und Musik.

„Der kleine Evans, Sohn von John dem Großen.“
Spitzname Arthur Evans' als Kind

John Evans besaß hervorragende Verbindungen in die Wissenschaft. Er war Mitglied von verschiedenen Altertumsvereinen und befreundet mit zahlreichen bedeutenden Archäologen in England. Diese, aber auch der berühmte schwedische Vorgeschichtler Oscar Montelius (1843–1921),

waren oft in Arthurs Elternhaus zu Gast, so dass er von klein auf mit der Archäologie vertraut war und besonders die Numismatik liebte. So verwundert es nicht, dass er schon als Kind unter der Anleitung seines Vaters zum begeisterten Sammler wurde. Einmal fand er ein Steinbeil, das seine lebenslange Begeisterung für das Neolithikum begründete. Sein Vater erkannte ihn als „wissenschaftlichen Kollegen" an; zwischen beiden herrschte immer eine Art von freundschaftlicher Rivalität.

Evans studierte am Brasenose College in Oxford moderne Geschichte, später für ein Jahr in Göttingen. Da er finanziell unabhängig war, konnte er auch einmal vom strengen Studienplan abschweifen und Seitenwege erkunden, etwa auf ausgedehnten Reisen. Schon als Jugendlicher war er lange in Skandinavien unterwegs.

Balkanische Abenteuer

Ab 1877 bereiste er als Korrespondent des Manchester Guardian den Balkan; bis 1882 lebte er als freier Wissenschaftler in Kroatien und erforschte besonders die südslawischen Völker. In seinem Haus in Ragusa/Dubrovnik schrieb er 1878 die *Illyrican Letters*, die in England ein großer Erfolg wurden. Sein Engagement für die Unabhängigkeit Illyriens von Österreich-Ungarn verwickelte ihn in die Politik. 1882 wurde Evans von Österreich als Spion verhaftet, zwar nach sechs Wochen wieder freigelassen, aber nach England ausgewiesen. Nun kam er sich vor wie aus dem „balkanischen Paradies", wie es seine Schwester nannte, vertrieben und reiste eine Zeitlang ziellos umher.

Evans' erster Griechenlandbesuch fiel ins Jahr 1883, dort besuchte er die von Schliemann ergrabenen Orte und lernte ihn auch selbst kennen. Obwohl er ursprünglich ein größeres Interesse an Vorgeschichte denn an der Klassik hatte, änderte sich das durch diesen Besuch, der ihn für die – immer noch vor-klassische – mykenische Zivilisation begeisterte. Durch seine langjährige Tätigkeit als freischaffender Archäologe und Sammler war er bestens geeignet für den gerade frei gewordenen Posten des Kurators am Ashmolean Museum in Oxford, den er nun erhielt. Durch die Ausgliederung einiger Sammlungsteile befand sich dieses Haus in ruinösem Zustand, was Evans sofort voller Energie ändern wollte. Er fand einen reichen Sammler und Sponsor, der dem Museum seine Privatsammlung klassischer und mittelalterlicher Kunst vermachen wollte. Dadurch und mittels zahlreicher unter Evans' Leitung angekaufter Neuerwerbungen und Geschenke befreundeter Wissenschaftler wurde das Ashmolean zu einer richtigen Studiensammlung, in der man bis heute alle Bereiche antiker Kunst der Alten Welt bewundern kann. Während seiner Zeit in Oxford grub Evans sowohl klassische als auch provinzialrömische Fundstellen aus.

Nachdem in den ersten Jahren des neuen Jahrhunderts endlich die Grabungen in Knossos beginnen konnten, gründete Evans zu deren Unterstützung und Finanzierung zusammen mit David Hogarth, der enge Verbindungen zur British School in Athen hatte, den Cretan Exploration Fund. Doch im Laufe der Zeit kollidierten die Arbeiten in Knossos mit seiner eigentlichen Hauptaufgabe am Ashmolean Museum, und er musste einsehen, dass er sich zwei Vollzeitjobs aufgebürdet hatte. Konsequenterweise trat er im Jahre 1908 von seinem Museumsposten zurück. Ermöglicht hatten ihm dies zwei größere Erbschaften, die ihn in seinen restlichen Lebensjahren finanzieren sollten. Er blieb aber Honorary Keeper (Kurator ehrenhalber) und dem Ashmolean Museum auch weiterhin eng verbunden. Im folgenden Jahr, 1909, erhielt er die Ehrenprofessur für Vorgeschichte an seiner Heimatuniversität, dem Brasenose College; 1911 wurde er aus Dank für seine Verdienste geadelt, auch weitere Ehrungen stellten sich in großer Zahl ein. Er begründete aus Privatmitteln ein Stipendium, das es jungen Forschern ermöglichen sollte, im Mittelmeerraum zu arbeiten – 1913 gewann es Mortimer Wheeler.

Menschliches …

Von Jugend an war Evans sehr individuell, aber auch rebellisch gegen alle Arten von Konventionen – Eigenschaften, die niemand dem kurzsichtigen, aber lebhaften Jungen zugetraut hätte. Er liebte es, zu reisen, seinen *„eigenen Pfad zu beschreiten"*, zeitweise auch in Begleitung seiner Frau. Er hatte Margaret Freeman, die Tochter eines Historikers, 1878 geheiratet, sie verstarb jedoch schon 1893. Evans verzweifelte darüber, dass seine Frau nicht einmal mehr in ihr neues Landhaus einziehen konnte, das er für sie in der Nähe Oxfords bauen ließ. Zwar wurde dieses Haus noch fertiggestellt, doch hielt sich Evans später vorwiegend auf Kreta auf. In seinem Testament vermachte er das englische Landhaus den Pfadfindern. Da Evans in Knossos sein Lebensziel sah, ließ er sich 1906 vom Grabungsarchitekten ein komfortables Wohnhaus nahe den Ausgrabungen errichten – die berühmte Villa Ariadne, in der in den folgenden Jahren zahlreiche Fachkollegen und Studenten zu Gast waren.

Was hat er entdeckt?

Ab 1884 war Evans als Kurator des Ashmolean Museum der Oxford University tätig, wo er als Erstes die ruinöse Sammlung in Ordnung brachte und durch vorausschauende Erwerbungspolitik erweiterte. Besonders bislang unterrepräsentierte Epochen wie das alte Ägypten, die klassische Antike oder das europäische Mittelalter wurden planmäßig erworben. Am bedeutendsten war die Integration eines beträchtlichen Teils der Petrie-Sammlung, die der berühmte Ägyptologe der britischen Öffentlichkeit zugänglich machen wollte. 1894 folgte ein weiterer Glanzpunkt mit der Eröffnung des Museumsneubaus. Auch Evans' minoische Funde aus Kreta werden heute dort aufbewahrt, ebenso die provinzialrömischen und völkerwanderungszeitlichen Objekte aus der Sammlung seines Vaters. Auf einer Reise nach Sizilien kaufte Evans eine Anzahl hervorragender griechischer Vasen, die er wie so vieles andere dem Museum stiftete. Während seiner Oxforder Zeit grub er auch in England, etwa die La-Tène-zeitlichen Gräber von Aylesford oder die römische Villa von Frilford.

Nach dem überraschenden Tod seiner Frau reiste Evans erstmals nach Kreta, dem er sich schließlich völlig zuwendete. Ihn interessierte vor allem der orientalische Einfluss, der sich an vielfältigen Importstücken zeigte, aber auch in der Piktogrammschrift, von der er annahm, sie stünde mit Phönizien und Kanaan in Verbindung. Evans bereiste auf der Suche nach Zeugnissen für diese „kretischen Hieroglyphen" vor allem Ost- und Mittelkreta. Viele der minoischen Gemmen wurden von den abergläubischen Einheimischen als Amulette getragen, so dass Evans seine ganze Überredungskunst aufbringen musste, um sie ihnen abzuluchsen – natürlich für einen die Verhandlungen unterstützenden Preis.

Knossos schien genau der geeignete Ort für ausgedehntere Forschungen zu sein. Dort hatten schon früher Voruntersuchungen unter griechischer Leitung stattgefunden, die aber aufgrund osmanischen Einspruchs wieder eingestellt werden mussten. Evans begann bereits 1895/96 mit Kaufverhandlungen für das Areal von Knossos, wobei er bereits ein Viertel des Hügels erwerben konnte. Nach dem Ende der türkischen Herrschaft im Jahre 1900 kaufte er auch den Rest des Landes und erbat vom Prinzen Georg von Griechenland eine Grabungslizenz. Im gleichen Jahr begannen die Ausgrabungen, die bis 1935 andauern sollten, obwohl die großflächigeren Freilegungen bereits 1908 weitgehend beendet waren. Evans' Assistent Duncan MacKenzie war ihm dabei als Keramikspezialist eine unschätzbare Hilfe, die er leider in den letzten Grabungsjahren aufgrund von gesundheitlichen Problemen wieder verlor. Man fand eine ausgesprochen reiche bronzezeitliche Zivilisation, die anhand von drei Schriftvarianten (Hieroglyphen, Linear A + B) und verschiedenen Keramikstilen in neun Perioden eingeteilt werden konnte – dies sollte das Rahmenwerk für alle weiteren Arbeiten auf Kreta bilden. Die Vorberichte zu den Ausgrabungen in Knossos erschienen zunächst im Journal of Hellenic Studies und dem Annual der British School Athens sowie in den drei Bänden der Scripta Minoa. 1921 kam dann der erste Teil der großen Monografie über den Palast des Minos auf den Markt, die mit insgesamt vier Bänden bis 1936 fortgesetzt wurde. Laut Evans' Biografen J. Myers liest sich diese Publikation wie eine mittelalterliche „Saga", in der Evans auch seinem schriftstellerischen und poetischen Talent freien Lauf lassen konnte.

Der Palast von Knossos

Der Palast von Knossos umfasst ein riesiges Areal, das schon als solches an das Labyrinth der Sage um König Minos und den Minotauros erinnert – deshalb gab Evans der Kultur den Namen „minoisch". Zudem führte er die zahlreichen Darstellungen von Stieren in den Wandgemälden auf einen tatsächlich praktizierten Stierkult zurück. Gleich zu Anfang der Ausgrabungen beeindruckten die wunderbar erhaltenen Wandgemälde, für die Knossos bis heute berühmt ist. Man fand Importstücke aus Ägypten und dem Zweistromland sowie zahlreiche Schrifttafeln, die vorläufig in Linear A und B unterschieden wurden und bis heute noch nicht völlig lesbar sind.
Eine große Herausforderung war die Konservierung bzw. Rekonstruktion der hervorragend erhaltenen Bausubstanz, die der Grabungsarchitekt Theodore Fyfe zusammen mit Evans entwickelte und die dieser ebenso wie die nächsten acht Ausgrabungskampagnen hauptsächlich aus eigener Tasche finanzierte. Zunächst war man keineswegs von der grundsätzlichen Rechtfertigung einer solchen Rekonstruktion überzeugt, viele plädierten lediglich für eine Konservierung der erhaltenen Partien und angebliche Ungenauigkeiten wurden heftig kritisiert; doch im Laufe der Zeit sollte sich herausstellen, dass es nur wenige wirkliche Fehler gab. Evans' Hauptziel, die minoische Kultur für Besucher erlebbar zu machen, wurde sicherlich erreicht, auch wenn vieles subjektiv und allein der Vorstellungswelt des Arthur Evans entsprungen zu sein scheint – was aber an der insgesamt imponierenden Leistung nichts ändert.

Nach dem 1. Weltkrieg setzte sich Evans für einen unabhängigen Staat Jugoslawien ein und reiste dafür auf eigene Kosten zur Versailler Friedenskonferenz – trotz der griechischen Jahre hatte er seine Freunde auf dem Balkan nicht vergessen. Im Vertrag von Rapallo wurde dann das Territorium des neuen Staates Jugoslawien festgeschrieben: Evans hatte *„seine Schuld gegenüber der romantischen Schönheit Illyriens beglichen"*, wie ein Biograf schreibt. Er, der immer eine Verbindung zwischen der Antike und der Moderne suchte, fühlte sich diesen Ländern verbunden und schloss enge Freundschaften. So kam es, dass er 50 Jahre nach seiner Ausweisung noch einmal Ragusa (und sein Gefängnis!) besuchen konnte. Bis zum Ausbruch des 2. Weltkrieges bereiste er das Mittelmeergebiet immer wieder, auch wenn das mit zunehmend schwächerer Gesundheit zunehmend schwierig wurde. Arthur Evans starb nach mehreren schweren Operationen im Juli 1941, drei Tage nach seinem 90. Geburtstag. Er hatte bis zuletzt aktiv an seinen Projekten gearbeitet und schließlich sogar seine private Münz- und Gemmensammlung verkauft, um in Knossos anfallende Kosten zu decken.

Was bleibt?

Besonders wichtig ist die Entdeckung der 3000 wie in einer Bibliothek aneinandergereihten Tontäfelchen mit Inschrift, die das Palastarchiv darstellten; außerdem die berühmten Fresken wie das der „Stierspringer". Evans erkannte in der Minoischen Kultur ein Bindeglied zwischen Ägypten, Kleinasien und dem griechischen Festland, zu datieren in die Zeit zwischen 2000 und 1400 v. Chr.

Der „Attila der Archäologie"

Adolf Furtwängler

Name: **Adolf Furtwängler**
Geboren: **30. Juni 1853 in Freiburg im Breisgau**
Gestorben: **10./11. Oktober 1907 in Athen**
Tätigkeiten: **Archäologe**
Besonderheit: **Begründer der Archäologie als kunsthistorischer Wissenschaft**

Adolf Furtwängler ist noch heute eine der wichtigsten Figuren der antiken Kunstgeschichte und Klassischen Archäologie. Seine Arbeiten gehören in vielen Bereichen zur Grundlagenforschung. Er besaß eine riesige, weit über sein eigenes Fachgebiet hinausreichende Materialkenntnis, die von der europäischen und mittelmeerischen Vorgeschichte über griechische und römische (auch provinzialrömische) Kunst bis hin zur Spätantike und das frühe Mittelalter reichte. Neben seinen Publikationen tat er sich mit oftmals polemischen Rezensionen hervor.

Wer war das?

Furtwängler war der Sohn eines Gymnasiallehrers und späteren Direktors des Berthold-Gymnasiums in Freiburg/Breisgau. Als junger Mann war sein Vater als Privatlehrer beim griechischen Kriegsminister in Athen angestellt gewesen und hatte sich dort zum Antikenbegeisterten und archäologischen Autodidakten entwickelt, so dass der Sohn Adolf von Jugend an in die Thematik hineingezogen wurde. Er studierte Klassische Archäologie, Klassische Philologie und Linguistik in Freiburg, Leipzig und München. Besonders einflussreich wurde für ihn Heinrich Brunn, der Begründer der kunsthistorischen Richtung der Klassischen Archäologie, dessen Nachfolger er schließlich werden sollte. 1874 promovierte er über das Thema „Eros in der Vasenmalerei".

Doch als sein Vater unerwartet verstarb, wurden die Zukunftspläne des jungen Archäologen noch einmal infrage gestellt. Furt-

Adolf Furtwängler hält in der Münchner Glyptothek 1902 seine Vorlesung ab.
Man beachte die zahlreichen Frauen unter den Zuhörern.

wängler machte das Staatsexamen als Gymnasiallehrer und übernahm die Unterrichtsstunden seines Vaters. Bald erkannte er, dass er sich für den Schuldienst nicht eignete – nur Wissen zu repetieren, war ihm zu langweilig. Er wollte selbst bei allem, was er tat, dazulernen und nicht sich endlos wiederholen. Daher besuchte er 1876/77 mithilfe des DAI-Reisestipendiums den Mittelmeerraum. 1880 wurde Furtwängler Direktorialassistent an der Berliner Skulpturensammlung, 1882 am Antiquarium der Königlichen Museen Berlin und wirkte ebenda als Privatdozent. 1894 wurde er Nachfolger seines Lehrers Brunn in München. Die nun folgenden Jahre waren die fruchtbarsten in seiner Karriere.

Eine Sphinx auf seinem Grab

1907 erkrankte er bei Ausgrabungen in Ägina an der Ruhr, spielte seinen Zustand aber herunter und verweigerte eine Behandlung. Er starb in den Armen von Ludwig Curtius und wurde in Athen begraben. Sein Grabstein hat die Gestalt einer Stele und ist mit einer Bronzesphinx bekrönt, die eine Kopie eines von Furtwängler auf Ägina im Apollontempel gefundenen Exemplars ist. Er schrieb zu dieser Sphinx: *„Wie die Statue gefunden ward und ich zum ersten Mal sah, wie der Kopf sich Bruch auf Bruch zu dem Körper fügte, als dieser Kopf zum ersten Male, so leicht getragen auf dem schlanken Halse, sich mir zuwendete, das war ein Moment, den ich nie vergessen werde; denn ich war gänzlich gefangen, berauscht von dem bestrickenden Zauber dieser dämonischen Schönheit; und ich empfand: von ihren Klauen zerfleischt zu werden, müßte Wollust sein."*

„Leidenschaft, Leidenschaft!" Dieser Ausspruch Heinrich Brunns beschreibt gut den impulsiven Charakter des Adolf Furtwängler. Doch er war auch ein sensibler Beobachter und hatte großes schriftstellerisches Talent. Er war, wie man heute sagen würde, ein Workaholic, der schon als Student keine Rücksicht auf seine Gesundheit nahm, was schließlich zu seinem frühen Tod im Alter von nur 54 Jahren führte. Furtwängler war immer in Eile, er raste auf seinem Fahrrad zwischen dem Institut am Münchner Hofgarten und dem Universitätsgebäude hin und her und betrieb *„die stürmische Art der Ortsveränderung"* (L. Curtius) auch zu Fuß. Selbst zu gelegentlichen „offiziellen" Einladungen beim Prinzregenten radelte er, dann eben im Frack. Trotz aller Rennerei war er immer etwas zu spät dran und kam selbst zu seinen eigenen Vorlesungen im Laufschritt. Wenn jedoch das erste Lichtbild erschien, war die ganze Hetze von ihm abgefallen.

„Alles ist Feuer an ihm."

Heinrich Brunn über Furtwängler

In den Briefen, die Furtwängler zur Zeit seiner Doktorarbeit an seinen Lehrer Brunn schrieb, mit dem er eng befreundet war, erscheint er als engagiert-kritischer Denker, der auch vor Polemik nicht zurückschreckte und Retourkutschen seiner Gegner geradezu herausforderte. Er fällte ein oftmals hartes, auch vorschnelles Urteil über andere Menschen im Allgemeinen und Fachkollegen im Besonderen. Daher verwundert es nicht, dass er nicht nur Freunde hatte. Der Leipziger Professor Overbeck bemerkte einmal: *„Der Mann leidet an fieberhafter Eitelkeit und wer dieser nicht täglich Weihrauch streut, hat nichts von ihm zu erwarten."*

Sport und Musik

Es erstaunt einen zu hören, dass dieses Arbeitstier sich trotzdem die Zeit nahm, mit seinen Kindern Sport zu treiben. So gehörte die Familie Furtwängler zu den ersten, die privat Ski besaßen und nutzten. Überhaupt war Furtwängler besessen von allen Sportarten, er schätzte regelmäßiges Training hoch ein und verstand es gerade für die Kinder als eine Art von Bewährungsprobe. Er hatte seine Jugendliebe Adelheid Wendt geheiratet, die Tochter eines Kollegen seines Vaters, und bekam mit ihr drei Kinder. Sie war Malerin und hat eine Reihe ansprechender Familienporträts geschaffen.
Furtwänglers ältester Sohn Wilhelm, der später als Dirigent berühmt werden sollte, wurde von klein auf als Wunderkind betrachtet. Die beiden Assistenten seines Vaters, Walter Riezler und Ludwig Curtius, dienten zugleich auch als Privatlehrer des musikalisch hochbegabten Knaben, von dem nicht nur seine Eltern großes erwarteten (*„Die Eltern wachen in Lauerstellung über ihr musikalisches Genie“*, H. Haffner). Dass sie dadurch aber seine freie Entwicklung unwissentlich behinderten, war ihnen keinen Augenblick klar. Wenn es um den Sohn ging, entbehrte Furtwängler aller sonst geübten objektiven, wissenschaftlichen Sichtweise.

Was hat er geleistet?

Das stürmische Wesen Furtwänglers wird auch darin deutlich, dass ihn einmal ein Kollege den *„Attila der Archäologie“* genannt hat – wie ein sich in einer Person konzentrierender Hunnensturm brach er über seine Umwelt herein. Er hatte eine immense, auch fächerübergreifende Materialkenntnis und ein hervorragendes Formengedächtnis. So erkannte er als Erster die Bedeutung wiederkehrender Motive auf Keramik als Datierungskriterium, was in Zeiten von Mauergrabungen, die kaum Rücksicht auf Kleinfunde nahmen, geradezu revolutionär war. Noch während seiner Stipendiatenreise erstellte er zusammen mit seinem lebenslangen Freund Georg Loeschcke aus dem Material von Schliemanns Mykenegrabung einen Corpus der mykenischen Keramik. 1879 erschienen, war dies das erste Werk seiner Art und stellte im wahrsten Sinne eine Pionierarbeit dar. Erstaunlicherweise hatte er jedoch keinen persönlichen Kontakt zu Schliemann, sondern nur zu dessen griechischem Nachfolger in Mykene, der ein erklärter Feind Schliemanns war – vielleicht erklärt dieser Umstand, warum Furtwängler immer eine Abneigung gegen diesen „Gründungsheros der Archäologie“ hatte.

Eine weitere Pioniertat Furtwänglers war sein Versuch, in der Vasenmalerei einzelne Künstlerhände unterscheiden zu können. Trotz einiger Irrtümer erweist sich seine grundlegende Einteilung bis heute als richtig, sie wurde schließlich von John Beazley fortgesetzt. Auch bei der griechischen Plastik versuchte er, bestimmte Künstler wie Phidias oder Praxiteles namentlich zu benennen. Während seiner Berliner Zeit eignete er sich großes Wissen im Bereich der antiken Gemmen an, die seit Winckelmanns Zeiten das bevorzugte Sammelgebiet der Antiquare waren. Furtwängler stellte die Gemmenforschung nun auf eine wissenschaftliche Basis.

Als Direktor des Münchner Abgussmuseums und der Glyptothek beschäftigte sich Furtwängler ausgiebig mit antiker Plastik. Fragen wie die Ergänzung oder Zusammenführung fragmentarisch erhaltener Stücke, die Rekonstruktion getrennter Statuengruppen oder das Ausprobieren antiker Farbigkeit an Gipsabgüssen, etwa der Ägineten, waren für seine Zeit revolutionär. Er war allen neuen Medien gegenüber aufgeschlossen, was schließlich sogar dazu führte, dass er Statuengruppen von seinen Kindern in verschiedenen Aufstellungen rekonstruieren ließ und die Ergebnisse fotografisch festhielt, um auf diesem Wege die ursprüngliche Positionierung der Einzelfiguren herauszufinden. In seinen Vorlesungen verwendete er als einer der ersten Diapositive und baute im Institut eine Fotothek auf.

Der Schatz von Vettersfelde

Ein anschauliches Beispiel von Furtwänglers Arbeitsweise bietet seine monografische Bearbeitung des vorgeschichtlichen Schatzfundes von Vettersfelde/Niederlausitz – einem der wichtigsten Funde der Eisenzeit Europas. Er erkannte ihn als skythisch und datierte ihn Ende 6. Jh. v. Chr. Schon ein Jahr nach der Entdeckung des Schatzes im Herbst 1882 erschien 1883 seine Publikation, die bis heute als *„Meisterwerk archäologischer Forschung“* (L. D. Nebelsick) gelten muss. Furtwängler gelang eine erstaunlich genaue Einordnung, insbesondere weil er viele Vergleichsfunde noch nicht kennen konnte. Hören wir hierzu ihn selbst: *„Ein verirrter Lichtstrahl aus sonnigem Lande, dessen zitterndes Ende in den weiten öden Raum einer dunkeln Höhle fällt – ein feuriger Komet, der aus einer fernen, anderen Sphäre am finstern Himmel mit glänzendem Schweif erscheint –, so hebt sich der Goldfund aus Vettersfelde von dem düsteren Nebel seiner weiten prähistorischen Umgebung ab.“*

Was bleibt?

Furtwängler kann als Begründer der kunsthistorischen Klassischen Archäologie gelten. Zur Würdigung dieses Klassizisten und Europäers, aber auch Romantikers, der Adolf Furtwängler war, hier noch ein Ausspruch von einem seiner engsten Mitarbeiter und Vertrauten, Ludwig Curtius: *„In der Verbindung mit den Griechen [hat er] die Erfüllung seiner eigenen edlen Natur gefunden."*

Zwischen Mumien und Dosensuppe

William Matthew Flinders Petrie und Hilda Urlin

Name:	**William Matthew Flinders Petrie**	**Hilda Petrie, geb. Urlin**
Geboren:	**3. Juni 1853 in Charlton/London**	**1871**
Gestorben:	**28. Juli 1942 in Jerusalem**	**1956**
Tätigkeiten:	**Ägyptologe**	**Zeichnerin, Ausgräberin**
Besonderheit:	**Pioniere der Ägyptologie und Kleinfundforschung**	

Die auf W. M. F. Petrie angewendeten Superlative sind ungezählt. Er wird als Polymath bezeichnet, war Autodidakt, unkonventionell, neugierig und dazu visionär – kurz gesagt: ein archäologisches Genie. Tatsächlich kann Petrie als der erste „moderne" Archäologe verstanden werden, da er nicht nur nach Steindenkmälern und Gräbern suchte, sondern auch Kleinfunde und Keramik in die Interpretation einer Fundstelle mit einbezog. In seiner Frau Hilda fand er eine unverwüstliche Partnerin, die bereit war, mit ihm über Jahrzehnte das Ausgräberleben im Orient zu teilen.

Wer war das?

W. M. F. Petrie wurde als Sohn eines Forscherehepaares geboren und erhielt die Namen von Vater und Großvater. Sein Vater William Petrie war Erfinder, seine Mutter Anne die Tochter von Matthew Flinders, einem Kapitän zur See und Forschungsreisenden, der Queensland/Australien erkundete. Beide Eltern hatten einen starken Hang zur Altertumskunde. Aufgrund seiner angegriffenen Gesundheit erhielt der Junge Privatunterricht von seinen Eltern. Nach eigenen Angaben vergaß er den Stoff einer Schulstunde nach deren Ende sofort wieder, was er durch immense persönliche Neugier kompensierte. Wie er sagte, hatte er sich selbst ausgebildet: Im Alter von zehn Jahren las er antike Autoren und Gibbons „Verfall und Untergang des Römischen Imperiums", sammelte und kaufte Münzen und Fossilien auf Auktionen. Über seine Münzsammlung erhielt

er Kontakt zum Britischen Museum. Mit 21 Jahren durfte er dann den dortigen Lesesaal benutzen, der, wie er später sagte, zu seiner Universität wurde. Mit seinem Vater unternahm er Surveys in England, wobei er vorgeschichtliche Fundplätze wie Stonehenge vermaß.

Englischer Humor – nicht nur beim Essen

Petrie war sein Leben lang unkonventionell und mit einem schrägen, „englischen" Humor gesegnet, den nicht alle seine Zeitgenossen zu schätzen wussten. Besonders in seinen Briefen wird dieses Talent deutlich – für jeden, der dem Menschen Petrie etwas näherkommen oder den Tagesablauf auf einer Grabung des 19. Jhs. studieren will, eine Pflichtlektüre. Vom ersten Tag in Ägypten an wählte er, wo es denn möglich war, verlassene Grabkammern als Domizil. Diese behielten den ganzen Tag über eine gleichmäßige Temperatur, waren nicht windanfällig wie Zelte und konnten, da die meisten über verschließbare Türen und Fenster verfügten, zugleich als Funddepot dienen. Dort richtete sich Petrie mit Feldbett, Regalen und Spirituskocher häuslich ein und amüsierte sich über die skeptischen Blicke seiner Umgebung. Selbst die Ägypter fragten, ob er denn keine Angst hätte, aber ihm war diese Art der Behausung am liebsten: *„Es ist vielleicht Geschmackssache, etwa die Gratislieferung antiker Knochen oder Mumienbinden im Staub und Sand deines Fußbodens."* Hatte er sich daran gewöhnt, so musste er des Nachts Kammerjägerdienste übernehmen, wurde bald aber auch darin sehr versiert.
Trotz seiner anfälligen Gesundheit lebte Petrie in Ägypten sehr spartanisch. So aß und trank er auch tagsüber nichts, was angesichts des Wüstenklimas durchaus lebensgefährlich anmutet. Abends bereitete er sich ein karges Mahl auf dem Spirituskocher und freute sich daran, autark und von allen unabhängig zu sein. Auch in späteren Jahren, als er schon eine Anzahl Mitarbeiter beschäftigte und verheiratet war, ging es in seinem Lager keineswegs luxuriös zu. Es kursierte folgender Satz: *„Bei Petrie lebte man von Sardinen, und wenn man die Sardinen gegessen hatte, aß man die Dose."* Nur sehr selten gab Petrie zu, dass auch ihm etwas zu abstoßend war, wie das stehende Wasser in Tell el-Hesi: *„Seine Farbe und sein Geschmack sind selbst für mich fast zu viel. Wenn man es kocht, hat man drei Gänge in einem: Suppe, Fisch und Gemüse."* Und als T. E. Lawrence vom Aufenthalt bei den Petries nach Karkemisch zurückkam, berichtete er angewidert über *„Nieren in der Dose, gemischt mit Mumien und Amuletten in der Suppe"*. Kein Wunder, dass ab und an Fälle von Lebensmittelvergiftung aus Petries Lager gemeldet wurden!

◀ Hilda Petrie in Ägypten, um 1897.

Doch nicht nur beim Essen verzichtete Petrie auf jede Annehmlichkeit. Selbst lange Strecken ging er durch die Wüste zu Fuß, da er das Anmieten eines Esels bereits als Geldverschwendung betrachtete. Der junge Howard Carter traute seinen Ohren nicht, als er sich als ersten Auftrag seines neuen Chefs Petrie aus Lehmziegeln seine Unterkunft selbst mauern musste. Neben unnötigen Ausgaben vermied Petrie auch überflüssigen Kontakt zu seinen Mitmenschen. Er richtete seine Arbeitszeiten so ein, dass er den Touristenscharen aus dem Weg gehen konnte, und hatte eine große Abneigung gegen gesellschaftliche Auftritte. In der englischen Gemeinde in Ägypten galt er schnell als Sonderling und schwieriger Charakter – und als streitbarer dazu, wie nicht nur die Vertreter des Antikendienstes feststellen mussten. Er kam nur in die Stadt, um unaufschiebbare Besorgungen zu machen und mit Behörden zu verhandeln. Besonders die Ausfuhr von Antiken war ein ewiger Streitpunkt – Petrie war darauf angewiesen, Funde für seine zahlreichen Sponsoren auszuführen, während die Antikenbehörde sie immer stärker im Land halten wollte. Nachdem die Entdeckung des Tut-anch-Amun-Grabes eine drastische Verschärfung des Ausfuhrgesetzes nach sich gezogen hatte, verließ Petrie 1926 wütend Ägypten und grub fortan nur noch in Palästina.

Petrie und die Araber

Petrie war ein cleverer Kenner seiner einheimischen Arbeiter. So wusste er genau, wie er sie im Griff behalten, am Trödeln hindern oder Verspätungen abstellen konnte: Er ließ sie turnusmäßig durchwechseln, damit sich keine Grüppchen bildeten. Die Aufseher brachte er immer selbst mit, damit die Leute aus den umliegenden Dörfern sich nicht selbst beaufsichtigten. Er lieferte sich Verfolgungsjagden mit örtlichen Antikenhändlern, die er im Laufschritt quer über die Grabung jagte und bis zurück ins Dorf verfolgte – nicht unbedingt, um sie zu fangen, sondern um sie vor den Arbeitern bloßzustellen. Auch am Ende eines jeden Arbeitstages machte er gerne Wettrennen mit seinen Arbeitern – nur aus Spaß an der Freude.

Im Alter von 43 Jahren traf Petrie 1896 seine zukünftige Frau Hilda Urlin, die seine Vorlesungen am University College besuchte. Sie war eine sehr begabte Zeichnerin, die für präraffaelitische Künstler Ornamente kopierte und großes Interesse am alten Ägypten hatte. Bald zeichnete sie auch für Petrie und kam ihm menschlich näher, war sie doch genauso ein Freigeist wie er und hatte ebenfalls nichts für gesellschaftliche Auftritte oder hausfrauliche Pflichten übrig. Sie korrespondierten den folgenden Winter lang, und als Petrie aus Ägypten zurück war, machte er ihr einen Heiratsantrag. Sie lehnte zunächst ab, doch als er damit drohte, England für immer zu verlassen und in Syrien Einsiedler zu werden, nahm sie doch an. Sie heirateten 1897 und brachen sofort nach Ägypten auf, was Hilda überaus faszinierte. Als Künstlerin liebte sie das Licht, die Farben, die Töne und Gerüche dieses Landes und hatte erstaunlicherweise auch keine Probleme mit Petries spartanischer Lebensweise. Von da an war sie nur während ihrer beiden Schwangerschaften längere Zeit in England, während sie sonst die ganzen Jahre an Petries Seite verbrachte und selbst Ausgrabungen durchführte. Margaret Drower, die ehemalige Studentin und Biografin Petries, sagte: *„Niemals hatte ein Feldarchäologe eine so ideale Ehefrau.“* Auch wenn Petrie immer wieder die Leistung seiner Frau bei der Arbeit und den Publikationen betonte, hielt sie sich im Hintergrund.

Petrie starb 1942 in Jerusalem, was zur letzten makaberen Anekdote seines Lebens führt: Er hatte seinen Kopf testamentarisch der Chirurgenfakultät in London vermacht, während sein Körper auf dem Zionsberg in Jerusalem beigesetzt werden sollte. Aufgrund der Kriegseinwirkung ging der Kopf verspätet auf die Reise von Jerusalem nach London und wurde schließlich für verschollen gehalten – erst Margaret Drower gelang es, ihn in London zu lokalisieren, als sie für ihre Petrie-Biografie recherchierte.

„Es war genau wie bei einem Jagdhund auf der Suche nach einer verlorenen Spur.“

Margret Murray über Petries Spürnase

Was hat er entdeckt?

Von Jugend an war Petrie ein eifriger Ausgräber, so dass er schon im Alter von acht Jahren die unfachmännische Methode, auf der Suche nach Mauern Funde einfach wegzuschaufeln, bei einer von seiner Familie besuchten Grabung kritisierte. Er selbst bezeichnete sich im Zusammenhang mit dieser Anekdote als „geborener Archäologe“. Petrie war auch ein sehr talentierter Vermessungstechniker, der es sich 1880 zunächst zur Aufgabe gemacht hatte, krude Theorien über den Symbolismus der Pyramiden durch deren exakte Vermessung zu entkräften.

Petrie das Arbeitstier

Bereits bei seinem ersten Ägyptenaufenthalt war Petrie entsetzt vom Zustand der unkontrollierten, undokumentierten Ausgrabungen und des Schwarzhandels, die zur unwiederbringlichen Zerstörung der Denkmäler führten. Es gab Männer, die Gräber mit Dynamit aufsprengten, um schneller an die Beigaben zu kommen – oder aber die Pyramiden als Reklametafeln missbrauchten. Er bezeichnete diesen Zustand folgendermaßen: *„Ägypten ist wie ein brennendes Haus, so schnell ging die Zerstörung voran."* Daran wollte er grundlegend etwas ändern, war sich aber durchaus der Größe der vor ihm liegenden Aufgabe bewusst: *„... und im Alter von 60 Jahren würde ich mich hinsetzen und das alles aufschreiben"* – zum Glück hielt er aber seine Arbeiten auch vorher schon schriftlich fest. So war er einer der wenigen, die neugefundenes Material sofort im Folgejahr publizierten, was zu insgesamt über 100 Publikationen führte, nicht gerechnet die detailgenauen Grabungstagebücher. Petrie war ein unermüdliches Arbeitstier. Er arbeitete von Sonnenaufgang bis Sonnenuntergang, machte danach im Schein der Lampe seine Aufzeichnungen und schrieb endlos viele Briefe. Obwohl sein Leben lang kränklich, arbeitete er bis kurz vor seinem Tod mit fast 90 Jahren.

Amelia Edwards war von Petries Arbeitsweise so begeistert, dass sie für ihn den Lehrstuhl für Ägyptologie schuf. Mit ihrem Egypt Exploration Fund arbeitete Petrie über lange Jahre eng zusammen, auch wenn es öfters Streit über die Zielsetzung der Ausgrabungen gab, suchten doch viele der dort beteiligten Wissenschaftler in erster Linie nach Belegen für die biblischen Geschichten, was wiederum Petrie nicht interessierte.

Was bleibt?

Petrie muss als einer der Begründer der systematischen Feldarchäologie gelten. Als einer der ersten achtete er planmäßig auf Kleinfunde, denn um eine Zivilisation richtig beurteilen zu können, müsse man alle ihre Relikte würdigen, nicht nur die großen Kunstwerke, so seine Devise. Zusammen mit seiner Frau Hilda war er über ein halbes Jahrhundert in der Archäologie Ägyptens und Palästinas zu Hause.

Der Meister der Knotenschwanzkatzen

Robert Koldewey

Name: **Johannes Gustav Eduard Robert Koldewey**
Geboren: **10. September 1855 in Blankenburg/Harz**
Gestorben: **4. Februar 1925 in Berlin**
Tätigkeiten: **Architekt, Archäologe, Bauhistoriker**
Besonderheit: **Langjähriger erfolgreicher Ausgräber von Babylon**

„Ich ärgere nicht mich, ich ärgere lieber die anderen!" – dies ist wohl der treffendste Satz unter den vielen, die von Robert Koldewey, einem wahrhaften Original unter den Archäologen, überliefert sind. Wer war der Mann, der bis heute für seine langjährige Ausgrabung in Babylon berühmt ist und der selbst den schwierigsten Lebensumständen noch eine humorvolle Seite abzugewinnen wusste?

Wer war das?

Koldewey war ein Beamtensohn aus dem Harz und Neffe des Polarforschers Carl Koldewey. Da sein erster Berufswunsch Architekt war, studierte er Architektur, Kunstgeschichte und Archäologie in Berlin, München und Wien – machte jedoch keinen regulären Abschluss und wurde Beamter im Bauamt der Stadt Hamburg. Doch er war einfach kein Theoretiker, sondern brannte darauf, seine ersten praktischen Erfahrungen auf der Baustelle und im Feld zu machen. 1882 wurde Koldewey Mitarbeiter bei der Ausgrabung von Assos nahe Troja, die von den beiden Amerikanern Bacon und Clarke geleitet wurde. Mit diesen Seelenverwandten verstand er sich ausgezeichnet, wie aus einigen Anekdoten deutlich wird. So wurden die drei sich nicht einig darüber, welchen antiken Namen sie ihrem kleinen Boot geben sollten – Arion? Sappho? Alles fand keinen Anklang, so dass man sich schließlich auf neugriechisch „Metschitra" einigte, was „Frischkäse" bedeutet.

1885 führte Koldewey im Auftrag des DAI Ausgrabungen auf Lesbos durch – zu welchem Zweck er die ganze Insel vermaß und kartierte. Das Jahr 1892 verbrachte er mit seinem Freund und Kollegen Otto Puchstein in Unteritalien und Sizilien, wo sie Bauaufnahmen der griechischen

Tempel anfertigten. Koldewey erhielt für diese respektable Leistung die Ehrenpromotion der Universität Freiburg. Trotz dieser so vielversprechenden archäologischen Anfänge musste er aus Geldnot 1895–1898 eine Professor an der Bauschule in Görlitz annehmen, wo er es aber nicht lange aushielt, denn er wollte lieber wieder ausgraben – seine Korrespondenz mit Puchstein aus dieser Zeit spricht Bände: *„Der Dunst der Schulstube widert mich an."* 1899 schließlich wurde er durch die Ausgrabung von Babylon von diesem Schicksal erlöst.

Menschliches ...

Koldewey war eindeutig das, was man einen „verschrobenen Kauz" nennen könnte. Sicherlich war er kein einfacher Charakter, und viele derer, die mit ihm auskommen mussten, hatten ihre liebe Not. Koldewey blieb unverheiratet und kinderlos und gerade seine Meinung über Frauen scheint nicht die beste gewesen zu sein. So mokierte er sich über die „Dämchen", die nur auf der Suche nach einer guten Partie seien und an denen er kein Interesse habe. Frauen auf der Grabung waren ihm sowieso ein Gräuel – wofür er sogar den heiligen Paulus bemühte: *„Mulier taceat in excavationibus."*

Dass das Leben im Orient nicht ungefährlich war, erfuhr Koldewey bald am eigenen Leib. In seinen Briefen ist oft von Scharmützeln mit Arabern die Rede, doch mit der Zeit erwies er sich als relativ talentiert im Umgang mit räuberischen Beduinen. Meist benutzte er sein Gewehr jedoch dazu, um Schächte von Wildtieren zu befreien: *„Ich pflege immer erst mal reinzuschießen, um das Getier zu vertreiben: Eulen, Hyänen, die manchmal vor Angst nicht wissen, ob sie einen auffressen sollen oder nicht."*

Wie die meisten Ausgräber im Orient wusste er gut mit seinen arabischen Arbeitern umzugehen, die mehr Lohn heraushandeln wollten. Einmal schickten sie dazu ihren Scheich vor, der zu Koldewey sagte, seine Leute hätten zu wenig Gehirn – *„worin ich ihm zustimmte"*.

Es sind einige der Skizzenbücher Koldeweys erhalten, die sein außerordentliches zeichnerisches Talent belegen, das kaum geringer war als das seines Assistenten Walter Andrae. Mindestens ebenso wichtig – wenn auch in anderer Hinsicht – sind ihre Briefe, absurden Erzählungen und humorvollen Gästebucheinträge, die immer mit satirischen Zeichnungen ausgeschmückt sind – man denke an die berühmten „Knotenschwanzkatzen". Jede moderne „Couch potato" kann die schöpferischen Fähigkeiten dieser frühen Gelehrten nur bewundern!

„Mir ist im Ganzen eine alte Mauer lieber als ein blühender Mandelbaum – aber der Geschmack ist verschieden."

Robert Koldewey

Was hat er entdeckt?

Im Jahre 1896 unternahm Koldewey für die Berliner Museen eine Vorexpedition nach Mesopotamien, um dort geeignete Ausgrabungsorte zu identifizieren. Aufgrund der Masse an glasiertem Ziegelmaterial schlug er Babylon zur näheren Erforschung vor, was angenommen und Assur vorgezogen wurde.

Babylon

Ab 1898 fanden in Babylon großflächige Ausgrabungen der Berliner Museen statt, finanziert von der Deutschen Orient-Gesellschaft unter Henry James Simon und Kaiser Wilhelm II. persönlich, der die deutschen Interessen im Nahen Osten durch Ausgrabungspräsenz gewahrt sehen wollte. Auch im Falle von Babylon entspann sich schnell eine Diskussion um die Authentizität der Bibel – wie alle anderen Ausgräber wollten die Deutschen Bestätigung für die Geschichten des Alten Testaments finden.

Koldewey hatte keine Probleme damit, bei Führungen den Besuchern Märchen über die eindeutige Identifizierung einzelner Bauten aufzutischen – so zeigte er ihnen etwa „Daniels Löwengrube". Auf die Kritik seiner Mitarbeiter soll er gesagt haben: *„Soll ich sie etwa enttäuschen?"*

Die Ausgrabungen in Babylon waren ursprünglich nur auf fünf Jahre angelegt, dauerten aber insgesamt mit Unterbrechungen durch den 1. Weltkrieg 18 Jahre. Dabei war Koldewey bis auf drei kurze Urlaubsaufenthalte in Deutschland fast immer vor Ort. Er musste jedoch bei seiner Abreise aus Babylon 1917 die Grabung unvollendet abbrechen und fast alle Funde zurücklassen. Er starb 1925 nach langer Krankheit in Berlin, was mit Sicherheit eine der Nachwirkungen des dauernden Orientaufenthalts war. Erst nach seinem Tod wurden die Funde vom Königreich Irak schließlich freigegeben.

Koldeweys Ausgrabungsmethoden galten als vorbildlich, ermöglichten sie es doch, die Geschichte der Stadt Babylon zu klären. Unabdingbar hierfür war die umfassende Architekturkenntnis ihres Ausgräbers. Und doch lag auch diesmal das Schwergewicht auf „Museumsstücken", d. h. auf allem, was die Berliner Schausammlung bereichern konnte. Kleinfunde waren dagegen weniger wichtig, bestenfalls Münzen erhielten einige Aufmerksamkeit. Die imposanten Bauten aus glasierten Ziegeln waren aber attraktive Schaustücke genug. Sie begannen als gigantisches Puzzlespiel, das in 400 Kisten voll Ziegelmaterial nach Berlin verfrachtet wurde. Dort wurden dann das Ischtar-Tor und die Prozessionsstraße unter Leitung von Koldeweys ehemaligem Assistenten Walter Andrae, inzwischen Direktor des neugegründeten Vorderasiatischen Museums, wiedererrichtet und 1930 der Öffentlichkeit vorgestellt – beide sind heute Glanzstücke der Berliner Museen, haben sie doch erstaunlicherweise die Bombardierung Berlins am Ende des 2. Weltkrieges unversehrt überstanden!

Was bleibt?

Noch in seinem Todesjahr gab Carl Schuchhardt Koldeweys bis heute unbedingt lesenswerte Korrespondenz heraus, während der Rest des Nachlasses dieses ungewöhnlichen Archäologen im Vorderasiatischen Museum Berlin aufbewahrt und ausgewertet wird. Wirklich unvergessen ist er jedoch durch seine unzähligen Zitate und Bonmots.
1926 gründete man in Bamberg in seinem Andenken die Koldewey-Gesellschaft. Es handelt sich hierbei um eine Arbeitsgemeinschaft archäologischer Architekten, die damals auf Anregung des ebenfalls berühmten Bauforschers Armin von Gerkan entstand.

Matrone im Arbeitskittel

Marie, Herzogin von Mecklenburg-Schwerin

Name: **Marie, Prinzessin von Windisch-Grätz, verheiratete Herzogin von Mecklenburg-Schwerin**
Geboren: **1856**
Gestorben: **1929**
Tätigkeiten: **auf die Eisenzeit Sloweniens spezialisierte Archäologin**
Besonderheit: **Adelige, die wissenschaftlich vorbildliche Ausgrabungen durchführte**

Es ist bekannt, dass im 19. und frühen 20. Jh. die Archäologie gerne als „adeliges Hobby" betrieben wurde. Doch Marie von Mecklenburg ist eine der wenigen, die mit wissenschaftlichem Anspruch an die Sache heranging und regelmäßig auch selbst mit Hand anlegte und zur Spitzhacke griff. Wie ist sie dazu gekommen?

Wer war das?

Prinzessin Marie war die Tochter des Prinzen Hugo von Windisch-Grätz von Österreich und der Herzogin Luise von Mecklenburg-Schwerin. Ihre Mutter starb, als Marie drei Jahre alt war. Sie wuchs zusammen mit ihrer Schwester unter anderem am Hof ihres Onkels in Schwerin auf; Näheres ist jedoch nicht überliefert, so dass wir auch nicht genau wissen, welche Art von Ausbildung sie erhalten hat. Es spricht jedoch viel dafür, dass sie all die Dinge lernte, die in ihrer Gesellschaftsschicht für nötig erachtet wurden.

Im Alter von 25 Jahren heiratete sie ihren Cousin Herzog Paul Friedrich von Mecklenburg-Schwerin und lebte mit ihm und ihren vier Kindern dort in der Nähe auf Schloss Ludwigslust. Das Paar reiste viel, so dass einige der Kinder an exotischen Orten zur Welt kamen (Algerien, Venedig). Zwei der Kinder starben noch in jungen Jahren und als 1904 auch ihr Vater starb, zog Marie mit ihrem Gatten nach Krain und nahm auf Schloss Wagensberg/Bogensperk Wohnung, wo sie bis zum Ausbruch des 1. Weltkrieges blieben.

„Sie ist ein Glücksfall für die prähistorische Archäologie."
Joseph Déchelette über die Herzogin

Was hat sie entdeckt?

In Krain entstand nun ihr Interesse für die heimische Vorgeschichtsforschung. Ob sie sich schon früher dafür begeistert hatte, ist nicht bekannt. Ihr Onkel hatte in den 1880er Jahren in Vače ausgegraben und besaß eine Antikensammlung, die sie sicherlich kannte. Jedenfalls führte sie, die inzwischen 49 Jahre alt war, im Umkreis ihres heimatlichen Schlosses zahlreiche Ausgrabungen durch, die sich insbesondere auf Zeugnisse der Eisenzeit in Krain und Slowenien konzentrierten. Die Fundorte sind bis heute bekannt und bedeutend: Stična, Magdalenska Gora, Vinica sowie Hallstatt in Oberösterreich. Es waren dies die ersten von einer Frau organisierten und geleiteten planmäßigen Ausgrabungen in dieser Region. Dass sie auch selbst mitarbeitete, belegen einige Fotos, die eine Frau von imposanter Erscheinung im Arbeitskittel und mit Grabungsgerät zeigen. Nach Aussage der Grabungstagebücher hat sie jedoch nicht nur fürs Bild posiert, sondern jeden zweiten Tag von 9 Uhr morgens bis abends mitgearbeitet. Zur Seite stand ihr dabei ihr Sekretär, der die schriftlichen Aufzeichnungen führte und die Arbeiter und Arbeiterinnen (zwischen 10 und 90, je nach Größe der Grabung) anwies.

Die Gräberarchäologin

Marie von Mecklenburg war besonders an der Entdeckung von Gräbern interessiert, insgesamt legte sie ca. 600 frei, darunter zahlreiche Tumuli (Hügelgräber). Teilweise beteiligten sich sogar ihr Cousin Kaiser Wilhelm II. sowie Kaiser Franz-Josef von Österreich-Ungarn an den Grabungskosten und erhielten zum Dank einige besonders spektakuläre Funde zum Geschenk. Die Qualität ihrer Ausgrabungen war, soweit aus heutiger Sicht noch zu beurteilen, durchweg gut. Befunde wurden sehr wohl dokumentiert und nicht nur zerstört, wie böse Zungen öfters kolportierten. Auch ihre Grabungsaufzeichnungen wurden mit zunehmender Grabungserfahrung immer besser – nicht anders als bei den professionellen Archäologen. Leider sind viele der Pläne und Tagebücher in den Wirren der Weltkriege verloren gegangen, aber existiert haben sie sicher. Marie von Mecklenburg kannte zudem bereits das Prinzip des „Geschlossenen Fundes“: Grabinventare wurden zusammen geborgen, verwahrt und genau beschrieben, wobei selbst der Grabbau mit etwaigen Steinsetzungen berücksichtigt wurde. In späteren Jahren beschäftigte sie auch professionelle Zeichner („Künstler“) und ließ Fotografien anfertigen.

Marie von Mecklenburg korrespondierte mit den Experten ihrer Zeit wie Montelius oder Déchelette, der sie sehr rühmte. Doch der Ausbruch des 1. Weltkrieges beendete ihre Ausgrabungstätigkeit. Marie musste Krain verlassen und kehrte mit ihrem Mann nach Mecklenburg zurück. Ihre Funde verblieben jedoch in Krain, so dass sie auch deren endgültige Auswertung nicht mehr wie geplant vornehmen konnte. Ihr Nachlass ist ebenso wenig erhalten wie ihre Grabungsdokumentationen, so dass man nicht weiß, ob sie ihre archäologische Tätigkeit nach 1914 noch fortsetzte. Vielleicht war der Auslöser dafür tatsächlich die *„Suche nach den eigenen Wurzeln“*, wie Viola Maier meint. Nach ihrem Tod wurde die Sammlung zwar von der jugoslawischen Regierung an die Familie zurückgegeben, ihre Erben waren aber aus Finanznot dazu gezwungen, sie in New York versteigern zu lassen, so dass die Funde heute über mehrere Museen verteilt sind.

Was bleibt?

Unter der Regie Marie von Mecklenburgs wurden zahlreiche bedeutende eisenzeitliche Fundplätze in Krain ergraben, welche bis heute die Grundlage der Eisenzeitforschung in diesem Gebiet bilden.

Medusa entdeckt die Römer

Eugénie Sellers Strong

Name: **Eugénie Sellers, verh. Strong**
Geboren: **25. März 1860 in London**
Gestorben: **16. September 1943 in Rom**
Tätigkeiten: **Klassische Archäologin**
Besonderheit: **Begründerin der Provinzialrömischen Archäologie**

Eugénie Sellers war die angesehenste britische Archäologin ihrer Zeit. Ungewöhnlich war vor allem, dass sie sich für die deutsche Methodik begeisterte und eine Schülerin Furtwänglers wurde. Zunächst an griechischer Kunst interessiert, wandte sie sich später immer mehr der zu ihrer Zeit noch verachteten Römerzeit zu. Sie war eine der ersten, die die Bedeutung der provinzialrömischen Kunst erkannte.

Wer war das?

Sellers wurde als Tochter einer kosmopolitischen Familie in London geboren. Ihr weitgereister Vater verdiente sein Geld als Weinhändler, ihre Mutter war Spross einer britischen Weinproduzentendynastie auf Sizilien. Sie wuchs mit ihrer acht Jahre jüngeren Schwester in London und Frankreich auf, bezeichnete ihre Kindheit jedoch als einsam. Die Familie war immer viel auf Reisen, wobei eine ausgedehnte Italien- und Griechenlandreise mit ihrem Vater ihren Berufswunsch, Archäologin zu werden, festigte. Sie wuchs zu einer außergewöhnlichen Schönheit heran, die alle bewunderten. Ludwig Curtius erinnerte sie an die Frauen auf präraffaelitischen Gemälden, andere verglichen sie mit der römischen Kriegsgöttin Bellona oder der spätantiken Philosophin Hypatia, während Oscar Wilde in ihr eine „junge Diana“ sah.

Eugénie Sellers Strong zu Pferde bei einem Besuch in Olympia im Jahr 1888. ▶

„Du warst immer und wirst immer eine faszinierende Frau sein – nicht wenig eine Sirene und ein gutes Stück Circe und manchmal eine Medusa."

Bruce Berenson

Die Männer zu betören, war aber nicht ihre Art Karriere – sie wollte studieren und ging ans Girton College in Cambridge. Sie wählte ein klassisches Studium, was aber vor allem aus Latein und Altgriechisch bestand, während Archäologie so gut wie nicht vorkam. Auch ihre zweite Liebe, die Kunstgeschichte, war nicht wirklich prüfungsrelevant, so dass sie vergleichsweise schlecht abschnitt. Daher wurde Sellers – notgedrungen – erst einmal Lateinlehrerin, was sie gut konnte, denn sie war die geborene Pädagogin. In London hatte sie denn auch mit ihren Privatstunden schnell Erfolg. Sie hielt sich vor allem in Künstlerkreisen auf und war mit einigen präraffaelitischen Malern befreundet. In ihrer Freizeit spielte sie in Laientheatern, die attische Tragödien aufführten, aber auch die im 19. Jh. so beliebten klassischen *Tableaux vivants* (lebende Bilder) nachstellten. Mit höchsten Ansprüchen an die Authentizität versuchte man, den Zuschauern den „griechischen Geist" zu vermitteln, dabei war eine ihrer Paraderollen die Helena von Troja, und auch später sollte sie sich immer wieder mit dem griechischen Theater befassen.

Um sich archäologisch weiterzubilden, ging Sellers zunächst in den Mittelmeerraum und dann zum Studium zu Furtwängler nach München (vgl. unten). Ihre Pläne, nach ihrer Rückkehr im Britischen Museum eine Anstellung zu finden, scheiterten, so dass sie nach Rom an die British School ging. Dort wirkte sie bis zu ihrer Pensionierung, blieb auch danach in Rom und starb 1943 – genau an dem Tag, als die Deutschen in Rom einmarschierten.

Menschliches ...

Aufgrund ihres familiären Hintergrundes war Sellers eine unabhängige, selbstgenügsame Frau, die sich voll und ganz ihrer Arbeit und ihrem großen Freundeskreis widmete. Daher erstaunte es viele, als sie 1897 im Alter von 36 Jahren heiratete. Ihr Auserwählter, Arthur Strong, war Altorientalist und Kunsthistoriker sowie Lehrer für orientalische Sprachen – Gertrude Bell lernte bei ihm Persisch. Obwohl beide viele Gemeinsamkeiten hatten, war Arthur doch ein „konventioneller viktorianischer Ehemann", der nun mit einer überaus freiheitsliebenden Frau zurechtkommen musste. Im Gegensatz zur spritzigen und geistreichen Eugénie war ihr Mann kein Diplomat: Er verdarb es sich immer wieder mit wichtigen Leuten, was dazu führte, dass er nie eine angemessene Stelle bekam und sich als Bibliothekar verschiedener Adelshäuser durchschlagen musste. Strong starb bereits 1904, was für Sellers ein schwerer Schlag war, von dem sie sich mehrere Jahre lang erholen musste. Sie übernahm seine Bibliothekarsposten und war damit zumindest bis zum Tod ihres Arbeitgebers finanziell abgesichert.

Über ihre Jahre in Rom ist fast nur Wissenschaftliches bekannt, auch wenn der von Sellers abgehaltene Salon weithin berühmt war. Ludwig Curtius nannte ihn *„den letzten internationalen Salon in Rom"*. Den Aufstieg Mussolinis, den sie durchaus bewunderte, erlebte sie sozusagen von einem Logenplatz aus. Sie verfolgte seine Bauprogramme in und um Rom, die Trockenlegung der Pontinischen Sümpfe sowie seine Sozialpolitik. Mussolini ließ in ihren Augen das antike Rom wiedererstehen – auch indem er es ausgraben und rekonstruieren ließ. Sellers stand dem zwiespältig gegenüber – einerseits begrüßte sie die Ausgrabungen und Neubauten, verdammte aber die mutwillige Zerstörung gewachsener Strukturen innerhalb der Stadt.

Was hat sie geleistet?

Sellers wurde während ihrer Londoner Jahre von Charles Newton vom Britischen Museum „entdeckt" und hoffte, dort eine Stelle zu bekommen, war sie doch besser qualifiziert als alle männlichen Bewerber. Leider sollte sich das als aussichtslos erweisen, obwohl sie eine Zeitlang wissenschaftliche Führungen und Vorträge in der Antikenabteilung abhielt. Stattdessen ging sie 1890 als erste Frau an die British School in Athen, wo sie ein Jahr lang Vasenmalerei studierte und erste Aufsätze publizierte. Außerdem übersetzte sie fremdsprachige Werke ins Englische, etwa 1891 Schuchhardts *Ausgrabungen Schliemanns.*

Studium in München

1892 zog Sellers für weitere Studien nach Deutschland, denn die Methodik der deutschen Forschung galt damals als richtungsweisend, während die Engländer auf der rein „antiquarischen“ Stufe der adeligen Sammler stehen geblieben waren. In Berlin lernte sie Furtwängler kennen, dem sie nach dem Tode Heinrich Brunns nach München folgte. Sie versuchte nun, dessen kunsthistorische Betrachtungsweise in der englischsprachigen Welt bekannt zu machen, etwa durch eine Übersetzung seiner „Meisterwerke griechischer Plastik“. Sie freundete sich auch mit Furtwänglers Familie an und verliebte sich in den Altphilologen Ludwig Traube, mit dem sie über Plinius den Älteren arbeitete – *„eine lange wissenschaftliche Orgie“*, wie sie sagte. Später sollte sie diese Zeit in München als die glücklichste ihres Lebens bezeichnen.

Zurück in England, übersetzte Sellers weiterhin deutsche Fachbücher und beschäftigte sich erstmals eingehender mit römischer Kunst, wobei sie Winckelmanns These der überragenden Bedeutung der Klassik relativierte. 1907 erschien ihr 400-Seiten-Band über die „Römische Skulptur von Augustus bis Constantin“ – für lange Zeit die einzige Monografie zum Thema römische Kunst. Darüber hinaus erkannte sie die Bedeutung der Kleinfunde sowie der provinzialrömischen Plastik.

1909 ging Sellers im Alter von 49 Jahren schließlich mit nur wenig Geld nach Rom, wo sie die Assistentin von Thomas Ashby an der British School wurde. Was dem verschlossenen Ashby an „social skills“ fehlte, hatte sie im Überfluss zu bieten, so dass sie sich hervorragend ergänzten. Ashby liebte es, Surveys zu machen und zu fotografieren, nicht aber in Rom seine Repräsentations- und Verwaltungsaufgaben zu erfüllen. Der französische Archäologe Salomon Reinach (1858–1932) bemerkte einmal, sie, nicht Ashby, sei die wahre Direktorin des Hauses. In ihrer Funktion bei der British School hielt sie auch wieder Vorträge und machte Führungen, was genaugenommen Öffentlichkeitsarbeit für das Einholen von Sponsorengeldern war – etwas, das Ashby überhaupt nicht lag. 1911 steuerte sie für die Ausstellung zum 50-jährigen Jubiläum der Proklamation Roms als Hauptstadt eines vereinigten Italien eine vielbeachtete Abteilung zur römisch-britannischen Kunst bei, was ihrem Interesse an den Denkmälern der Nordwestprovinzen entsprach. Sie kann somit als erste wirkliche Provinzialrömische Archäologin gelten.

Intrigen in der British School

Während des 1. Weltkrieges bemühte sich Sellers, den Betrieb der British School aufrechtzuerhalten. Sie korrespondierte mit früheren

Studenten, die jetzt im Militärdienst waren, und es gelang ihr auf diese Weise, das internationale Netzwerk am Leben zu halten, das sie in langen Jahren gewoben hatte. Ab 1921 wurde die Situation in der British School immer problematischer, was vor allem an Thomas Ashbys neuer Gattin lag, mit der sich Sellers überhaupt nicht verstand. Ein neuer Assistent erwies sich ebenfalls als unfähig, und als sie seine Entlassung durchsetzte, entfachte dieser in London eine Intrige, die schließlich zu einer regelrechten Farce ausartete und 1924/25 sowohl Eugénie Sellers als auch Ashby den Posten kostete. Beide blieben dennoch in Rom, doch während sie einen großen Freundeskreis hatte, war Ashby völlig isoliert. Sellers aber forschte und publizierte privat mithilfe einer Sekretärin weiter und arbeitete jetzt speziell über die Kunst der römischen Republik.

1937 wurde sie darum gebeten, als Spezialistin für provinzialrömische Kunst an der von Mussolini inszenierten *Mostra Augustea* zum zweitausendsten Geburtstag des ersten römischen Kaisers mitzuarbeiten. Da sie immer eine große Verehrerin des Augustus (und des Duce) gewesen war, stimmte sie zu und schrieb für das Journal of Roman Studies eine sehr positive Rezension der Ausstellung. Zudem sprach sie bei der Eröffnung der rekonstruierten Ara Pacis, was ihr von ihren Landsleuten massiv vorgeworfen wurde, hätten sie es doch lieber gesehen, wenn sie sich verweigert oder gar das faschistische Italien für immer verlassen hätte. Doch Rom war für sie über Jahrzehnte hinweg Lebensmittelpunkt gewesen, den sie jetzt, im Alter von 80 Jahren, auch nicht mehr aufgeben wollte. Verarmt und isoliert starb Sellers 1943 in Rom. Noch viele Jahre später erzählte man sich das Gerücht, sie spuke im Gebäude der British School.

Was bleibt?

Eugénie Sellers' Karriere ist in vielem typisch für den Werdegang einer Frau in der Archäologie des späten 19. und frühen 20. Jhs. Von den männlichen Kollegen mehr belächelt als gefördert, musste sie sich selbst ihre Position in der Forschung erkämpfen, was sie mit besonderen Spezialgebieten wie der provinzialrömischen Kunst auch tat. Von ihren männlichen Kollegen gerühmt wurde aber vor allem ihre Schönheit.

Aquädukt-Annie

Esther Boise Van Deman

Name: **Esther Boise Van Deman**
Geboren: **1. Oktober 1862 in South Salem/Ohio, USA**
Gestorben: **3. Mai 1937 in Rom**
Tätigkeiten: **Altphilologin, Archäologin**
Besonderheit: **Bauforscherin, Pionierin der Fotografie**

Esther Van Deman war die erste Frau, die sich mit römischer Architektur, insbesondere mit Bauforschung und Architekturtheorie beschäftigte – einem nicht nur damals als „unweiblich" geltenden Thema. Ihre Bücher zu römischen Aquädukten und Bautechniken gehören bis heute zu den Standardwerken, auch wenn ihre Datierungsansätze korrigiert werden mussten.

Wer war das?

Über Van Deman selbst ist relativ wenig bekannt. Sie war die Tochter eines wohlhabenden Farmers im Mittleren Westen der USA, wo sie in den 1870er Jahren in Kansas aufgewachsen ist. Ihre Eltern waren deutscher bzw. schottischer Abstammung. Wie von einer jungen Frau ihres Hintergrundes nicht anders zu erwarten, hatte sie einen großen Freiheitswillen, der von ihren Eltern unterstützt wurde.

Van Deman studierte Latein, Englisch, Deutsch, Mathematik und Bibelkunde und legte 1892 im Alter von 30 Jahren ihre Magisterprüfung ab. Einzig mögliches Berufsziel mit diesem Studienabschluss war Lateinlehrerin, was sie auch mehrere Jahre ausübte. Es folgte 1898 die Doktorprüfung an der Universität von Chicago, der größten und bedeutendsten Stadt des Mittelwestens, den Van Deman ihr Leben lang als ihre eigentliche Heimat betrachtete. Sie war die erste Frau, die dort in Latein promovierte.

Menschliches …

Van Deman war in ihrer Jugend eine hübsche Frau, die durchaus Chancen bei Männern hatte, jedoch drei Heiratsanträge ablehnte, weil sie sich nicht zur Einschränkung ihrer persönlichen Freiheit entschließen konnte. Wohlhabend war sie nie, und ohne die Hilfe von Stipendien hätte sie ihre Forschungen überhaupt nicht durchführen können. In Rom wohnte sie in verschiedenen einfachen Pensionen, die sich auf alleinreisende Frauen spezialisiert hatten, und verdiente sich Geld als Touristenführerin dazu. Ansonsten dachte sie nur an ihre Arbeit – mehr als einmal musste man sie sozusagen zwingen, sich vorzeigbare Kleidung und Accessoires für gesellschaftliche Auftritte zu kaufen. Soziales Prestige war ihr einfach nicht wichtig, sie sagte einmal, sie hätte schlicht keine Zeit, um sich Kleider zu kaufen. So wurde sie schnell als „unweiblich" bezeichnet und von manchen gar als „Mannweib" verspottet.

Was hat sie geleistet?

In ihrer Dissertation hatte sich Van Deman mit dem Vestalinnenkult beschäftigt, dessen Erforschung sie auch in den Jahren in Rom fortsetzte, etwa indem sie den Vestatempel auf dem Forum Romanum baugeschichtlich genau untersuchte. 1901 kam sie im Alter von 39 Jahren zum ersten Mal nach Rom und war erst die dritte Frau, die ein Stipendium für die American School of Classic Studies in Rom erhielt. Die elektrisierende Atmosphäre in der Ewigen Stadt ließ sie den Wunsch fassen, sich ganz der Archäologie zuzuwenden und nicht wieder zum Lateinunterricht zurückzukehren. Nach verschiedenen Rückschlägen und einer erzwungenen kurzen Rückkehr in die USA gelang es ihr, weitere Stipendien zu erhalten, und sie blieb schließlich für immer in Rom.

Der Kult der Vesta

Die Vestalinnen waren ein Gremium von sechs Priesterinnen, die im alten Rom ab der Königszeit das heilige Herdfeuer der Göttin Vesta zu hegen hatten, das niemals ausgehen durfte. Für die Töchter der römischen Oberschicht war es eine hohe Auszeichnung, im Alter von 6–10 Jahren für mindestens 30 Jahre zur Vestalin berufen zu werden. Sie mussten sich verpflichten, jungfräulich zu leben und niemals ihren Dienst zu vernachlässigen. Sollte eine Vestalin jedoch trotzdem unkeuschen Verhaltens überführt werden, wurde sie lebendig begraben, was in der gesamten Römerzeit nur wenige Male vorkam. Ihr Tempel lag unmittelbar am Forum Romanum und wurde im Laufe der Jahrhunderte mehrfach erneuert, was die überragende Bedeutung des Kultes für das römische Gemeinwesen deutlich macht.

In Rom intensivierte Van Deman ihre Vestalinnenforschung, wandte sich aber auch vielen anderen Themen zu. Sie lernte alle wichtigen Archäologen kennen, die damals dort tätig waren, z. B. Lanciani, Boni, Hülsen und besonders Thomas Ashby. Dieser war von 1906 bis 1925 Direktor der British School und Van Deman sollte sehr eng mit ihm zusammenarbeiten. Gemeinsam unternahmen sie einen ausgedehnten Survey rund um Rom, um die erhaltenen Aquäduktreste (Reste römischer Wasserleitungen) aufzunehmen und zu datieren. Van Deman war zu diesem Zeitpunkt schon über 60 Jahre alt, aber voller Energie, so dass sie mehr Feldarbeit leistete als Ashby. Die einschlägigen Fundstellen waren durch die Ausdehnung Roms in den 1920er und 1930er Jahren massiv bedroht, so dass ihre auf diesem Survey angefertigten Fotos auch ein unschätzbares Zeitdokument sind. Dabei arbeitete sie so verbissen, dass sie in der American Academy den – nicht unbedingt freundlichen – Spitznamen „Aqueduct Annie“ erhielt.

„Ich habe das Gefühl, dass ich nie wieder in einer Hängematte unter einem hübschen alten Apfelbaum in Amerika schaukeln werde.“

Van Deman anlässlich ihrer Übersiedlung nach Rom

Van Demans für eine Frau „untypische“ Themenwahl könnte denn auch eine mehr oder weniger bewusste Provokation des archäologischen Establishments gewesen sein: Sie wollte es den Herren beweisen und sich nicht nur in für Frauen „erlaubte“ Nischen zurückziehen. Ihre Arbeit und ihre Fotos zeichnen sich durch einen außerordentlichen Realismus aus, jede Romantisierung war ihr fremd. Auch wenn ihre Arbeit einige Irrtümer enthielt, war sie doch eine Pionierleistung – niemand hatte sich bislang um Baudetails wie die Zusammensetzung des Mörtels oder die genaue Anordnung der Ziegel und Wandverkleidungen gekümmert. Sie legte eine riesige Dokumentation aus Karteikarten mit Fotos an, die sie auf ihren Wanderungen in und um Rom zusammentrug. Ihr Leben lang arbeitete sie an einem baugeschichtlichen Handbuch, das sie aber nicht fertigstellen konnte und das erst von ihren Schülerinnen nach und nach publiziert wurde. Es umfasst insgesamt vier Bände von der frühesten Zeit bis in die Spätantike. Van Demans Datierungsansätze waren allerdings heftig umstritten, da sie Ziegelstempel als chronologisch zuverlässiges Datierungselement ablehnte. Das entsprach schon damals nicht den aktuellen Erkenntnissen der Forschung, doch sie hielt – ganz die Pionierfrau aus dem Westen – stur an ihrer Ansicht fest.

Esther Van Deman, eine Pionierin der Fotografie

Van Deman war eine sehr talentierte Autodidaktin der Fotografie. Was als Darstellungsmittel von Konstruktionsdetails in der Architektur begann, wurde bald mehr. Sie fotografierte Genrebilder, italienische Bauern bei der Arbeit, Landschaften. Leider ist nicht mehr zu klären, ob sie wirkliches ethnologisches oder gar feministisches Interesse an diesen Themen hatte oder „nur" touristisches. In ihren wenigen Aufzeichnungen werden diese Fotografien jedenfalls nicht kommentiert. Auch auf ihren Reisen in andere europäische und afrikanische Länder hatte sie immer die Kamera im Gepäck. Während es aus Italien viele Bilder von Bäuerinnen gibt, waren es in Nordafrika vor allem die Männer, die sie fotografierte. Dies liegt nicht etwa an einem veränderten Interesse, sondern an der Tatsache, dass muslimische Frauen nicht in der Öffentlichkeit auftraten und so zum Fotomotiv werden konnten. Van Demans Fotos beeindrucken bis heute durch ihre bestechende Klarheit und künstlerische Qualität. 1991 und 2002 wurden sie in Italien und den USA erstmals als Zeugnisse der Kultur- und Fotografiegeschichte ausgestellt, eine Gesamtpublikation wäre ein dringendes Desiderat. Van Deman hatte einen „künstlerischen Blick", auch wenn sie in ihren Schriften nie auf irgendwelche Begeisterung für das Medium verwies – es war für sie Mittel zum Zweck, das sie für ihre Dokumentationen nutzte.

Was bleibt?

Van Deman hat für sich nicht nur die Männerdomäne der Archäologie erobert, sondern auch ein ausgesprochen „männliches" Thema zu ihrer Lebensaufgabe gemacht – die römische Baugeschichte. Mindestens ebenso wichtig ist ihre Bedeutung als frühe Fotografin, die nicht nur wissenschaftlich wichtige Details im Bild festhielt, sondern mit ihrer Arbeit auch eine kulturgeschichtlich und künstlerisch wertvolle Sammlung von Bildern hinterlassen hat, die erst in den letzten Jahren wiederentdeckt worden ist.

Die kleine Hexe

Margret Alice Murray

Name: **Margaret Alice Murray**
Geboren: **13. Juli 1863 in Kalkutta, Indien**
Gestorben: **13. November 1963 in London**
Tätigkeiten: **Ägyptologin, Universitätsdozentin**
Besonderheit: **Erste Frau, die in England Ägyptologie unterrichtete**

Margret Murray war die erste Frau in England, die sich ihren Lebensunterhalt dadurch verdiente, dass sie Ägyptologie unterrichtete. Somit war sie weltweit eine Pionierin. Selbst wenn sie „nur“ die Assistentin von Flinders Petrie war, trägt das Londoner Institut genauso ihren Stempel.

Wer war das?

Margret Murray wurde in Kalkutta als Tochter eines Geschäftsmannes geboren und ist sowohl in Indien als auch in England aufgewachsen. Zeitweise lebte Margret mit Mutter und Schwester in Bonn, wodurch sie fließend Deutsch sprach, was ihr später sehr zugutekommen sollte. Eine formelle Schulbildung erhielten sie und ihre Schwester jedoch nicht. Durch ihre Mutter, die in Indien verschiedene Hilfsprojekte leitete, wuchs Margret in karitative Aufgaben hinein. Ihr erster Berufswunsch war denn auch Krankenschwester, wofür sie jedoch mit nur etwa 1,50 m Körpergröße zu klein war. Bei ersten Lehraufträgen in der Sonntagsschule entdeckte sie ihre angeborene Liebe zum Unterrichten. Murrays Interesse für die Archäologie wurde durch ihren Onkel John geweckt, der Sammler und Hobbyforscher war. Zwei Jahre nach dem Tod von Amelia Edwards wurde Murray im Alter von 31 Jahren Petries Schülerin am University College. Bereits nach fünf Jahren wurde sie dort 1899 zur Lehrbeauftragten ernannt, eine Position, die sie mit verschiedenen Beförderungen bis zu ihrer Pensionierung 1935 bekleidete.

Doch auch darüber hinaus war sie wissenschaftlich tätig und hielt bis zum Alter von 93 Jahren Gastvorlesungen, denn *„was so interessant ist, ist die Tatsache, dass immer etwas Neues hinter der nächsten Ecke darauf wartet, entdeckt zu werden“*.

Margret Murray leitet vor einem Publikum von 500 Menschen die erste öffentlich von einer Frau durchgeführte Mumienauswicklung, Manchester, 1908.

„Das Regal ist kein bequemer Ort, und ich habe keine Sehnsucht danach, dort zu sein, und freue mich darauf, bis zum Letzten zu arbeiten."

Margret Murray kurz vor ihrem 100. Geburtstag

Diese Neugier auf neue Fachgebiete sollte sie bis zu ihrem Tode nicht verlieren. Im Jahr ihres 100. Geburtstages, 1963, erschien ihre Autobiografie, als sie selbst schon im Krankenhaus lag. Selbst in diesen letzten Wochen war sie von Ausgrabungspublikationen umgeben, schrieb, plante neue Veröffentlichungen – und unterhielt die Ärzte und Schwestern mit Episoden aus ihrem Archäologinnenleben. Sie starb am 13. Nov. 1963, vier Monate nach ihrem hundertsten Geburtstag.

Menschliches ...

Die ersten Jahre des Lehrauftrags in London waren sehr schlecht bezahlt, so dass Murray weitere Aufträge annahm, um sich und ihre bettlägerige Mutter ernähren zu können. Viele ihrer Kurse bereitete sie am Krankenbett der Mutter vor. Als sie den Ehrendoktor erhielt, legten ihre Studenten zusammen, um ihr eine Doktorrobe zu finanzieren. Natürlich wäre sie gerne mehr gereist, konnte es aber aus privaten und finanziellen Gründen nie.
Murray forschte nicht nur zum Hexenwesen, sondern praktizierte angeblich auch selbst Hexerei. So soll sie den deutschen Kaiser Wilhelm II. durch ein Wachsabbild verhext haben, weshalb England den 1. Weltkrieg gewann. Solche Gerüchte amüsierten sie köstlich, und sie hielt sie durch scherzhafte Flüche am Leben. Tatsächlich glaubte sie nicht an den „Fluch der Pharaonen" oder die Gefährlichkeit von Amuletten, auch wenn sie immer wieder im Scherz davon berichtete. So erzählte sie mit Genuss und entsprechender Stimme eine Geschichte über Arthur Mace (ein Cousin Petries, später der Assistent von Howard Carter bei Tut-anch-Amun), der einmal eine halb ausgewickelte weibliche Mumie mit zahlreichen Schmuckstücken aus Sicherheitsgründen über Nacht auf einem Regal über seinem Bett aufbewahrte (!). Die Mumie war bröckelig, der freie Arm brach ab und kam mit der Hand auf Maces Kehle zu liegen. Der wachte auf und schrie das ganze Lager zusammen. Oder aber die Geschichte der Unglücksmumie, die sich angeblich an Bord der Titanic befunden hatte, geborgen wurde und die dann niemand haben wollte ... laut Murray war das *„eine sehr interessante Studie zur Massen-Psychologie"*.
Murray war ihr Leben lang aktive, aber nicht militante Feministin („Suffragette") und wollte immer Geschichte aus dem Blickwinkel der Frauen schreiben, was ihre männlichen Kollegen mit großem Argwohn betrachteten. Sie aber genoss solche Momente wie den, als sie zusammen mit Hilda Petrie und einer weiteren Mitarbeiterin des Nachts singend und tanzend auf die Grabung marschierte, wobei ihnen ein männlicher Mitarbeiter völlig entgeistert zusah. Murray kommentiert das so: *„Der arme Mr. Stannus – er war immer an das männliche viktorianische Ideal gewöhnt, wie eine Frau zu sein habe: ein zartes, zerbrechliches Geschöpf, das im Angesicht einer Maus losschreien würde."*

Was hat sie geleistet?

Murray besuchte ihre verheiratete Schwester in Madras, als die in der Times entdeckte, dass Petrie in London Vorlesungen über Hieroglyphen halten würde. Margarets Frage war: *„Und wer ist Flinders Petrie?"* Sie sollte es bald herausfinden. Als Studentin war sie eine talentierte Zeichnerin, die die ägyptischen Inschriften so genau kopierte, dass Petrie auf sie aufmerksam wurde und sie bis zu seiner Heirat mit Hilda Urlin seine wichtigste Zeichnerin war – dann übernahm die neue Mrs. Petrie diese Aufgabe.

Murray war 1894 eine der ersten, die am University College London, das auch Frauen aufnahm, einen Hieroglyphenkurs belegte. Als sie wenig später selbst Kurse abhielt, führte sie Adolf Ermans Standardwerk „Ägyptische Grammatik" in London ein, das dort sonst keiner lesen konnte. Das bedeutete nicht nur für den Kurs, sondern für die gesamte englische Ägyptologie einen großen Schritt nach vorne, denn *„wir alle trieben im See der Grammatik, doch ich begann zu schwimmen"*. Aufgrund großer Nachfrage verfasste sie schließlich eine kurze englische Zusammenfassung des Werks für Anfänger. War Murrays Einstieg ins Fach in erster Linie die altägyptische und koptische Sprache gewesen, so interessierte sie sich bald auch für Anthropologie und Ethnografie, was beides für Frauen als ungeeignet galt in einer Zeit, in der Bilder „erregter" ägyptischer Gottheiten an den entscheidenden Stellen abgeklebt wurden, um die Studentinnen nicht zu beschämen.

Murray entwickelte schließlich einen zweijährigen, praktisch ausgerichteten Einführungskurs, der den Studenten Anatomie, Ethnografie, Mineralogie, Fotografie und Fundzeichnen, Stratigrafie und Ausgrabungstechnik beibrachte und der damals absolut revolutionär war. Studentinnen und Studenten, die ihn bestanden, waren bestens auf das Leben auf der Grabung mit allen seinen Widrigkeiten vorbereitet. Doch selbst war sie nur sehr selten mit in Ägypten oder auf Ausgrabungen gewesen, denn Petrie erwartete von ihr, dass sie in London die Stellung hielt, weiter unterrichtete und ihn vertrat – was sich als sehr erfolgreiche Aufgabenteilung erweisen sollte. Da sie Petrie zutiefst verehrte, akzeptierte sie seine Einteilung – nicht ohne sich davon ein wenig geschmeichelt zu fühlen. Insgesamt unterrichtete sie 40 Jahre und hat dabei quasi zwei Generationen von englischen Ägyptologen auf ihren Beruf vorbereitet. Ihre Studenten liebten sie – vielleicht auch, weil sie ab und zu eine Schachtel Schokolade herumgehen ließ?

Auf der Grabung

Nur 1902 durfte sie für eine Kampagne mit nach Ägypten, wo sie die „Basics“ im Schnelldurchgang lernte. Als eine Art „Feuerprobe“ ließ Petrie sie allein mit einer Gruppe Arbeiter ins Feld, die natürlich nicht daran dachten, von dieser winzigen Europäerin Befehle anzunehmen. Murray trommelte sie kurzerhand zusammen, ging mit ihnen zum Camp zurück und verkündete, sie würden für diesen Tag eben keinen Lohn erhalten, da sie offenbar nicht arbeiten wollten. Feuerprobe bestanden.

Murray publizierte über 80 Bücher und Artikel, die sowohl wissenschaftlicher als auch populärer Natur waren. Bücher über Ägypten, aber auch über Religionsgeschichte im Allgemeinen, die Gralslegende sowie Frauenforschung und Hexenwesen im Besonderen. So postulierte sie eine „weibliche Religion“ vor der Entstehung der männlichen Götter, was den Arbeiten von M. Gimbutas vergleichbar ist. Besonders diese letztgenannten Werke wurden nicht zu Unrecht heftig kritisiert, doch Murray hatte teilweise sehr eigene Ansichten, die sich rückblickend nicht bestätigen lassen.

1908 veranstaltete Murray in Manchester vor einem Publikum von 500 Personen die erste öffentliche Auswicklung einer Mumie durch eine Frau. Sie ließ ein genaues Protokoll dieser anderthalbstündigen Prozedur erstellen – und verteilte schließlich Teile der Mumienbinden an diejenigen Zuschauer, die sie als Souvenir mitnehmen wollten.

Was bleibt?

Durch ihre lange Lehrtätigkeit war es Murray möglich, die englische Ägyptologie über einen langen Zeitraum hin zu lenken. Ihre Einführungskurse und Zusammenfassungen waren unverzichtbares Hilfsmittel für mehrere Generationen von Studenten.

Vom Halbstarken zum Diplomaten

Theodor Wiegand

Name: **Theodor Wiegand**
Geboren: **30. Oktober 1864 in Bendorf/Rhein**
Gestorben: **19. Dezember 1936 in Berlin**
Tätigkeiten: **Klassischer Archäologe, Direktor des Deutschen Archäologischen Instituts**
Besonderheit: **Geschickter Diplomat Kaiser Wilhelms II. in Konstantinopel**

Selbst Doktorväter können irren – denn wer würde annehmen, dass der junge Mann, von dem im Folgenden die Rede ist, schließlich Direktor des Deutschen Archäologischen Instituts werden sollte und diese Institution in der schwierigsten Zeit ihrer Existenz mit ihren Mitarbeitern vor Schlimmerem würde bewahren können?

„Zur akademischen Laufbahn scheint er mir und wohl auch sich selbst nicht sonderlich geeignet ... Aber als Beamten an einem Museum ... mit Nebenbeschäftigung am Limes und dergleichen kann ich ihn mir recht gut denken."

F. Studniczka über seinen Doktoranden Theodor Wiegand

Wer war das?

Theodor Wiegand wurde in Bendorf am Rhein als Sohn eines Arztes geboren. Er war kein sonderlich guter Schüler, blieb zweimal sitzen und wusste lange nicht, was er aus seinem Leben machen sollte. Nach unruhigen Jahren machte er schließlich in Kassel Abitur. Der junge Wiegand war das, was man später in den 1950er Jahren einen „Halbstarken" nennen würde – wild, ungebändigt und tollkühn. Seine Eltern waren mit ihm überfordert – der Vater war in Ausübung seines Berufes morphiumsüchtig geworden und die Mutter zu vergeistigt, um dem Jungen etwas entgegenzusetzen. Bald jedoch begeisterte er sich für Kunst und Literatur und studierte in München, Berlin und Freiburg Kunstgeschichte, Klassische Archäologie, Alte Geschichte und Philologie. Er promovierte 1893 über die Bauinschrift von Puteoli. Während seines Studiums verbrachte er angeblich mehr Zeit in der schlagenden Studentenverbindung und im Wirtshaus als im Hörsaal – und er wusste genau, dass er kein vorbildlicher Student war, wie folgendes Zitat belegt: *„Ich habe mich zum 1. Feb. um das Reisestipendium beworben. Studniczka, Fabricius u. Schmidt gaben mir Zeugnisse, die ich nicht gelesen habe. Mir ist zu mute, als könne unmöglich etwas darin gestanden haben, was mich zur Bewertung empfiehlt"* (Tagebucheintrag 1894).

Doch gerade seine etwas „krumme" Karriere gereichte ihm in der Türkei zum Vorteil: Er verschaffte sich schnell den Respekt der Einheimischen, die vor allem von seinen Mensur-Schmissen beeindruckt waren, die er zahlreich im Gesicht trug! 1897 wurde Wiegand als Nachfolger des verstorbenen Carl Humann Abteilungsleiter der Königlichen Museen Berlin in Konstantinopel. Das war ein wichtiger Posten als wissenschaftlicher Attaché der deutschen Botschaft im Osmanischen Reich, von dem aus Wiegand die deutschen Ausgrabungen in dessen Staatsgebiet koordinierte. So erreichte er Sonderkonditionen zum Antikenexport, etwas, was sonst nur Österreich und Russland gelungen war. 1899 schloss er ein Geheimabkommen, das Deutschland die Hälfte aller auf deutschen Ausgrabungen gemachten Funde sicherte – was auch große Architekturen wie das Markttor von Milet einschloss. Er war der geborene Diplomat, konnte sich gut in die fremde Kultur des osmanischen Reiches einfügen und war ein hervorragender Organisator. Anlässlich eines Besuchs von Kaiser Wilhelm II. in Konstantinopel lernte Wiegand die Bankierstochter Marie von Siemens kennen, deren Vater die anatolische Bahn mitfinanziert hatte und die Wiegand auf der Priene-Grabung herumführte. Im Jahre 1900 heiratete er sie und bekam mit ihr zwei Söhne. Marie war die ideale Frau für ihn, denn sie machte alles mit, vom Galadiner beim Pascha, dem tagelangen Maultierritt durch die kleinasiatische Wildnis bis hin zur fast fatalen Bootsexkursion auf dem Marmarameer. Ihre guten Beziehungen halfen ihm ebenfalls weiter, ganz zu schweigen vom väterlichen Vermögen, das Wiegand über die *„Möglichkeiten einer schmalen Beamtenbesoldung"* hinaushob. Beide waren sehr gut im Auftreiben von Sponsorengeldern, was sich später bei verschiedenen Ankäufen für das Berliner Museum auszahlen sollte.

Was hat er geleistet?

„Seitdem ich ... die hiesigen Kunstschätze gesehen habe, bedaure ich, dass ich nicht die dreifache Arbeitskraft und das zehnfache Gedächtnis habe ..."

Wiegand anlässlich eines Studienaufenthalts in London

1894 reiste Wiegand im Mittelmeerraum herum und besuchte Rom und Athen, wo er sich mit antiker Architektur beschäftigte. Besonders die Bauten der Akropolis hatten es ihm angetan, die er zusammen mit Wilhelm Dörpfeld erforschte. Noch als DAI-Stipendiat kam er zu Carl Humann nach Priene und wurde dessen Assistent. Beide waren Seelenverwandte und verstanden sich auf Anhieb. Als Humann bald darauf schwer erkrankte, übertrug er Wiegand die Grabung in Priene, wo er sich so hervorragend bewährte, dass man ihn nach Humanns plötzlichem Tod zu dessen Nachfolger machte. Schnell entwickelte Wiegand einen Blick für die Gefahren, die ungeübte oder unbeaufsichtigte Arbeiter auf einer Grabung bedeuteten, denn anders als Griechen und Italiener verstanden die Türken – vom Sultan bis zum ärmsten Bauern, ähnlich wie die Ägypter – den Sinn der Archäologie nicht. Die antiken Denkmäler waren für sie allenfalls Steinbrüche, was Wiegand wie folgt kommentierte: *„Wir sind eben in der Türkei: so gehen die herrlichsten Dinge täglich und stündlich zugrunde."* Er führte fortan Buch über zerstörte Denkmäler und empfand es als seine Verpflichtung gegenüber der Menschheit, die Antiken nach Deutschland zu retten, denn er war sich des *„Wettlaufs mit der Zeit"* bewusst. Seine Arbeit war richtungsweisend für ein neues Antikengesetz in der Türkei. Seine erste große Ausgrabung in Priene 1895–1897 legte Wiegand zusammen mit Hans Schrader in einer zukunftsweisenden, bis heute unübertroffenen Publikation vor – eine beispielhafte Komplettvorlage einer antiken Stadt. Die Zeit in Priene hielt er im Nachhinein für die schönste Grabung seines Lebens.

Wiegand im Orient

Während der ganzen Zeit unternahm er Exkursionen in Kleinasien und kannte sich bald hervorragend in der Region aus. Seine Eindrücke und die seiner Frau, die ihn oft begleitete, sind in der von ihrem Sohn Gerhard herausgegebenen Briefsammlung „Halbmond im letzten

Viertel“ zusammengestellt, das gerade in kulturhistorischer und politischer Sicht sehr wichtig ist, da sie die korrupten Verhältnisse im zusammenbrechenden Osmanischen Reich schildert – und außerdem eine in jeder Hinsicht amüsante Lektüre darstellt. Wiegand war einer der ersten Archäologen, der unterschiedslos auch provinzialrömische, byzantinische und islamische Denkmäler aufnahm: *„Ich habe es während der Arbeiten im Orient in lebhaftester Weise empfunden, dass der auf einen Auslandsposten gestellte Archäologe sein Arbeitsgebiet nicht selbstwillig beschränken darf, sondern dass er verpflichtet ist, allen Epochen nachzugehen, die ihm das Land zur Erforschung bietet.“* Dieser Ansatz war um 1900 etwa so revolutionär wie die Forderung Petries, nicht nur Bauten, sondern auch Kleinfunden bis hinunter zur unansehnlichen Scherbe die gleiche Beachtung zu schenken.

1911–1931 war Wiegand Direktor der Preußischen Museen Berlin, dazwischen zur Zeit des 1. Weltkrieges von 1916–1918 beim türkisch-deutschen Denkmalschutzkommando in der Türkei und Syrien tätig. Unter seiner Ägide erfolgte der Aufbau des Pergamonmuseums mit dem gleichnamigen Altar und dem Markttor von Milet, außerdem tätigte er wichtige Ankäufe wie die Berliner Göttin und die Thronende Göttin. Selbst nach seiner – soweit wie möglich hinausgeschobenen – Pensionierung war er noch aktiv.

Das Deutsche Archäologische Institut in schwierigen Zeiten

1932 wählte man Wiegand in weiser Voraussicht zum Präsidenten des DAI, da man allein ihm zutraute, sich nach 1933 der Nationalsozialisten zu erwehren, die auf das Institut, etwa bei Stellenvergaben, massiven Einfluss nehmen wollten. Das ging so weit, dass zeitweise das ganze Institut auf der Kippe stand, sollte es doch, ebenso wie die Römisch-Germanische Kommission (RGK) in Frankfurt, vom „Amt Rosenberg“ geschluckt werden. Wiegand stand den Nationalsozialisten als national-liberaler Mensch kritisch gegenüber, ließ sich aber soweit auf sie ein, wie er etwas bewegen konnte – schließlich hatte er durch seinen beinahe legendären Ruf immensen Einfluss, den er nutzte, um verfolgten Kollegen wie Gerhard Bersu zu helfen. Nur die Nachfolgeregelung bei der DAI-Außenstelle Athen gelang ihm nicht – sein Wunschkandidat Armin von Gerkan wurde übergangen und statt seiner mittels einer Intrige der NS-Funktionär Walther Wrede auf den Direktorenposten gesetzt. Wiegand starb noch im selben Jahr in Berlin an den Folgen einer Malaria, die er sich im Orient zugezogen hatte.

Was bleibt?

Es ist zum einen Wiegands zeitlose Einrichtung des Berliner Museums, die diesen Mann voller Energie und Entschlusskraft über die Landesgrenzen hinaus berühmt machen sollte – selten hat sich ein Archäologe so in beiden Bereichen, der Ausgrabung und der Museumsarbeit, bewährt wie er und zudem noch politischen Einfluss zum Wohle aller eingesetzt.

Ritter aus Leidenschaft

Robert Forrer

Name: **Robert Forrer**
Geboren: **9. Januar 1866 bei Zürich**
Gestorben: **9. April 1947 in Straßburg**
Tätigkeiten: **Antiquar und Archäologe**
Besonderheit: **begeisterter Sammler mit wissenschaftlichem Anspruch**

Robert Forrer war ein wahres Multitalent, das sich mit keinem Wissensgebiet zufrieden gab. Er war gleichzeitig Prähistoriker, Kunsthistoriker, Numismatiker, Archäologe – *„ein enzyklopädischer Geist"*, wie Bernadette Schnitzler ihn nennt (*„un esprit encyclopédique"*). Er war Lehrer an der Universität Straßburg, Gründer und zugleich Direktor des dortigen Museums für römische und vorgeschichtliche Altertümer, Generalkonservator des Elsass und Autor vieler bis heute wichtiger Fachpublikationen.

Wer war das?

Forrer wurde in der Nähe von Zürich in großbürgerlichem Milieu geboren und blieb sein Leben lang Schweizer Staatsbürger, woran er auch als großer Verehrer der Neutralität nie etwas ändern wollte. Dass dies ihm zur Zeit der deutschen Besetzung des Elsass überaus hilfreich sein sollte, konnte er jedoch nicht vorausahnen. Seine Familie lässt sich als eine der wichtigsten Familien in Winterthur bis ins 16. Jh. zurückverfolgen. Ihr Wappen zeigt einen Wilden Mann mit einer Föhre – auf diese Baumart führte die Familie ihren Namen zurück. Forrers Vater war ein vermögender Seidenhändler, womit er möglicherweise die Liebe seines Sohnes zu den Textilien begründete, die einen bedeutenden Teil seiner späteren Sammlung ausmachen sollten.

Forrer hatte eine sehr enge Verbindung zu seiner zwei Jahre jüngeren Schwester Clara, insbesondere nachdem ihre Mutter die Familie wegen eines anderen Mannes verlassen hatte, als er sechs Jahre alt war. Zusammen mit Clara wuchs er bei seiner Großmutter väterlicherseits auf, einer strengen Dame, die sehr auf eine gute Ausbildung ihrer Enkel achtete: Selbst auf dem Esstisch lag immer ein Lexikon griffbereit. Clara wurde später Dichterin und veröffentlichte mehrere Bücher. Im Jahr 1879 verlor Vater Forrer sein Vermögen durch Aktienspekulationen, worauf kein Geld mehr da war, um dem Sohn ein Universitätsstudium zu ermöglichen. Stattdessen sollte der junge Forrer Versicherungsagent werden, zeigte dafür aber nicht das geringste Talent und warf nach nur zwei Monaten hin. Er wollte lieber hauptberuflich Kunstsammler und -händler (*antiquaire*) werden, was er auch durchsetzte. Schließlich gelang ihm 1897 in Bern doch noch die Promotion über frühneuzeitlichen Buchdruck.

Familiäres …

Im Jahr 1887 heiratete Forrer die Berlinerin Emilie Hager, die aus einer Modedynastie stammte, bereits als Couturière berühmt war und gutes Geld mit Modeschneiderei verdiente. Sie zog mit ihm nach Straßburg, das nach Forrers Meinung das „Zentrum Europas“ war, wo sie ein eigenes Atelier mit mehreren Mitarbeiterinnen eröffnete und so den Lebensunterhalt des Paares verdiente. Ihr Einkommen ermöglichte es Forrer, weiter zu sammeln, zu verkaufen, nach Italien und für zehn Monate nach Ägypten zu reisen und sich in der internationalen Kunstszene einen Namen zu machen. Das Paar hatte gemeinsam zwei Töchter und zwei Söhne. Forrer ging so in der Antike auf, dass er seinem jüngeren Sohn Emil nach einem keltischen Stammesfürsten den zweiten Vornamen Orcitirix/Orgetirix gab – und ihm, dem *enfant terrible* der Familie, auch seine Begeisterung für die Archäologie vererbte, denn Emil Forrer wurde ein bedeutender Assyriologe und Hethitologe. Emilie starb 1925, worauf Robert ein zweites Mal heiratete: Philippine Loew, die er seit Langem kannte.

Forrer war ein wichtiges Mitglied des bürgerlichen Zirkels in Straßburg und Mitglied der Société pour la Conservation des Monuments Historiques d’Alsace, an der er im Laufe der Jahre immer stärker mitarbeitete: Dort hatte er allerdings nicht nur Freunde, wie ein heftiger Streit über die Lokalisierung des frühesten römischen Straßburg belegt. Ab 1909 leitete er das Museum der Stadt im Palais Rohan, bis er 1945 von J. J. Hatt abgelöst wurde. In seinen letzten Lebensjahren beinahe erblindet, wurde Forrer mehrmals in Zürich operiert. Sein letztes Werk, eine Kulturgeschichte des Schuhes, diktierte er 1939–1941. Er floh vor dem II. Weltkrieg zurück in die Schweiz, seine Sammlungen aber blieben bis auf wenige Ausnahmen in Straßburg – seine wichtigsten Stücke hatte er auslagern lassen, anderes zuvor verkauft. Er kehrte erst nach Kriegsende wieder in seine Wahlheimat zurück, wo er 1947 verstarb.

Menschliches ...

Seine Assistentin Cécile Sauer erinnerte sich an Forrer folgendermaßen: *„Er war ein Mann, der gern Befehle gab und einen festen Willen hatte. Oft tyrannisierte er seine Untergebenen – was er aber genau wusste. Er war sehr gesellig und umgab sich gern mit jungen Menschen, denen er ‚ein strenger, aber gerechter Vater' war. Sein Leben lang ließ er auf eine Sammlung die nächste folgen – hatte er eine Studie zu einem bestimmten Thema abgeschlossen, dachte er nie wieder an sie und begann sofort etwas Neues."*
Am meisten von allen Epochen aber faszinierte ihn das Mittelalter, was in der romantischen Phase des 19. Jhs., die die Neo-Gotik oder die präraffaelitische Bewegung hervorbrachte, geradezu typisch war. Man schuf damit eine Gegenreaktion auf den Klassizismus, der die griechische und römische Antike verklärte. Forrer richtete sich in seinem Haus ein „gotisches Zimmer", eine „Schreibstube", ein, während er für die Dame des Hauses ein Boudoir im Stile Ludwigs XVI. dekorierte. Das Wohnzimmer war im orientalischen Stil eingerichtet und diente als Lebensmittelpunkt der Familie.

Was hat er geleistet?

Forrer begann schon in sehr jungen Jahren zu sammeln und zu schreiben – seine ersten Veröffentlichungen brachte er mit 17 Jahren heraus. Damals lagen seine archäologischen Interessen bei den Schweizer Pfahlbauten, die ab Mitte des 19. Jhs. bekannt wurden. Später erweiterte sich sein bevorzugtes Themenspektrum beträchtlich: Er sammelte und bearbeitete koptische bis moderne Textilien (von spätantiken Stoffen aus Achmim/Panopolis bis hin zu zeitgenössischen Trachten), Waffen aller Epochen (er besaß etwa 40 Kanonen!) und mittelalterliche Kunst (Madonnen), Münzen, Bücher (Wiegendrucke, Illustrationen, Monogrammsignaturen), Möbel, vorgeschichtliche und frühmittelalterliche Funde, ägyptische Altertümer (darunter zwei Mumien), mittelalterlichen und renaissancezeitlichen Schmuck.

Im Gegensatz zu anderen Sammlern hielt Forrer es für dringend geboten, die Stücke seiner Sammlung auch zu publizieren und so der Allgemeinheit zugänglich zu machen – in vielen Bereichen beschritt er damit Neuland oder stellte noch völlig unbekannte Materialgruppen vor. Er war Redakteur der „Antiquitäten-Zeitschrift", in der er selbst auch regelmäßig publizierte – oder Sammlern Insider-Tipps gab, etwa mit welcher Art Leim sich Keramikscherben am besten kleben ließen (Antwort: amerikanischer Fischleim). Außerdem veröffentlichte er ständige Beiträge in den Publikationsorganen des Vereins für historische Waffenkunde, dem Anzeiger für elsässische Altertumskunde, der Antiqua, der Revue des Musées et Collections archéologiques, aber auch der Tagespresse, wo er beispielsweise Neufunde bekannt machte.

„Bücher schreiben ist leicht, es verlangt nur Feder und Tinte und das geduldige Papier. Bücher zu drucken ist schon schwerer, weil das Genie sich erfreut unleslicher Handschrift. Bücher zu lesen ist noch schwerer – von wegen des Schlafs. Aber das schwierigste Werk, das ein sterblicher Mann bei den Deutschen auszuführen vermag ist: Zu verkaufen ein Buch."

Memo auf der Kladde, in der Forrer seine Buchverkäufe verzeichnete

Viele seiner Sammlungen verkaufte Forrer wieder, nachdem er sie ausgewertet hatte, und wandte sich einem neuen Sammelgebiet zu. Auf diese Weise kam manch ein Museum in Frankreich, Deutschland oder der Schweiz zu ehemals Forrer'schen Sammlungen. Und er machte damit ein gutes Geschäft: Eine Kollektion koptischer Textilien, die er für 9253 Mark erworben hatte, konnte er für 44054 Mark wieder verkaufen. Gleichzeitig war er aber strikt dagegen, Einzelstücke zu veräußern – er gab nur komplette Sammlungen ab. Nebenbei war er in Altertumsvereinen tätig und machte selbst Ausgrabungen, korrespondierte mit allen wichtigen Wissenschaftlern der Epoche und war, da er sich oft in Berlin aufhielt, sogar mit dem deutschen Kaiser Wilhelm II. befreundet. Das Erdgeschoss seiner Villa Panopolitana in Straßburg diente *„wie ein richtiges Museum"* als Ausstellungsraum für Interessenten und potenzielle Käufer. Das konnten Privatsammler aller Nationen sein, aber auch große europäische Museen.

Jägerin des verlorenen Schatzes

Eine Anekdote berichtet davon, wie Forrer vor dem 1. Weltkrieg mit seiner Frau in Paris durch die Antiquitätenläden streifte und diese (nicht er selbst!) dabei ein elfenbeinbeschlagenes Kästchen mit Szenen aus der Sage von Tristan und Isolde aus dem 12. Jh. entdeckte, das zum Glanzstück seiner Sammlung werden sollte – in den folgenden Jahren erhielt er immer wieder Besuch von Kunsthändlern, die ihm das Kästchen abkaufen wollten, aber unverrichteter Dinge wieder abreisen mussten, wie er nicht ohne Besitzerstolz ab und zu berichtete.

Etwaige Ausgrabungen dokumentierte Forrer genau. Seine ägyptischen Arbeiter in Achmim wunderten sich sehr, als er sie mit Gewalt daran hinderte, Mumien gleich nach Auffindung auf der Suche nach Schmuck in Stücke zu reißen, so wie sie es gewohnt waren. Forrer dagegen wickelte sie langsam und sorgfältig aus, machte Notizen, Fotos und Skizzen – was sich auszahlte: Er konnte so die Besonderheiten spätantiker Mumien herausfinden sowie die genaue Position der im Westen nur vereinzelt bekannten Textilornamente auf den Gewändern der Verstorbenen bestimmen. Daneben konnte er zahlreiche organische Reste bergen – Holzfunde wie Musikinstrumente, Lederschuhe, Gürtel, Blütenkränze ... Beschrieben ist all das in seinen Briefen nach Hause, den „Reisebriefen aus Ägypten", die in der Antiquitäten-Zeitschrift abgedruckt und später in Buchform herausgegeben wurden.

Was bleibt?

Forrer sammelte, um zu lernen und zu lehren, nicht nur um des reinen Sammelns willen, das im 19. Jh. zur Mode verkommen war. *„Hat ein Objekt seinen Dienst gethan, dann mag es in ein Museum wandern oder eine private Sammlung zieren ..."* Mit dieser fortschrittlichen Haltung war er die Ausnahme unter den damaligen Kunstsammlern und rückte so manch eine entlegene Denkmälergruppe in den Fokus der interessierten Öffentlichkeit. Seine weit gefächerten Publikationen sind bis heute eine Fundgrube für jeden Kleinfundspezialisten geblieben, die den Namen Robert Forrer immer in guter Erinnerung behalten werden.

Die Königsmacherin

Gertrude Bell

Name: **Gertrude Margaret Lowthian Bell**
Geboren: **14. Juli 1868 in Washington Hall/County Durham**
Gestorben: **12. Juli 1926 in Bagdad**
Tätigkeiten: **Archäologin, Diplomatin, Forschungsreisende**
Besonderheit: **„Die Königin des Irak“**

Hört man heute den Namen Gertrude Bell, so tauchen verschiedene Bilder vor dem inneren Auge auf: die unermüdliche Reisende, die darüber populäre Bücher schrieb, die in den 1. Weltkrieg verwickelte Politikerin, die Getriebene, die Zerrissene. Eine Inschrift an ihrem Geburtshaus in Washington Hall bei Newcastle upon Tyne, Grafschaft Durham, nennt sie *„Gelehrte, Historikerin, Archäologin, Forschungsreisende, Dichterin, Bergsteigerin, Gärtnerin, ausgezeichnete Staatsdienerin“*.

Und all das war sie, alles zugleich, eines mehr, anderes weniger. Sie führte kein „normales“ viktorianisches Frauenleben, denn das wäre ihr viel zu langweilig gewesen. M. Sommer nennt sie eine „Grenzgängerin“ im doppelten Sinne – als Europäerin im Orient und als Frau in einer Männerdomäne.

Wer war das?

Gertrude Bell stammte aus einer englischen Industriellendynastie. Ihre Mutter starb, als sie drei Jahre alt war, bei der Geburt ihres Bruders – ein Verlust, über den sie nie hinwegkommen sollte. Ihr Vater heiratete schließlich erneut, doch anders als im Märchen trat nun eine „gute Stiefmutter“ namens Florence in das Leben der Familie. Gertrude verstand sich prächtig mit ihr und nahm sie, die erfolgreiche Schriftstellerin, zu ihrem Vorbild. Daneben hatte das Mädchen nach dem Tod ihrer leiblichen Mutter eine sehr enge Verbindung zu ihrem Vater aufgebaut, die so innig war, dass sie immer sagte, sie wolle vor ihm sterben – was schließlich auch wahr werden sollte.

Studium in Oxford

Zuvor zu Hause unterrichtet, trat Bell im Alter von 15 Jahren ins Queen's College in London ein – obwohl man in der viktorianischen Gesellschaft der Meinung war, zu viel Bildung schmälere die Heiratschancen eines Mädchens. Doch das war schon damals nicht ihre Welt, sie wollte so viel wie möglich lernen und verstehen. Ihr Hauptfach war Geschichte, an dem sie so interessiert war, dass sie sogar außerhalb der Schule Essays zu historischen Themen verfasste. Schließlich setzte sie es bei ihrer Familie durch, in Oxford weiterstudieren zu dürfen – für die damalige Zeit wirklich außergewöhnlich. Sie wählte die Lady Margaret Hall, eines der beiden damals in der Stadt existierenden Frauencolleges. Mit ihren nur 18 Jahren studierte sie fünf Trimester Geschichte und machte ein Jahr vor der vorgesehenen Zeit als erste Frau einen hervorragenden Abschluss. Angeblich brachte sie die Prüfer durch ihre Fragen mehr in Bedrängnis als jene sie.

Nach Ende ihrer Studien kehrte Bell zunächst desillusioniert in ihr englisches Oberklasse-Leben nach Hause zurück, denn dort erwartete man nach wie vor von ihr, in erster Linie eine gute Partie zu machen und zu heiraten. Doch sie strebte nach Höherem – sie wollte im diplomatischen Dienst Karriere machen. Zur Zeit des 1. Weltkrieges arbeitete Bell mit einer Gruppe von Männern zusammen, die alle ebenfalls einen Oxford-Hintergrund hatten und deren Herz wie das ihre in der Antike und im Orient lag: T. E. Lawrence, Leonard Woolley, David Hogarth. Bereits 1915 galt sie als hervorragende Kennerin Arabiens, weshalb sie nach Kairo berufen wurde, um Dossiers über die einzelnen Stämme der arabischen Halbinsel zu verfassen. Wenig später wurde sie ins Arab Bureau in Basra versetzt – dies war die erste Begegnung mit der „Liebe ihres Lebens", dem Irak. Mit Erfolg arbeitete sie in dieser reinen Männerwelt, die ihr mit erstaunlich wenig Kritik begegnete, da man sie offenbar nicht in erster Linie als Frau wahrnahm. Sie bemerkte dazu: *„Als hohe Beamte in diesem Dienst war ich geschlechtslos."* Bell lieferte beispielsweise Lawrence von Arabien die nötigen Informationen für seine Unternehmungen und gewann so immer mehr an politischem Einfluss. Schließlich sollte sie sogar zur „Königsmacherin" werden, die den haschemitischen Prinzen Feysal auf den irakischen Thron brachte. Sie war sich ihrer Sonderstellung durchaus bewusst: *„Schließlich machten wir nach dem Besten unserer Möglichkeiten Geschichte"* (1921).

Gertrude Bell unternahm ihre Exkursionen im Orient in der Regel zu Pferd – aber nicht im Damensattel! Hier ist sie vor einem Grabmal im Libanon zu sehen.

1926 war ihr Einfluss jedoch in sich zusammengebrochen, da die neuen Beamten des Empire meinten, auf sie verzichten zu können. Sie wurde mit dem Rollenwandel von der „Königin des Irak“ zur Reiseschriftstellerin nicht fertig, bekam Depressionen und nahm im Alter von 58 Jahren – gewollt oder ungewollt? – eine Überdosis Schlaftabletten. Schon länger hatte sie Probleme mit dem Klima, so dass man ihr nahelegte, nach England zurückzukehren, was sie aber auf keinen Fall wollte.

Menschliches …

Gertrude Bell wird von denen, die sie persönlich kannten, als sehr impulsiv geschildert. Sie konnte nicht stillsitzen und war immer in Bewegung. Sie besaß eine androgyne Natur, war von knabenhafter Figur – ganz das, was man im Englischen einen „tomboy“, einen Wildfang nennt. Schon als Kind zog sie die Gesellschaft von Jungen der von Mädchen vor, konnte ausgezeichnet reiten und war gerne in der freien Natur unterwegs. Die Schriftstellerin Virginia Woolf bezeichnete sie später als „meisterhafte Frau“ und verglich sie wegen ihrer spitzen Nase zugleich mit einem „Aberdeen Terrier“, der allen in seinem Umkreis das Gefühl gibt, minderwertig zu sein. Zugleich beschreibt sie sie als ausgesprochen liebenswert, auch wenn man weiß, dass sie ein ziemlicher Snob und Blaustrumpf gewesen sein muss.
Zur Verwirrung vieler ihrer Biografinnen war Bell eine entschiedene Gegnerin der Frauenbefreiung. Zeitweise arbeitete sie intensiv bei der Anti-Suffrage-League mit, die sie einmal als *„beinahe so wichtig wie die Archäologie“* bezeichnete. Möglicherweise war dies ein standestypisches Phänomen, erwachsen aus der Hybris der gebildeten Oberschicht, die sich vor einer Herrschaft des „Pöbels“ und dabei besonders von ungebildeten Frauen fürchtete. Sie sah sich selbst nicht einmal als typische Frau, sondern als Sonderfall eines androgynen, außerordentlichen Wesens, das sich so gut es ging in der männlichen Welt ihrer Epoche eingerichtet hatte und an dieser nichts verändern wollte, anders als etwa die nur wenig ältere Margret Murray.
Sicherlich war sie also keine „typisch viktorianische“ Frau, denn sie wollte sich nie völlig anpassen. Daher übernahm sie nur diejenigen Teile davon in ihr eigenes Leben, die ihr zusagten: Sie pflegte gute Umgangsformen und Tischsitten und wollte selbst in der Wüste nicht auf angemessene Garderobe und einen Rest des gewohnten englischen Luxus verzichten. Selbst ihr Silber und ihr Teegeschirr nahm sie mit auf Reisen – aber auch einen Koffer voller Bücher. Von klein auf wollte sie immer nur Bücher als Geschenke, war sie doch davon überzeugt, dass sie alles lernen konnte, was sie nur wollte. Schon früh zeichnete sich ab, dass es nicht einfach werden würde, einen Mann für sie zu finden. Obwohl sie Zeit ihres Lebens Angst vor dem Alleinsein hatte, wollte sie keine „standesgemäßen“ Kompromisse eingehen. Dreimal war sie ernsthaft in junge Männer verliebt, doch daraus wurde nichts: Einmal waren ihre Eltern dagegen, ein zweiter war schon verheiratet, der dritte lehnte ihren Antrag ab.

Angeblich hat Bell auch mit dem Reisen begonnen, um über eine dieser unglücklichen Lieben hinwegzukommen: Ihr Verlobter Henry Cadogan starb, bevor sie ihre Eltern von ihm überzeugen konnte. Sie verarbeitete die Eindrücke dieser Liebe und ihres Schauplatzes Persien im Buch „Safar Nameh. Persian Pictures. A Book of Travel", das sie aber keineswegs für so gelungen hielt wie ihr Verleger und ihre Stiefmutter. Auch hier begegnet ein weiterer, für Bell entscheidender Wesenszug: Sie hielt sich für eine Dilettantin und misstraute jedem anderslautenden Urteil als Schmeichelei. Und doch bewies sie ihr großes poetisches Talent noch mehrfach, etwa in ihrer Übersetzung der Gedichte des Hafiz, eines persischen Dichters des 14. Jahrhunderts, die von der Kritik hoch gelobt wurde.

Rastlos

Eine weitere von Bells Charakteristiken war es, sich voller Energie und Enthusiasmus jeder Sache zu verschreiben, die *„aufregend genug [war], um mich abzulenken"*, bis sie fast Meisterschaft darin erreichte – sich dann aber plötzlich davon abzuwenden, um etwas komplett Neues anzufangen. Was sie selbst für Dilettantismus hielt, war eine unendliche Ruhelosigkeit und eine Angst vor dem Stillstand:
„Das [bestandene] Abenteuer lässt einen immer mit einem Gefühl der Desillusionierung zurück ... Staub und Asche in der Hand, tote Knochen, die aussehen, als würden sie sich nie wieder erheben und tanzen – das alles ist Nichts, und man wendet sich mit einem Seufzen davon ab und versucht, seine Augen auf das Neue vor einem zu konzentrieren."

Trotz allem blieb Bell ihr Leben lang Romantikerin, und vieles von „ihrem Orient" ist genau genommen ein subjektiv verklärtes Bild, obwohl sie sicherlich genauere Einblicke hatte als manch andere der „Orientmanie" verfallene Europäer. Als Kind ihrer Zeit sah sie die Araber als *„große Kinder"*, die man belehren und beherrschen müsse, ganz nach dem allgemeinen Herrschaftsanspruch der Europäer und insbesondere der Engländer. Die Orientalen waren für sie zugleich Studienobjekte – nicht Mitgeschöpfe, trotz aller halbherzigen Aussagen wie *„sie [seien] wie wir auch"*. Sie erkannte durchaus gewisse Widersprüche im Umgang der Europäer mit den Arabern und macht es sich zur Aufgabe, durch ihre Bücher den „wahren Orient" im Westen bekannt zu machen.

Auch war Bell sich sehr wohl dessen bewusst, dass ihre Reisen sie veränderten wie jeden Fernreisenden (nicht Pauschaltouristen): *„Ich werde dir wie eine Wilde vorkommen, denn ich habe seltsame Dinge gesehen und gehört und diese färben mein Denken ein"*, schreibt sie 1914 an einen englischen Freund und fragt sich, ob sie das Leben in England überhaupt noch wird ertragen können. Bagdad war ihr im Laufe der Jahre zur eigentlichen Heimat geworden, dort fühlte sie sich wohl und konnte so leben, wie sie es sich vorstellte.

Was hat sie geleistet?

Ihre ersten Berührungen mit der Antike hatte Bell bereits in ihrer Jugendzeit durch einen Cousin. Diese Eindrücke verstärkten sich, als sie nach ihrem Universitätsabschluss 1888/89 erstmals mit ihrem Onkel und dessen Frau in „den Orient", genauer gesagt, nach Konstantinopel, und 1892 dann nach Teheran reiste. Zur damaligen Zeit wurden Fernreisen wie selbstverständlich als Teil der nötigen Bildung gesehen. Ende des 19. Jhs. gab es inzwischen Verkehrsmittel, die das Reisen über weite Strecken erleichterten, auch wenn manche Anstrengungen wie ein Kamelritt durch die Wüste unverändert blieben. Zugleich waren über die fernen Länder mehr Informationen zu bekommen als noch eine Generation vorher, so dass für viele Europäer die Wunschziele im Orient oder in Asien lagen.

Sehnsuchtsziel Persien

Bells persönliches Sehnsuchtsziel war Persien, und um sich dort zurechtzufinden, lernte sie vor Reiseantritt bei Arthur Strong Persisch, dem Ehemann von Eugénie Sellers Strong, der ein bekannter Altorientalist war. Das hat sie immer so gehalten: Bei allen ihren Reisen versuchte sie, die Landessprache zumindest so weit zu erlernen, dass sie sich verständlich machen konnte. Die Archäologie war nur eine weitere Herausforderung, die solche Expeditionen boten. Zu ihrem Forschungsschwerpunkt wurde die islamische Architektur, die sie in exakten Bauaufnahmen und Fotografien für die Nachwelt festhielt. Außerdem war sie eine hervorragende Kartografin: Ihre Landkarten sollten später auch dem britischen Militär und Geheimdienst von großem Nutzen sein. Daneben zeigte Bell vielfältige ethnografische Interessen, untersuchte und dokumentierte den Alltag der Menschen und der unterschiedlichen Nomadenstämme. In Verbindung beider Felder schrieb sie ausführlich Tagebücher und Forschungsnotizen, die nach ihrem Tod nur zum Teil publiziert wurden.

1899 verbrachte Bell einen längeren Aufenthalt in Jerusalem, wo sie sechs Stunden am Tag Arabisch lernte und es schwieriger fand, als sie erwartet hatte. Sie kaufte sich ein Pferd, um damit kürzere Exkursionen in die Umgebung zu unternehmen und dabei wie besessen zu fotografieren – allein aus Jerusalem sind über 600 Fotografien erhalten. Sie reiste nur mit einem einheimischen Fremdenführer, bei längeren Touren zusätzlich mit einem Koch und Maultiertreibern. So besuchte sie Petra, obwohl das vom Osmanischen Reich aus Angst vor Spionage strengstens verboten war – und es nirgends eine Landkarte der Region gab. Das hielt Bell jedoch nicht von ihrem Ritt ab, ja, man könnte sogar sagen, es verlockte sie dadurch noch mehr. In den folgenden Jahren bereiste sie so weite Teile des Heiligen Landes, des Libanon, Syriens und schließlich 1913 der arabischen Halbinsel. Ihr erstes Reisebuch „The Desert and the Sown" beschreibt detailliert das Leben im zusammenbrechenden Osmanischen Reich mit seinen ständig wachsenden religiösen und ethnischen Problemen – Nationalismus war hier genauso ein Thema wie in Europa zu dieser Zeit. Alles strebte in unterschiedliche Richtungen auseinander, während die europäischen Mächte von Deutschland bis Russland sich vor Ort so viel Einfluss wie möglich sichern wollten. So lernte sie Land und Leute kennen, was bedeutet: vor allem das Leben der Männer, von denen sie gastfreundlich aufgenommen wurde.

Nur eine Dilettantin?

Im Alter von 36 Jahren begann Bell 1904, bei Salomon Reinach in Paris Archäologie zu studieren, um ihren eigenen Eindrücken ein wissenschaftliches Fundament zu geben. Aufgrund von Reinachs Anregung führte sie dann in Kleinasien und Nordsyrien, einer damals noch weitgehend unerforschten Region, erste eigene Ausgrabungen durch, wieder nur begleitet von einheimischen Führern und Arbeitern. Sie untersuchte Spuren aller Epochen, von der hethitischen bis in die islamische Zeit, nahm ihre Arbeit aber – wie üblich – nicht wirklich ernst, wie folgender Ausspruch deutlich macht: *„Ich verbrachte einen äußerst angenehmen Tag, indem ich Archäologe spielte."* Auch diesmal hielt sie sich nur für eine Dilettantin, mit dem einzigen Unterschied, dass dies auch viele ihrer „ernsthaften" Fachkollegen taten. Dabei war ihre archäologische Vorbildung nicht anders als die der meisten männlichen Ausgräber wie z. B. Lawrence oder Petrie. Trotzdem spielte sie ihre eigene Leistung herunter, denn sie fürchtete, für den Beruf der Archäologin nicht die nötige Ausdauer zu haben – die sie aber sehr wohl aufbrachte, wie sie oftmals bewiesen hat.

1910 folgte dann zur Vertiefung ihrer Kenntnisse ein Arbeitsbesuch in Rom, um dort die antike Architektur zu studieren und viele wichtige Fachleute zu treffen. Wann immer sich die Gelegenheit ergab, besuchte sie anerkannte Archäologen auf ihren Grabungen. Mit Wilhelm Dörpfeld unternahm sie eine Führung auf der Athener Akropolis, Robert Koldewey besuchte sie in Babylon und Walter Andrae in Assur. In dessen Gästebuch schrieb sie auf Arabisch: *„In jenen Tagen war sogar Miss Lowthian Bell in Assur."* Sie war überhaupt begeistert von der deutschen Ausgrabungstechnik, der gegenüber ihr die britische geradezu „prähistorisch" erschien – auch wenn T. E. Lawrence später behaupten sollte, er habe sie vom Gegenteil überzeugen können. Auf der Grabung der Woolleys in Ur war sie dagegen nicht so gern gesehen, denn in den 1920er Jahren diente sie bereits als irakische Antikenkommissarin, die für die Teilung der Ausgrabungsfunde zuständig war. Woolley nahm sie nicht wirklich als Kollegin wahr und sah in ihr stattdessen eine gewisse Bedrohung, während sein Assistent Max Mallowan schreibt, sie habe die Funde, die für „ihr" Nationalmuseum in Bagdad gedacht waren, *„verteidigt wie eine Tigerin"*.

Antikendirektion und Nationalmuseum Bagdad

Ab 1922 war Bell ehrenhalber Antikendirektorin des Irak und hatte viel Einfluss darauf, wer wann wo graben durfte und welche Funde überhaupt außer Landes gebracht werden durften. 1924 gelang es ihr, ein neues Exportgesetz für Antiken durchzusetzen, das gut die Hälfte der Funde im Land hielt. Dabei achtete sie vor allem darauf, was wo am besten zu konservieren wäre, denn sie war sich bewusst, dass der Irak damals keine Möglichkeiten besaß, heikle Restaurierungen selbst vorzunehmen. Ebenso wenig gab es im Land jemanden, der Keilschrift lesen konnte, weshalb sie die meisten der gefundenen Inschrifttafeln den Ausgräbern mitgab, damit diese sie sobald wie möglich publizierten und so der Wissenschaft zugänglich machten. Sie sah es als ihre persönliche Verantwortung *„zur Archäologie als solcher"* an, oder, wie eine Biografin formulierte: *„Für Gertrude Bell war die Vergangenheit ein Teil der Gegenwart"* – in ihrer Person verbanden sich auf einzigartige Weise Antike und Moderne. Eine ihrer wichtigsten Leistungen war die Gründung des Nationalmuseums in Bagdad 1925.

Was bleibt?

Erst nach ihrem Tod 1926 bemerkte die englische Öffentlichkeit langsam, wie bedeutend Gertrude Bell eigentlich gewesen war. Viele ihrer Expeditionen und wissenschaftlichen Leistungen wurden erst mit der Edition ihrer Briefe überhaupt bekannt, da sie selbst nie großes Aufhebens davon gemacht hatte. Trotzdem bleibt sie bis heute ein Rätsel: Viele ihrer Charakterzüge rufen gerade heute Kritik hervor, doch darf man sie nicht nach aktuellen Maßstäben messen. Ungeachtet aller Biografieversuche bleiben Widersprüche in ihrer Persönlichkeit bestehen – gerade das macht sie bis heute so interessant.

Ein Leben für die Terra Sigillata

Elvira Fölzer

Name: **Elvira Fölzer**
Geboren: **26. Juni 1868 in Wandsbek bei Hamburg**
Gestorben: **1938 oder 1939 in Berlin (?)**
Tätigkeiten: **Archäologin, Museumsassistentin**
Besonderheit: **Erste Frau, die eine Monografie über Terra Sigillata publizierte**

Über diese frühe provinzialrömische Archäologin ist so wenig bekannt, dass man nur mit Mühe ein Lebensbild erstellen kann. Doch selbst dieses Wenige an Informationen ist der Erinnerung wert.

Wer war das?

Elvira Fölzer wurde nahe Hamburg als Tochter eines großbürgerlichen Kaufmannes geboren, der gute Beziehungen nach Südamerika und insbesondere Brasilien hatte. Möglicherweise kam ihre Mutter von dort. Sie besuchte die höhere Töchterschule, doch warum sie erst im Alter von 31 Jahren ihr Abitur in Dresden ablegen konnte, ist nicht bekannt. Sie studierte in Leipzig, Freiburg und Bonn Klassische Archäologie, Klassische Philologie und Kunstgeschichte und promovierte bei Georg Loeschcke in Bonn.

Nach ihrer Promotion bereits 39 Jahre alt, war sie gut 10 Jahre zu alt für die Erlangung des Reisestipendiums des DAI, ihr Antrag wurde zweimal abgelehnt. Sie bewarb sich daraufhin für den Museumsdienst in Trier und hielt außerdem „Vortragskurse für Damen über Geschichte der antiken Kunst" und der Renaissance. 1910 wurde sie Kunsterzieherin an einer höheren Töchterschule. Man weiß nicht sicher, was nach ihrem endgültigen Ausscheiden aus dem Museumsdienst aus ihr wurde – vermutlich arbeitete sie hauptberuflich als Lehrerin. Ab 1927 ist sie als Privatlehrerin in Berlin nachgewiesen, hatte aber immer mehr unter gesundheitlichen Problemen zu leiden. Als Jüdin wurde sie 1938 aus den Mitgliedslisten des DAI gestrichen und verstarb noch im selben oder dem darauffolgenden Jahr.

Was hat sie geleistet?

Bereits in ihrer Dissertation befasste sich Fölzer mit antiker Keramik. In einer monografischen Arbeit behandelte sie die Hydria, den antiken Wasserkrug, aufgrund von Schriftquellen und Darstellungen. Enthalten war auch eine ausführliche Entwicklungsgeschichte der Gefäßform, das entscheidende Kriterium für jede Beschäftigung mit antiker Keramik.

„Zum Studium römischen Altertums und römischer Kultur [ist die] Kenntnis der Scherbenwissenschaft unerlässlich, um ein Stück Handels- und Kulturgeschichte zu gewinnen."

Elvira Fölzer, 1910

Der Doktorvater: Georg Loeschcke (1852–1915)

Auch Fölzers Doktorvater Georg Loeschcke ist hier einen kurzen Exkurs wert. Als einer der wenigen damaligen Professoren akzeptierte er Frauen als Studentinnen und Doktorandinnen und förderte ihr Vorankommen. Eine weitere bei Loeschcke promovierte Klassische Archäologin ist Margarete Bieber – sie und Fölzer können durch seinen Einfluss als die ersten Frauen gelten, die Archäologie in einem Studium erlernten und sich nicht autodidaktisch weiterbildeten wie die geschichtsbegeisterten Laiinnen Johanna Mestorf oder Marie von Mecklenburg-Schwerin. Zugleich ist Loeschcke einer der „Stammväter" der Provinzialrömischen Archäologie, die er wie selbstverständlich in die Altertumskunde eingliederte, während die meisten anderen noch von der überragenden Bedeutung alles „klassischen" überzeugt waren – das lag nahe bei seiner Berufung an eine Universität, die in Bonn, einer der wichtigsten Städte des römischen Rheinlandes, lag.

Nach ihrem Abschluss wollte Fölzer in einem Museum arbeiten und wenn möglich ihre Gefäßstudien fortsetzen. 1906 wurde sie wissenschaftliche Hilfskraft am Landesmuseum Trier, wo sie sich statt mit griechischen Vasen mit römischem Tafelgeschirr beschäftigte. Im diesbezüglichen Schreiben an den Landeshauptmann der Rheinprovinz schreibt Museumsdirektor Emil Krüger, er habe *„einen geeigneten Kan-*

didaten" gefunden, nämlich Fölzer, und setzt dazu: *„Die Arbeit, die hier gefordert wird, ist derart, dass sie von einer Dame geleistet werden kann."* Der Arbeitsvertrag ist als eines der wenigen Zeugnisse ihres Lebens bis heute erhalten geblieben. Er bezeichnet Fölzer als „wissenschaftliche Hilfsarbeiterin" mit sechs Arbeitsstunden täglich bei einem Lohn von 150 Mark im Monat. Zudem wird eigens betont, dass aus diesem Vertrag kein Anrecht auf spätere Anstellung erwächst. Im Trierer Museum bearbeitete sie zunächst die Funde, die bei der Kanalisation der Stadt ab 1899 in Massen anfielen.

Terra Sigillata – das „Porzellan" der Römer

Als „Terra Sigillata" bezeichnet man das bessere Tafelgeschirr der Römer. Es besteht aus feinem, beim Brennen leuchtend rot werdenden Ton, der mit einem dünnen Überzug aus gleichartigem Tonschlicker bedeckt ist. Terra Sigillata-Gefäße können unverziert oder mit einer Vielzahl von Motiven (etwa aus der Sagenwelt) dekoriert sein. Oft wurden die Produkte von den ausführenden Handwerkern signiert. Terra Sigillata blieb über fünf Jahrhunderte in Mode und dient Archäologen somit als Leitfossil bei der Datierung römischer Befunde.

Bald darauf nahm Fölzer sich der Trierer Terra Sigillata inklusive des Altbestandes an – mit Ausnahme allerdings der Töpferstempel, die sich August Oxé vorbehalten hatte, aber nie publizierte. Ab 1907 unternahm sie bezuschusste Studienreisen nach Frankreich und Süddeutschland, um die dortigen Sigillata-Bestände aufzunehmen. Oftmals erhielt sie sogar Originale oder Abgüsse als Geschenk. Doch schon 1909 wurde sie als einzige Assistentin immer wieder für andere Aufgaben im Museum herangezogen, so dass ihre Keramikbearbeitung liegen blieb. So befasste sie sich mit den Neumagener Grabmälern und den Kleinbronzen der Trierer Sammlung. Als jedoch 1911 und 1918 jeweils feste Assistentenstellen zu besetzen waren, überging man Fölzer und zog jeweils Männer vor.

1913 konnte schließlich ihre umfangreiche Publikation zur ostgallischen Sigillata-Ware erscheinen, was ihr den Status eines korrespondierenden DAI-Mitglieds eintrug. Auch Hans Dragendorff, der damalige Direktor der Römisch-Germanischen Kommission (RGK), der selbst über Terra Sigillata arbeitete, wurde auf sie aufmerksam und holte sie zunächst gastweise nach Frankfurt. Andere Keramikforscher waren dagegen kritisch (man könnte auch sagen: eifersüchtig), so Robert

Knorr in Württemberg. Der zunächst als erster geplante Band zur südgallischen Sigillata in Trier wurde dagegen zurückgestellt, da dieser Ware eine geringere Bedeutung für die Stadtgeschichte zugewiesen wurde. Nach erneuten Verzögerungen durch eine Krankheit Fölzers und weitere Studienreisen war angeblich 1916 auch der nunmehr zweite Band zum Druck fertiggestellt, doch kurz zuvor musste sie, angeblich aus Geldmangel, aus dem Museumsdienst ausscheiden. Andere, namentlich Knorr, beklagten sich darüber, dass sie schon seit Jahren einen Arbeitsplatz in der RGK belege und deshalb andere daran gehindert würden, die *„Vorteile, die das Institut bietet"*, zu nutzen. Da sie sich nun auch noch in eine neue Stelle (von der wir nicht wissen, welcher Art sie war) einarbeiten musste, blieb ihr Publikationsvorhaben ein weiteres Mal stecken. Schließlich waren ihre Ergebnisse zur südgallischen Terra Sigillata schon veraltet, bevor sie gedruckt werden konnten (und es somit auch nicht mehr wurden).

Was bleibt?

Selbst wenn vom Schaffen der Elvira Fölzer nichts weiter als der 1913 publizierte Band über die ostgallische Sigillata Triers erhalten ist, nötigt einem allein dieses Werk immensen Respekt vor der Arbeit dieser Frau in der ihr nicht immer freundlich gesonnenen Welt der Archäologie ab. Will man aber etwas über den Menschen Elvira Fölzer herausfinden, kann man nur versuchen, sich in die beiden erhaltenen Fotografien von ihr hineinzudenken – eine höchst spekulative Möglichkeit. Insofern ist ihr Schicksal auch eine Erinnerung daran, wie vergänglich ein Menschenleben ist.

Krankenschwester und Ausgräberin

Harriet Boyd Hawes

Name: **Harriet Boyd, verheiratete Hawes**
Geboren: **11. Oktober 1871**
Gestorben: **31. März 1945**
Tätigkeiten: **Archäologin, Rotkreuzhelferin, politische Aktivistin**
Besonderheit: **Erste Amerikanerin, die auf Kreta Ausgrabungen durchführte**

Eine weitere heute zu Unrecht vergessene Pionierin der Archäologie war Harriet Boyd, die als erste Frau (und erste Amerikanerin) auf Kreta eine bedeutende bronzezeitliche Siedlung ausgrub und mustergültig vorlegte.

Wer war das?

Harriet Boyd wurde als einzige Tochter nach vier Söhnen in Boston geboren. Ihr Vater war Geschäftsmann, ihre Mutter starb bereits zehn Monate nach ihrer Geburt. Anders als die meisten Witwer mit Kindern in dieser Zeit heiratete ihr Vater nicht wieder. Daher wuchs das Mädchen in einem komplett männlichen Umfeld auf und schloss sich zwangsläufig eng an ihre Brüder an, die sie auch zur Antike brachten. Als Jugendliche hörte sie einen Vortrag von Amelia Edwards, der sie endgültig mit der Archäologie infizierte.

„Warum nach England gehen und Homer und Platon bei eintönig grauem Himmel studieren, wenn da Griechenland ist, um dir mehr beizubringen, als du je aus Büchern lernen kannst?“

Ein Freund zu Harriet Boyd, als sie noch an ihrer Berufung zur Archäologin zweifelte

Harriet Boyd erradelte sich um 1900 das antike Griechenland – selbst die Lokalpresse berichtete darüber. Karikatur ihrer Tochter Mary Allsebrook.

Wie so viele andere begann sie ihre Karriere jedoch als Lehrerin an amerikanischen Schulen, bevor sie nach Griechenland ging. Dort „entdeckte" sie die American School of Classical Studies und besuchte erste archäologische Kurse. In Athen fühlte sie sich sofort zu Hause, lernte Neugriechisch und entwickelte politisches und soziales Engagement. Schnell hatte sie hervorragende Kontakte zur griechischen Oberschicht bis hin zum Königshaus. Boyd war berühmt für ihre Fahrradexkursionen in und um Athen, über die sogar die örtlichen Tageszeitungen berichteten. 1897 eskalierte die politische Lage und führte zum griechisch-türkischen Krieg. Sofort meldete sie sich freiwillig als Rot-Kreuz-Schwester, eine Rolle, die sie in insgesamt drei Kriegen spielen sollte.

In den ersten Jahren des neuen Jahrhunderts war Boyd die erste Frau, die auf Kreta Ausgrabungen durchführte und dabei wichtige Fundplätze entdeckte. Auf dem Internationalen Kongress für Archäologie in Athen hielt sie einen Vortrag über ihre Forschungen und Ergebnisse – als eine von zwei Frauen, die auf dem Kongress anwesend waren. Im Anschluss daran führte sie die 110 Personen starke Kongressexkursion unter Leitung von Dörpfeld durch ihre Grabung in Gournia. Für ihre Leistungen erhielt sie den Ehrendoktor des Smith College, wo sie bis 1906 zeitweise lehrte. Später wechselte sie bis zu ihrer Pensionierung 1936 ans Wellesley College.

Eine patente Frau

Aufgrund ihrer ungewöhnlichen Kindheit konnte Boyd großes Selbstvertrauen und Durchsetzungsvermögen entwickeln. Sie gehörte zu einer Mittelschicht von Bürgern Neuenglands, in der die Bildung der Töchter genauso wichtig genommen wurde wie die der Söhne. Allerdings war sie keine reine Buchgelehrte, vieles in ihr drängte nach praktischer, karitativer Betätigung, weshalb der Rot-Kreuz-Einsatz in Krisenzeiten eine in ihrem Leben mindestens ebenso wichtige Rolle spielte wie die Archäologie. Sie zog sogar den Kriegseinsatz archäologischen Expeditionen vor, weswegen man sie gerne als unverbesserliche Idealistin belächelte. Erstaunlicherweise litt diese patente Frau unter Höhenangst und musste sich daher immer Ausgrabungsorte in der Ebene suchen.

Trotz Boyds Unabhängigkeit war sie keine eigentliche Feministin, denn sie sah die Mutterrolle durchaus als für Frauen entscheidend an, auch wenn ihr Lebensweg dem in vielem widersprach. Ihr Leben lang engagierte sie sich politisch und sozialreformerisch, was schließlich nach ihrer Pensionierung ihre archäologische Arbeit komplett verdrängen sollte. Sie saß als Zuhörerin im amerikanischen Kongress, schrieb Radioreportagen und lernte Russisch, um die Weltpolitik besser zu verstehen. Auch ihre Tochter arbeitete als Journalistin für die Washington Post und wurde 1938 kurz vor der deutschen Besetzung nach Prag geschickt. Boyd war in großer Sorge um sie und folgte ihr. Sie kam aber nur bis Eger, reiste ab da unter abenteuerlichen Umständen mit dem Auto und zu Fuß den Rest der Strecke bis Prag. Dort traf sie ihre Tochter und kehrte mit ihr über Wien in die USA zurück. Aufgrund dieser Reise war sie über die Situation in den von Deutschland besetzten Gebieten aus erster Hand informiert und berichtete nach ihrer Heimkehr Eleanor Roosevelt davon. In drei Monaten hatte sie mehr Geschichte erlebt als in ihrem gesamten restlichen Leben.

Harriet Boyd lernte ihren späteren Ehemann kennen, als sie eine Touristengruppe über die Grabung in Gournia führte. Er war Engländer und studierter Anthropologe, und als sie ihn im folgenden Jahr zufällig wiedertraf, als sie in Neapel überfallen wurde und deswegen das Schiff nach Griechenland verpasste, nahm das Schicksal seinen Lauf. Er machte ihr einen Heiratsantrag, doch sie war sich nicht sicher, ob sie wirklich ihre Freiheit – und ihre Karriere – aufgeben wollte. Schließlich übertrug sie jedoch ihre Grabungslizenz an ihren Mitarbeiter und heiratete 1906

Henry Hawes, was eine Zeitung zu der Meldung *„Cupido lauerte zwischen Ruinen“* veranlasste. Als sich auch noch zwei Kinder einstellten, waren ihre Feldforschungen (nicht aber ihre archäologische Arbeit als solche) endgültig beendet – erst 25 Jahre später sollte sie mit ihren Kindern wieder nach Kreta kommen.

Was hat sie entdeckt?

Harriet Boyd Hawes verstand sich nie als reine Bibliotheksarchäologin (*armchair archaeologist*), Forschungsartikel zu schreiben, war ihr eine Anstrengung. Erstaunlicherweise war es jedoch ihre Arbeit als Rot-Kreuz-Schwester, die als ausreichende Qualifikation zu einer Ausgrabungstätigkeit anerkannt wurde. Sie war die erste Frau, die unter eigener Regie im Jahre 1900 auf Kreta eine Ausgrabung durchführte – erst nach langem Hin und Her hatte sie die Erlaubnis der kretischen Behörden sowie der American School of Classical Studies aus Athen erhalten. Diese Institution ließ Frauen zwar als Studentinnen zu (etwa ein Drittel bis die Hälfte aller Stipendiaten waren Frauen), wollte sie aber von der Feldarbeit und sogar von den Pflichtexkursionen ausschließen, da sie sich angeblich dafür nicht eigneten. Erst Boyd konnte schließlich das Gegenteil beweisen.

Griechische Tracht als Lockmittel

Auf Kreta angekommen, entwickelte Boyd ein regelrechtes Ritual der Annäherung an die lokale Bevölkerung: Sie ließ ihren Führer in traditioneller griechischer Tracht vorgehen, um die Einheimischen gebührend zu beeindrucken, denn: *„Damen, die von einem Mann in dieser Tracht begleitet werden, müssen wirklich bedeutend sein!“* Bis sie dann mit ihrer Expedition ins Dorf ritt, hatten alle – in der Hoffnung auf gutes Trinkgeld – schon ihre Lesefunde von Zuhause geholt, um sie ihr vorzulegen und ihr auf Wunsch die Fundstellen zu zeigen. Daher war diese Tracht immer ein eigener Punkt im Expeditionsetat, für den Boyd aus Grabungsmitteln aufkam, und wurde schließlich zum Markenzeichen ihrer Ausgrabungen.

Die ersten kretischen Ausgrabungen fanden in Kavousi statt, einem Ort, der Boyd von Arthur Evans als vielversprechend empfohlen worden war. Danach erhielt sie Mittel für weitere Grabungen und suchte nach einer ertragreichen bronzezeitlichen Fundstelle – von besonderem Interesse waren Nachweise für Fernbeziehungen, etwa nach Ägypten. Schließlich entdeckte sie Gournia, eine befestigte Siedlung, die älter war als Knossos und somit die älteste bekannte minoische Stadt, oft bezeichnet als das „minoische Pompeji". Boyd grub dort für drei Kampagnen in den Jahren 1902–1904 und beschäftigte dabei zwischen 100 und 120 Arbeiter. Der Erfolg der Grabung sprengte bald das Budget, so dass Boyd nach weiteren Sponsoren suchen musste und die Arbeiten auch zeitweise aus eigener Tasche bezahlte. Als sie schließlich die Publikation fertigstellte, wobei sie erneut die teureren Farbtafeln aus eigenem Budget bezahlte, war sie bereits verheiratet und mit ihrem Sohn schwanger. Nach ihrem offensichtlichen Erfolg wurde Boyd zu Vortragsreisen eingeladen – sie hatte bewiesen, dass auch Frauen erfolgreiche Ausgrabungen durchführen können. Sie nahm eine Dozentenstelle am Wellesley College an, wo sie das gesamte Fachgebiet von der Vorgeschichte bis zur Spätantike unterrichtete und sich dabei auf kulturelle Kontinuität spezialisierte.

Was bleibt?

Boyds Ausgrabung und Publikation von Gournia gehört bis heute zu einem der Meilensteine der ägäischen Archäologie und steht der Bedeutung von Arthur Evans' Knossos-Grabung kaum nach. Trotzdem ist das Erstaunlichste an dieser mutigen Frau vor allem ihre Verbindung von Geschichte und Gegenwart, die für sie ihr Leben lang selbstverständlich war. Auf sie trifft wie auf kaum jemand anderen die Inschrift auf der Gennadios-Bibliothek in Athen zu: *„Griechen sind all diejenigen, die an der griechischen Kultur teilhaben."*

Dickkopf und Kunstmaler

Howard Carter

Name: **Howard Carter**
Geboren: **9. Mai 1874 in Kensington/London**
Gestorben: **2. März 1939 in London**
Tätigkeiten: **Zeichner, Archäologe**
Besonderheit: **Entdecker des Grabes von Tut-anch-Amun**

Howard Carter ist durch die spektakuläre Entdeckung des Grabes von Tut-anch-Amun einer der bekanntesten Archäologen der Geschichte. Doch sein Leben war keinesfalls nur von Erfolgen geprägt – erst recht in den Jahren vor seiner Zusammenarbeit mit Lord Carnarvon. Wer war der Mann, den die Welt nur von den Schwarz-Weiß-Fotos aus dem Pharaonengrab kennt?

Wer war das?

Der aus England stammende Howard Carter war von sehr einfacher Herkunft. Sein Vater und weitere Verwandte waren „Gebrauchskünstler", die ihr Geld mit Porträts und beliebten Genreszenen wie Tierbildern verdienten. Auch Carter selbst war ein begnadeter Zeichner. Er hatte nur die Grundschule besucht und bekam bereits mit 17-einhalb Jahren seine erste Anstellung in Ägypten: Im Totentempel der Hatschepsut in Deir el-Bahari kopierte er die Reliefs. Er galt als extrem genau, aber auch sehr langsam, so dass für eine Saison sogar sein Bruder William zur Verstärkung angeworben wurde. Nach einem kurzen Intermezzo mit Petrie in el-Amarna arbeitete Carter vor allem für das Ägyptische Museum in Kairo, das damals von Gaston Maspéro geleitet wurde, der ihn als sehr aktiv und arbeitseifrig, wenn auch sehr dickköpfig beschrieb. Während dieser Anfangsjahre war Carter fast ständig in Ägypten und hangelte sich von Auftrag zu Auftrag, ohne je eine feste Anstellung zu finden. Immerhin wurde er vom reinen Zeichner schon bald zum „Mädchen für alles" befördert und lernte so alle Aspekte des Ausgrabungswesens auf praktische Weise kennen. Alles, was er je über ägyptische Geschichte und ihre Pharaonen wusste, hatte er im Rahmen solcher Aufträge aufgeschnappt – und sich mehr als einmal dabei auch gehörig blamiert.

Howard Carter verpackt zusammen mit seinen Mitarbeitern eine der beiden Wächterfiguren von der Sargkammer des Tut-anch-amun. Foto vom Winter 1923/24.

Karrieresprung als Antikenaufseher

Im Alter von 25 Jahren machte Carter einen Karrieresprung, als er zum Antikenaufseher für Oberägypten mit Sitz in Luxor ernannt wurde. Er nahm seinen neuen Posten sehr genau, grub selbst aus, verfolgte mit Elan Grabräuber, die damals in Ägypten zum Alltag gehörten, und brachte gestohlene Altertümer zurück in die Hände des Museums. Sein schillerndster Gegner war der Räuberpatriarch Abdel Rasul aus Qurna, der eine ganze Dynastie von Grabräubern befehligte. Als Carter ihn einmal mittels eines eigens fotografierten Fußabdrucks vor Gericht überführen wollte, wurde dieses frühe Zeugnis fachmännischer Spurensicherung vom Richter jedoch nicht anerkannt. Abdel Rasul kam frei, und erst das Auftauchen der gestohlenen Antiken im Kairoer Kunsthandel belegte, dass Carter recht gehabt hatte. Durch eine verfahrene Affäre in Sakkara, in der Aussage gegen Aussage stand und Carter sich durch Starrsinn und undiplomatisches Verhalten hervortat, verlor er seinen – inzwischen nach Unterägypten verlegten – Aufseherposten jedoch wieder und schlug sich für einige Jahre als Antikenhändler und Kunstmaler für Touristen, denen er seine ägyptischen Aquarelle und Tierbilder verkaufte, durchs Leben.

Während des 1. Weltkrieges erfüllte Carter nicht näher bestimmbare Aufgaben im Auftrage der britischen Regierung (oder des Geheimdienstes?), worüber aber keine Unterlagen erhalten sind. Er traf Lord Carnarvon, der auf Anraten seiner Ärzte nach einem Autounfall die Winter in Ägypten verbrachte und einen fachkundigen Mitarbeiter für Ausgrabungen suchte. Von da an wendete sich das Schicksal Carters, denn erstaunlicherweise kam er mit Carnarvon gut aus. Beider Zusammenarbeit sollte 1922 in der spektakulären Entdeckung des Grabes des jugendlichen Pharaos Tut-anch-Amun gipfeln, das beide mit goldener Tinte in das Legendenbuch der Archäologie eintrug. Nach Carnarvons vorzeitigem Tod war es Carter, der mit Vorträgen, Publikationen und Interviews über die Entdeckung um die Welt reiste und so seinen Lebensunterhalt verdiente. Daneben wirkte er weiter als – nunmehr hoch angesehener – Kunsthändler, der von seinen Kunden wie dem Metropolitan Museum in New York Provisionen von 10–15 % pro verkauftem Objekt bekam – als Gegenleistung für seine Kennerschaft, die sowohl die Echtheit als auch den bestmöglichen Preis garantierte. Später zog er sich nach England zurück, wo er 1939 vereinsamt und desillusioniert starb, bevor er die sechsbändige Gesamtpublikation des Tut-anch-Amun-Grabes realisieren konnte. Seine letzten Freunde sagten, er habe daran schon lange kein Interesse mehr gehabt.

Ein schwieriger Charakter

Carter muss nach Aussage aller Quellen ein sehr schwieriger, eigenbrötlerischer Charakter gewesen sein, der die Leute in seiner Umgebung polarisierte und viele abstieß. Er hatte nur sehr wenige Freunde und Gönner, die ihn aber selbst dann noch förderten und berieten, wenn er sie durch seine undiplomatische, barsche Art immer wieder vor den Kopf stieß. Diese Freunde, zu denen sowohl Maspéro als auch der amerikanische Sammler Theodore Davis gehörten, warnten ihn auch, wenn er dabei war, Fehler zu machen – nur leider hörte er selten auf sie. Selbst mit Zufallsbekanntschaften und seinen eigenen Angestellten hatte er immer wieder Probleme – entweder er behandelte sie rüde oder schon kleinste Missverständnisse wuchsen sich zu nicht mehr kontrollierbaren Krisen aus. Bestes Beispiel ist die sog. „Sakkara-Affäre" um eine Gruppe betrunkener französischer Touristen, die Carter seinen Antikenaufseher-Posten kostete, obwohl Maspéro und andere versuchten, ihm goldene Brücken zu bauen. Es half nichts – er beharrte auf seiner Position und reichte lieber beleidigt seinen Abschied ein als einzulenken. Sogar den Fund des Tut-anch-Amun-Grabes setzte er durch seine Borniertheit aufs Spiel, nach einem Streit mit dem Chef der Antikenbehörde Lacau und dessen Deputy Engelbach wäre er beinahe zwei Jahre nach der Entdeckung zwangsweise abgelöst worden.

Carter war ein penibler Wissenschaftler, ein Grübler und Pedant, der tief verletzt war, wenn man seine Qualifikation oder Autorität in Zweifel zog. Sein Leben lang litt er wegen seiner einfachen Herkunft unter Minderwertigkeitskomplexen, was schließlich dazu führte, dass er – besonders in seinen letzten Lebensjahren – aus Angst vor Blamagen jeden Kontakt zu Fachkollegen vermied.

War er noch bei seiner ersten Anstellung in Ägypten als ungehobelter junger Mann aufgefallen, so lernte er schnell, die Lebensweise der „besseren Leute" zu imitieren. So kaufte er beispielsweise beim selben Maßschneider wie Lord Carnarvon ein. Nur in seiner dienstlichen Korrespondenz wurde später noch seine ungenügende Bildung erkennbar, denn er machte immer wieder grobe Rechtschreibfehler. Dessen war er sich durchaus bewusst und er versuchte auch, etwas dagegen zu unternehmen, doch war er einfach kein Bücherfreund, sondern ein „Macher". Seine erhaltenen Grabungsberichte, Briefe und sonstigen Texte klingen oft schwülstig und gestelzt, doch muss man hier auch der Zeit Rechnung tragen – für viele seiner Zeitgenossen war gerade ein solcher Stil erstrebenswert. Allerdings nahm er es mit der Wahrheit nicht so genau und erinnert darin in vielem an Heinrich Schliemann, der ebenfalls Ereignisse aus seinem Leben bewusst oder unbewusst verfälscht wiedergab. Statt in der Studierstube war Carter in seiner Freizeit mit Vorliebe in der freien Natur, beobachtete Tiere und hielt sich auch stets einige gezähmte Wildtiere in einem Privatzoo. Er malte viel und verkaufte immer wieder Aquarelle an Touristen.

Was hat er entdeckt?

Carter war von Haus aus ein sehr guter Zeichner, der schnell eine genaue Vorstellung davon entwickelte, wie die altägyptischen Reliefs zu zeichnen waren – und er hatte keine Scheu, dies seinen Vorgesetzten deutlich zu machen. Seine erhaltenen Arbeiten sind weitgehend Freihandzeichnungen ohne grundlegendes Raster oder die Verwendung von Abdrücken, was allerdings immer von der Erhaltung der Denkmäler abhing, da es keinen Sinn ergab, einen Abdruck von einem sehr zerstörten Relief als Grundlage der Zeichnung zu verwenden. Vieles bei dieser Art des Zeichnens war natürlich subjektive Beobachtung, also Interpretation des Zeichners, wobei es sicher von Nachteil war, das Carter keinerlei ägyptologische Vorbildung hatte.

Als eine seiner ersten Tätigkeiten in Ägypten hatte Carter wenige Monate mit W. M. F. Petrie in el-Amarna gegraben – und dabei sozusagen einen „Crash-Kurs" in Feldarchäologie absolviert. Als Erstes musste er dort seine Unterkunft aus Lehmziegeln selbst bauen, was Petries Art der Arbeit war, während Carter meinte, dies könne doch einfacher und schneller von Einheimischen erledigt werden. Soziale Kontakte mit Petrie, etwa beim Essen, gab es nicht, denn Carter *„machte seine eigenen Dosen auf"*. Nur in Bezug auf die Arbeit „durfte" er das volle Programm mitmachen, etwa mit Petrie von morgens um acht bis abends um acht zu einem Wüstensurvey unterwegs sein. Petrie zeichnete während der ganzen Zeit seiner Gewohnheit gemäß alles selbst – er kam überhaupt nicht auf die Idee, dass Carter ihm dabei helfen oder gar bessere Ergebnisse produzieren könnte.

Als Carter später am Tiefpunkt seiner Karriere angekommen war, empfahl Maspéro ihn dem englischen Lord Carnarvon, der sich erst vor Kurzem mit Haut und Haar der Ägyptologie verschrieben hatte, als bewährten Grabungstechniker. Es entwickelte sich schnell eine langjährige enge Beziehung und Freundschaft, die auch Carnarvons Tochter Lady Evelyn mit einschloss. Carnarvon finanzierte nicht nur die Grabungsexpeditionen, sondern auch Carters Privathaus am Tal der Könige und vermachte ihm 500 Pfund in seinem Nachlass – und das, obwohl auch er immer wieder Reibereien mit ihm hatte, die entweder wissenschaftlicher oder persönlicher Natur waren – beide waren keine einfachen Charaktere.

Der Jahrtausendfund

„Entweder findet man großartige Dinge oder aber gar nichts“, sagte der leidgeprüfte Hobbyarchäologe Carnarvon einmal. Hatte er in seiner allerersten ägyptischen Kampagne „nur“ eine mumifizierte Katze in ihrem Sarg entdeckt, so sollte sich das Blatt bald wenden. Ab 1914 besaß der Lord eine Grabungskonzession für das Tal der Könige, hatte aber auch weiterhin wenig Erfolg, so dass ihm das Geld auszugehen drohte. Er glaubte nicht mehr daran, dort, wo seit Generationen Archäologen, Schatzjäger und Grabräuber gewühlt hatten, noch etwas Bedeutendes zu finden – im Gegensatz zu Carter, der auf einer ganz besonderen Spur war. 1922 war Carnarvon das Ganze endgültig zu teuer und er beschloss aufzuhören. Carter aber köderte ihn damit, diese mutmaßlich letzte Kampagne aus eigener Tasche zu bezahlen, denn er hatte ein gutes Gefühl, wie man an folgender Anekdote sieht: Bei seiner alljährlichen Rückkehr nach Ägypten hatte der große Tierliebhaber Carter in Kairo einen Kanarienvogel in einem goldenen Käfig gekauft, worauf seine einheimischen Hausangestellten in Begeisterung ausbrachen, denn nun werde man in dieser Saison sicher Gold finden – und nur wenige Tage später war es tatsächlich der Fall! Am 5. 11. 1922 wurde die Treppe zum Grab des Tut-anch-Amun inklusive versiegelter, unberührter Tür aufgedeckt; der Rest ist archäologische Legende, die hier nicht ausführlich referiert werden kann. Zitiert werden soll nur der Dialog zwischen Lord Carnarvon und Carter, als letzterer vorsichtig die Tür zur Schatzkammer aufbrach: *„Zuerst konnte ich [Carter] nichts sehen, als ich eine kleine Öffnung in die obere Ecke der Tür schlug. Als meine Augen sich aber an das Licht gewöhnt hatten, tauchten bald Einzelheiten im Inneren der Kammer aus dem Nebel auf. Seltsame Tiere, Statuen und Gold – überall glänzendes schimmerndes Gold!“* Carnarvon fragte: *„Können Sie etwas sehen?“* Worauf Carter antwortete: *„Ja, wunderbare Dinge!“*

Was genau die beiden sagten, unterscheidet sich je nach Überlieferungsstrang, doch eigentlich ist es auch gleichgültig, denn charakterisierend für diesen Jahrtausendfund ist es allemal. Jedenfalls ist Tut-anch-Amun *„ein Treppenwitz, wie ihn die Geschichte so liebt“* (Friedrich Behn) – ausgerechnet das Grab des unbedeutendsten aller Pharaonen war mehr oder weniger unversehrt erhalten, während die Gräber aller großen Könige ausgeplündert und in alle Winde zerstreut worden waren – selbst Belzoni hatte in unmittelbarer Nähe gewühlt und nur knapp den Eingang verfehlt!

Auch in späteren Jahren, vor allem nach der Entdeckung Tut-anch-Amuns, litt Carter immens unter den ständigen Besuchergruppen und Horden von Sensationsreportern, die sein Team im Tal der Könige belagerten und ihn am Arbeiten hinderten – dabei waren es gerade diese Reporter, die Carter zu einem der ersten „Medienstars" der Archäologie machten. Ein Mann mit etwas offenerem Charakter wie R. E. M. Wheeler hätte aus dieser Gelegenheit ganz anderes Kapital geschlagen, denn die ganze Welt war auf einmal Tut-verrückt. Die begierig verfolgten Zeitungsberichte lösten eine wahre Ägyptenmanie aus, die bis hin zu ägyptisierenden Motiven auf Modestoffen und Ähnlichem reichte – damit hatte niemand gerechnet, am wenigsten Carter und Carnarvon.

Im Zusammenhang mit dieser spektakulären Entdeckung liest man immer wieder von Unregelmäßigkeiten bei der Graböffnung und Fundbergung, etwa die Finder hätten sich unberechtigt vorab Zugang zur Grabkammer verschafft und Funde verschwinden lassen – das alles ist einerseits üble Nachrede angesichts einer komplizierten Situation, andererseits für eine Ausgrabung im Stile des 19. Jhs. ganz normal. Es ist jedenfalls erwiesen, dass Carter seine Aufgabe sehr genau nahm und sicher nicht betrügerisch handelte, auch wenn manche ihm das gerne bis heute anhängen würden. Und für den nominellen Finder und Geldgeber Carnarvon war es, wie er später sagen sollte, der größte Moment seines Lebens, vor allen anderen zusammen mit Tochter Evelyn im „Allerheiligsten" gewesen zu sein. Dass die drei den Eingang danach wieder zumauerten, lag vor allem daran, dass sie neugierige Fragen vermeiden wollten.

Der „Fluch der Pharaonen"

Als Lord Carnarvon schon fünf Monate nach der Entdeckung des Grabes an den Folgen eines entzündeten Moskitostiches verstarb, entwickelte sich rasend schnell die Legende vom „Fluch der Pharaonen", der angeblich jeden der Mitarbeiter an der Ausgrabung töten würde. Man stellte wilde Theorien auf, berechnete Lebenszeiten und hielt jeden außergewöhnlichen Vorfall akribisch fest. Selbst von einer im Grab gefundenen verfluchenden Inschrift wurde berichtet. Doch war dies vor allem Futter für die Boulevardpresse auf der ganzen Welt, die sich durch die Fluchtheorie beständig hohe Auflagen sicherte. Carter selbst glaubte nicht an solche Märchen, und als der oben erwähnte „glückbringende" Kanarienvogel von einer Schlange verspeist wurde, besorgte er sich eben ohne zu zögern einen neuen.

Der letzte Raum des Grabes konnte erst im fünften Winter erreicht und ausgeräumt werden – insgesamt benötigte diese Ausgrabung zehn Jahre Arbeit. Großen Anteil am Erfolg der komplizierten Bergung hatte vor allem Arthur Mace, ein Cousin Petries, der mit seinem Können viele der fragilen und einzigartigen Funde freipräparieren und konservieren konnte. Leider erkrankte Mace aufgrund der ungesunden Arbeitsbedingungen im Tal der Könige im Allgemeinen und in den Gräbern im Besonderen – kombiniert mit jahrelangem Stress und Ärger führte dies dazu, dass er schon vor Beendigung der Arbeiten verstarb und nicht zu ersetzen war. Als Lady Carnarvon 1929 die Grabungskonzession auslaufen ließ, bekam Carter nicht einmal mehr die Schlüssel zum Grab und zu den Laboratorien, um seine Arbeiten zum Abschluss zu bringen. Es musste immer ein Mitarbeiter des Antikendienstes aufschließen, der dann den Tag über meist zusah und gute Ratschläge gab – für den eigenbrötlerischen Ausgräber eine Zumutung, die er bis 1932 ertragen musste. Gefragt nach der Bedeutung des Fundes soll Carter gesagt haben: *„Das Bedeutendste an Tut ist, dass er gelebt hat und gestorben ist“*, was ebenso wie seine Antwort auf die Frage, was er nach Abschluss der Arbeiten am Tut-Grab plane, einen gewissen Sarkasmus anklingen lässt: Er werde das Grab Alexanders des Großen finden und freilegen!

Was bleibt?

Die größte Leistung dieser epochemachenden Ausgrabung ist nicht die Auffindung des Tut-Grabes, sondern dessen sorgfältige Bergung, die nur durch Carters vorausschauende und sorgfältige Arbeitsweise und den Einsatz hervorragend qualifizierter Mitarbeiter möglich wurde. Das war zur damaligen Zeit, als oft noch „Schatzgräbermethoden“ den Alltag bestimmten, eine Sensation. Dass sogar zahllose organische Funde – vom Fächer aus Straußenfedern, den über die Wächterfiguren drapierten Tüchern, den Korbgefäßen bis zu den Blumenkränzen auf der Mumie – selbst entweder geborgen oder doch immerhin fotografisch dokumentiert werden konnten, ist ein einzigartiges Zeugnis der Wissenschaftsgeschichte, über dem man Carter seine persönlichen Schwächen gerne nachsieht.

Winckelmanns Nachfolger

Ludwig Curtius

Name: **Ludwig Michael Curtius**
Geboren: **13. Dezember 1874 in Augsburg**
Gestorben: **10. April 1954 in Rom**
Tätigkeiten: **Klassischer Archäologe**
Besonderheit: **Genialer Humanist**

Bekannt wurde Ludwig Curtius vor allem als Assistent, enger Vertrauter und Hauslehrer bei Adolf Furtwängler, dem exzentrischen Münchner Professor für Klassische Archäologie. Doch er war auch aus sich selbst heraus wichtig für die Wissenschaftsgeschichte. Aufgrund seiner immensen Materialkenntnis gelangen ihm große, historisch umfassende Überblicksartikel, die teilweise bis heute als „genial" bezeichnet werden. In seiner zweiten Lebenshälfte in Rom ansässig, gehörte er dort zu den angesehensten Vertretern deutscher Wissenschaft.

Wer war das?

Der feinsinnige Sohn eines Augsburger Arztes und einer Großbauerntochter aus dem Allgäu wurde auf dem humanistischen Gymnasium von St. Stephan erzogen. Er studierte zunächst in Berlin Nationalökonomie und Jura, war aber bald von beiden Fächern so abgestoßen, dass er zur Klassischen Archäologie und Kunstgeschichte wechselte. Er ging zu Furtwängler nach München und wurde bald zu dessen Assistenten und zum Hauslehrer seines Sohnes Wilhelm, dem späteren berühmten Dirigenten. Das Reisestipendium des DAI führte Curtius nach Kleinasien und Griechenland und begründete seine lebenslange Liebe zur Türkei. Er beteiligte sich an Ausgrabungen auf Ägina und in Bogazköy, wurde aber nie wirklich zum „Ausgräber" – er war immer der Universitätsgelehrte, der „Kunstarchäologe".

„Aber Homer ...“

Letzter unvollendeter Satz, den Curtius kurz vor seinem Tod schrieb

Obwohl zur Zeit des 1. Weltkrieges schon jenseits des Dienstalters, meldete sich Curtius freiwillig und diente als Nachrichtenoffizier auf dem Balkan, wo er intensiven Kontakt mit örtlichen Partisanengruppen hatte und zugleich archäologische Prospektionen unternahm. Damals schon Professor für Klassische Archäologie in Erlangen, besetzte er später die Lehrstühle in Freiburg und schließlich in Heidelberg. Ab 1928 war er 1. Sekretär des DAI Rom, wurde aber 1938 wegen seiner Ablehnung des Nationalsozialismus vorzeitig pensioniert (was er in seinen Memoiren als „Ritterschlag“ bezeichnete). Curtius starb 1954 in Rom, wo er nach seiner Pensionierung geblieben war und mit Frau Edith und seiner Tochter lebte. Bis zum letzten Atemzug hatte er wissenschaftlich gearbeitet, bis ihn beim Abfassen des Vortrags zur Wiedereröffnung des DAI Rom ein Herzanfall überraschte.

Menschliches ...

Ludwig Curtius war sein Leben lang unkonventionell, vor allem auch in seiner Kleidung, was sich gerüchtehalber erst nach seiner Verheiratung änderte. Endlose Anekdoten berichten etwa von seiner Vorliebe für grelle Farben wie gelb, die er in den sehr grau-monochromen Zeiten zwischen den Kriegen gerne zur Schau stellte. Trotzdem war er ein der Disziplin verpflichteter Gelehrter, der in Grundsatzfragen nicht mit sich diskutieren ließ – vieles war für ihn schlicht „Gefasel“. Humanistisch gebildet und sozialisiert, war er ein hervorragender Lehrer, der auf seine Studenten eine fast magische Wirkung hatte – eine Qualität, die so in seinen Schriften nicht wirklich deutlich werden kann. Sein immenses Interesse an Menschen ließ ihn zum großen Menschenkenner und Zuhörer werden, der gerne sagte: *„Alle Menschen sind schwierig.“*

Sein Leben lang war Curtius politisch interessiert. Von Jugend an national-liberal eingestellt, trat er dem Kreis um Friedrich Naumann bei. Auf der einen Seite war er ein belesener, weitgereister und weltoffener Humanist, auf der anderen Seite verehrte er den Duce Mussolini, während sein Verhältnis zum Nationalsozialismus umstritten bleibt. In Heidelberg promovierte Curtius als einzige Frau Hermine Speier, die zwar als Frau diskriminiert wurde (vgl. oben), nicht aber als Jüdin. 1928 holte er sie zum Aufbau der Fotothek nach Rom, was nicht unbedingt für eine antisemitische Haltung spricht. Erst nach 1933 musste Speier das DAI verlassen, wonach sie ihre Arbeit an der Fotothek der Vatikanischen Museen fortsetzte. Sicherlich war Curtius Gegner von den barbarischen Methoden des neuen Regimes, hoffte aber doch insgeheim auf eine Erneuerung Deutschlands im Sinne Stefan Georges. Da er von Natur aus sehr eloquent und wortgewandt war, verstand er es sicher, seine wahre Meinung hinter seinen Aussagen zu verbergen. Er war wohl nicht mehr und nicht weniger Nazi als viele andere, lehnte aber im Laufe der Zeit das Regime immer stärker ab, besonders als er in Rom selbst massive Probleme bekam, die schließlich zu seiner Pensionierung führten.

Was hat er geleistet?

Curtius hatte ein hervorragendes Formengedächtnis mit einer daraus resultierenden riesigen Materialkenntnis. Ihm gelangen große, historisch umfassende Überblicksartikel, die auch die ägyptische und vorderasiatische Kunst einschlossen und bis heute nichts von ihrer Bedeutung verloren haben. Seine Forschungsschwerpunkte waren die römischen Porträts und die antike Malerei.

Was bleibt?

Ludwig Curtius wird als großer Humanist und als profunder Kenner der Schriften Winckelmanns und Goethes gerühmt. Seine epochenübergreifenden Arbeiten umfassten die Zeit bis zum Barock. In gewissem Sinne kann er also als ein Nachfolger Winckelmanns betrachtet werden.

Emsig wie eine Bieberin

Margarete Bieber

Name: **Margarete Bieber**
Geboren: **31. Juli 1879 in Schönau/Westpreußen**
Gestorben: **25. Februar 1978 in New Canaan/USA**
Tätigkeiten: **Klassische Archäologin**
Besonderheit: **Erste Professorin für Klassische Archäologie in Deutschland**

Fast 100 Jahre sollte das ereignis- und arbeitsreiche Leben der Margarete Bieber dauern. Auf zwei Kontinenten und in zwei völlig konträren Kulturen gelang es ihr, durch ihre Arbeit das Weiterleben der antiken Kunst zu fördern und einen lebendigen und fruchtbaren Freundes- und Studentenkreis zu etablieren, der auch nach ihrem Tod in ihrem Andenken weiterbesteht.

Wer war das?

Margarete Bieber wurde als Tochter eines vermögenden Industriellen in Westpreußen (heute Polen) geboren und wuchs mit ihren drei Geschwistern in einer schlossartigen Villa auf. Doch nur der Bruder und Erbe erhielt eine angemessene Erziehung und wurde verwöhnt, während die drei Mädchen einer Gouvernante übergeben wurden. Von klein auf musste sich Bieber um ihre chronisch kranke Schwester kümmern, so dass ihr erster Berufswunsch Kinderärztin wurde. Sie besuchte die Töchterschule in der benachbarten Kreisstadt Schwetz, wo sie schließlich zeitweise bereits erste Unterrichtsstunden abhielt und selbstgeschriebene Theaterstücke aufführen ließ. Im Alter von 16 Jahren war sie *„fertig mit der Schule"* und sollte ab sofort als Haushälterin und Krankenschwester für ihre Mutter und die Schwestern da sein. Ein Studium stand nicht zur Debatte.

Glücklicherweise war ihre Mutter mit der Frauenrechtlerin Anita Augspurg bekannt, die Biebers Talente erkannte und sich vehement dafür einsetzte, ihr eine weitere Ausbildung zu erlauben. Nach langem Drängen stimmte der Vater endlich zu, allerdings nicht dem geplanten

Medizinstudium, sondern „nur" dem Lehramt. Ab 1899 besuchte Bieber daher das Helene-Lange-Gymnasium Berlin, die Privatschule der gleichnamigen Feministin, und wurde zur ersten Frau ihrer Heimatprovinz Westpreußen, die mit 22 Jahren das Abitur ablegte. Wie geplant, begann sie ein Studium der Klassischen Philologie, Geschichte und Philosophie, wechselte aber nach drei Semestern nach Bonn, wo sie mit Georg Loeschcke und der Klassischen Archäologie bekannt wurde. Loeschcke war einer der wenigen Professoren in Deutschland, der auch Frauen als Studentinnen akzeptierte (vgl. Elvira Fölzer) und Bieber schließlich 1907 promovierte. Doch auch jetzt erwartete ihre Familie noch immer, dass sie als Krankenschwester aufs heimische Gut zurückkehrte, wovon sie erst Loeschcke persönlich abbringen konnte. Als enger Freund konnte er sogar erwirken, dass der Vater Bieber langjährige Reisen im Mittelmeerraum finanzierte – für die kommenden sieben Jahre lernte Margarete die antiken Stätten gründlich kennen und wurde vor allem von ihrem Aufenthalt in Rom nachhaltig geprägt.

Der nächste Schritt auf der Karriereleiter war der Antrag auf das Reisestipendium des DAI, das zuvor erst einmal an eine Frau vergeben worden war. Auch Bieber benötigte einen zweiten Anlauf, bevor es schließlich klappte. Nach Ausbruch des 1. Weltkrieges kehrte sie nach Deutschland zurück und arbeitete beim Roten Kreuz, folgte Loeschcke aber nach Berlin, als er einen Ruf an die dortige Universität erhalten hatte. Sie wurde seine Assistentin und übernahm Lehraufträge sowie nach seiner plötzlichen schweren Erkrankung den kompletten Institutsbetrieb. Selbst habilitieren durfte sie als Frau damals nicht – als Loeschcke 1915 starb, musste sie auf Veranlassung seines Nachfolgers Ferdinand Noack gehen. Sie schlug sich in der Folgezeit als Privatlehrerin durch, nahm aber viele ihrer Studenten von der Universität mit, die sie um Privatunterricht baten.

Nach einer Gesetzesänderung, die auch Frauen zur Habilitation zuließ, unternahm Bieber diesen Schritt 1919/20 in Gießen. Sie wirkte am Institut für Klassische Archäologie, wenn auch die ersten Jahre ohne bezahlte Professur. Während dieser Jahre entdeckte sie die provinzialrömische Archäologie für sich und unternahm mit ihren Studenten Exkursionen nach Trier oder an den Limes. Ab 1926 stand ihre weitere Karriere wieder einmal auf der Kippe, denn ihre Familie konnte sie nach der Inflation und dem Verkauf des preußischen Gutes nicht mehr unterstützen – glücklicherweise übernahm jetzt die Universität Gießen ihre Bezahlung. 1931 wurde sie schließlich als erste Frau planmäßige Professorin für Klassische Archäologie, nur um 1933 nach den nationalsozialistischen Rassegesetzen wegen ihrer jüdischen Herkunft wieder entlassen zu werden.

„Hoffe auf das Beste und erwarte das Schlechteste."
Lebensmotto der Margarete Bieber

Bieber emigrierte zunächst nach Oxford, doch auch dort waren die Arbeitsbedingungen nicht auf einen dauerhaften Aufenthalt ausgerichtet, denn sie erhielt erneut keine Bezahlung und durfte nicht unterrichten. Immerhin wurde sie von ihren Fachkollegen wie Arthur Evans und John Beazley herzlich aufgenommen. 1935 ging sie schließlich in die USA, wo sie bis zu ihrer Pensionierung 1948 Gastprofessorin im Department of

Art History and Archaeology der Columbia University wurde. Sie arbeitete dort eng mit Gisela Richter zusammen und konnte wieder unterrichten, auch wenn das in der fremden Sprache Englisch zunächst nicht einfach war. Sie sagte einmal, ihre Pensionierung an der Columbia wäre fast ein solcher Schock gewesen wie die Entlassung 1933 – die Universitätsarbeit war so zu ihrem Lebenselixier geworden, dass sie ohne sie nicht sein wollte. Daher nahm sie das Angebot aus Princeton an, als Gastprofessorin tätig zu werden. Für die nun folgenden 30 Jahre arbeitete sie unermüdlich weiter und schrieb ohne Unterlass, was zu ihrem Spitznamen „die Bieberin" führte, da sie so emsig war wie ein Biber. Insgesamt umfasst ihre Bibliografie über 300 Titel – nur ihre Autobiografie, die sie mit 80 Jahren schrieb, blieb unveröffentlicht. Sie starb im Kreise ihrer Freunde 1978 in New York.

Menschliches ...

Margarete Bieber war von Jugend an gewöhnt, selbstständig zu denken und für andere Verantwortung zu übernehmen. Waren es früher ihre Eltern und Geschwister, so kamen später ihre Studenten und Stipendiaten in den Genuss ihres fürsorglichen Wesens. Mit vielen ihrer Fachkollegen unterhielt sie enge Freundschaften, die teilweise bis über den Krieg und den Atlantik hinausreichten. Seit ihrer Berliner Zeit waren ihre behaglich eingerichteten Wohnungen immer auch Treffpunkte für Freunde und Studenten, die dort ein und aus gingen – ganz in der Tradition der europäischen Salons des 18. und 19. Jhs. Wissenschaftler vieler Nationalitäten trafen sich dort „beim Tee" zum Gedankenaustausch, denn mit Menschen zusammen zu sein und zu arbeiten, war Bieber ihr Leben lang wichtig. Viele der europäischen Möbel nahm sie später mit in ihre New Yorker Wohnung, die sie, ganz Kind vom Lande, immer mit unzähligen Blumen schmückte.

Bieber hat nie geheiratet, aber sobald sie es sich leisten konnte, eine ihr über viele Jahre treue Haushälterin engagiert: Frl. Katharina Freytag. Da sie sich aber unbedingt ein Kind wünschte, adoptierte sie 1931, als ihre Zukunft für kurze Zeit gesichert schien, ein Mädchen namens Ingeborg. Wie so viele andere nahm sie Hitler und seine Schergen zunächst nicht ernst. Sie ging vollkommen in ihrer Arbeit auf, bis ihr der Boden unter den Füßen entzogen wurde. Dabei war Bieber nie praktizierende Jüdin gewesen – noch zu Studentenzeiten war sie der Altkatholischen Kirche beigetreten und hatte sich vehement gegen das von der römisch-katholischen Kirche vertretene Dogma der

Unfehlbarkeit des Papstes gewandt. Sie war von ihrer Entlassung so schockiert, dass sie im ersten Augenblick sogar an Selbstmord dachte, bevor sie mit ihrer kleinen Familie emigrierte. Auf dem Dampfer in die USA las sie Hitlers „Mein Kampf", um zu verstehen, worum es den Nationalsozialisten eigentlich ging. Erst als Bieber während des Krieges vom Tod vieler Verwandter und Bekannter erfuhr, schüttelte sie ihre bis dahin *„zerrissene Persönlichkeit"* ab und *„zog auch ihr zweites Bein über den Atlantik"*. 1940 wurden sie und Ingeborg amerikanische Staatsbürgerinnen.

Was hat sie geleistet?

Bieber war nie eine Grabungsarchäologin, auch wenn sie gerne Kollegen wie Wilhelm Dörpfeld in Pergamon, Theodor Wiegand in Didyma oder Arthur Evans auf Kreta besuchte. Ihre Schwerpunkte lagen in Forschung und Lehre. Bedeutend sind nicht nur ihre Werke über das antike Theater und die griechische Kleidung, die bis heute zu den Standardwerken zählen, sondern auch ihre vielfältigen Arbeiten und Artikel zu hellenistisch-römischer Plastik. Besonders die Frage nach den römischen Kopien griechischer Originale nahm in ihren Forschungen breiten Raum ein, denn sie hielt sie für ein Spiegelbild der römischen Kultur, nicht nur für einen reinen Abklatsch. Auch mit der modernen Rekonstruktion antiker Skulpturen beschäftigte sie sich eingehend, seit sie 1912/13 in Kassel die Neuaufstellung der Antikensammlung betreut hatte. Ohne zu zögern entfernte sie falsche Ergänzungen von den Statuen – eine Methode, die richtungsweisend werden sollte für zahlreiche weitere Museen.

Was bleibt?

Ihre Arbeiten über römische Kunst veränderten den Blickwinkel der Forschung auf die gesamte Epoche der Römerzeit, deren Werke man seit Winckelmann immer als schlechtere Nachahmung der klassisch-griechischen Standbilder verstanden hatte. Margarete Bieber aber sah sie als eigenständige Kunst mit selbstverständlicher Daseinsberechtigung. Ein weiterer Schwerpunkt in ihren Forschungen war das antike Alltagsleben, im weitesten Sinne eine Sozialgeschichte. Ihr Einfluss auf die amerikanische Klassische Archäologie bestand dahin, die deutsche Forschung dort bekannt zu machen und rezipieren zu helfen.

Der Prediger und die Katze

Leonard und Katharine Woolley

Name:	**Leonard Woolley**	**Katharine Menke, verw. Keeling**
Geboren:	**17. April 1880 in London**	**1888**
Gestorben:	**20. Februar 1960 ebenda**	**1945**
Tätigkeiten:	**Archäologe**	**Zeichnerin**
Besonderheit:	**Entdecker der Königsgräber von Ur**	

Die Ausgrabung der Königsgräber von Ur ist fest in der Geschichte der Archäologie verankert. Doch wer kennt den Ausgräber, Leonard Woolley, und seine Frau, die auf der Grabung immer an seiner Seite war? Wer war der Mann, den Gertrude Bell einen erstklassigen Ausgräber nennt, aber zugleich einen „ermüdenden" Menschen? Und wer war Katharine, seine „gefährliche Frau"?

Wer war das?

Leonard Woolley wurde als Sohn eines Klerikers in London geboren, er war das dritte von elf Kindern. Die Umgebung seiner Kindheit war frömmelnd und emotionslos. Ursprünglich wollte er ebenfalls die kirchliche Laufbahn einschlagen, entschied sich dann aber für den Beruf des Archäologen. Sein Ziel war es, die biblischen Geschichten durch archäologische Fakten zu untermauern, etwa, indem er Nachweise für die Sintflut fand. Das gelang ihm nur bedingt, denn die so interpretierten Spuren waren Zeugnisse einer „ganz normalen" und in Mesopotamien nicht seltenen Überschwemmung. Die Bibel zu neuem Leben zu erwecken, gelang ihm dagegen sehr wohl.

Katharine Woolley bleibt dagegen in vielem ein Rätsel, auch weil ihre persönlichen Papiere nach ihrem Tod wunschgemäß vernichtet wurden. Selbst viele Jahre nach ihrem Tod *„ist es schwer, sie gerecht zu beurteilen"* (Max Mallowan). Katharine, geborene Menke und verwitwete Keeling, war deutscher Abstammung, was sich angeblich insbesondere in ihrer Neigung zeigte, gegenteilige Meinungen zu übergehen. Sie hatte ebenfalls in Oxford Geschichte studiert, aber nach kurzer Zeit abgebrochen, da ihr Gesundheitszustand ein Weiterstudium nicht zuließ. Ab 1924 war sie in jedem Jahr mit auf der Grabung, ab 1927 als Woolleys Ehefrau. Nachdem ihr Gatte 1935 geadelt worden war, bestand sie immer darauf, als „Lady Woolley" angesprochen zu werden. Sie starb 1945.

Menschliches ...

Woolley war ein genialer, aber auch tyrannischer Grabungsleiter. Er verfügte über eine immense Vorstellungsgabe für die Rekonstruktion ausgegrabener Gebäude und das Leben ihrer ehemaligen Bewohner. Seine Grabungsführungen waren legendär.

„‚*Nun schauen Sie sich das Dach an!*', sagte Woolley, während wir den freien Himmel anstarrten."

Max Mallowan über eine sehr anschauliche Führung in Ur

Wie auch seine Gattin war er ein Snob, der kein Problem damit hatte, sich Feinde zu machen. Max Mallowan sah sich zu der Bemerkung veranlasst: *„Sie verdienten einander."* Katharine Keeling kam 1924 als inoffizielle Zeichnerin auf die Grabung und verursachte einigen Wirbel, da es damals nicht üblich war, als alleinstehende Frau auf einer Grabung voller Männer zu leben. Nach kurzer Zeit wurden die skandalösen Gerüchte so laut, dass sie bis zu den Geldgebern der Ur-Grabung über den Atlantik drangen und diese genau nachfragten, wie notwendig die Anwesenheit der Dame für die Arbeiten überhaupt war. Woolley sah sich schließlich gezwungen, Katharine zu heiraten. Von da an gibt es fast kein offizielles Grabungsfoto, auf dem sie nicht posierte, hell und elegant gekleidet, mit passenden Hüten, Strümpfen und Schuhen – sicherlich eine Frau, die wusste, sich in Szene zu setzen.
Katharine muss eine dominante und rechthaberische Person gewesen sein, besaß aber (wenn sie wollte) einen großen natürlichen Charme. Als Egomanin war sie nur an sich selbst interessiert und spielte mit allen anderen Menschen, benutzte und manipulierte sie nach Gutdünken. Mallowan nennt sie „feline", also „katzengleich", und sie war offenbar tatsächlich eine Katzenfreundin, denn eines der Gruppenbilder aus Ur zeigt sie mit einer Tigerkatze auf dem Arm. Für alle in ihrer

Umgebung einschließlich der Expeditionsmitglieder und Grabungsarbeiter galt: Man diskutierte nicht mit ihr, sondern erfüllte ihre Befehle. Vor ihr zu bestehen, war sozusagen der Härtetest, und wer durchfiel, kam in der nächsten Saison nicht wieder. Viele der Kommentare von Zeitgenossinnen über sie sind nicht eben schmeichelhaft: Gertrude Bell konnte sie auf Anhieb nicht leiden und nannte sie *„eine gefährliche Frau“*. Agatha Christie hatte immerhin den seltenen Vorteil, von Katharine gemocht zu werden, ließ sich aber nicht täuschen, bezeichnete sie Katharine doch als *„une allumeuse“*, also eine Frau, die mit dem Feuer und den Menschen spielt. Auch duldete Katharine keine zweite Frau auf der Grabung, was Max Mallowan nach seiner Hochzeit mit Agatha dazu zwang, sich einen neuen Arbeitsplatz zu suchen. Agatha jedoch rächte sich auf ihre Weise: Das Mordopfer in „Murder in Mesopotamia“, Mrs. Leidner, trägt Katharine Woolleys Züge.
Vor allem aber war Katharine Woolley Künstlerin, die viele hervorragende Fundzeichnungen anfertigte, aber auch eine Porträtbüste des Vormanns Hamoudi. Trotz ihres eindeutigen Talentes war sie ihr Leben lang innerlich unsicher und auf Rückversicherung angewiesen, so dass das herrische Gehabe durchaus auch als Tarnung der eigenen Unsicherheit verstanden werden kann. Ihre lebenslange Krankheit – die Katharine durchaus als Waffe einsetzte – hielt oft die gesamte Grabungsmannschaft in Atem. Neben ihrem Gatten musste insbesondere der Assistent Max Mallowan immer bereitstehen und sie notfalls mit Massagen und Blutegeln therapieren. Aufgrund dieser Erkrankung besaß sie so etwas wie das „zweite Gesicht“: Eines Abends im Jahr 1945 sagte sie zu ihrem Mann: *„Ich werde heute Nacht sterben.“* Er aber nahm sie nicht wirklich ernst – und fand sie morgens tot in ihrem Bett.

Was haben sie entdeckt?

Woolley wurde 1905 unter Arthur Evans zum *junior assistant keeper* am Ashmolean Museum und führte seine erste Ausgrabung 1906/07 im römischen Corbridge durch, wobei er im wahrsten Sinne „learning by doing“ praktizierte, denn er hatte nirgends zuvor Grabungstechnik erlernen können. 1911 ordnete er die Sammlung von Sir Aurel Stein im Britischen Museum. Dabei wurde er mit Lord Carnarvon bekannt, der Interesse an seiner Mitarbeit hatte und ihn mit nach Ägypten nehmen wollte. Es ist ein interessantes Gedankenspiel, ihn anstelle von Howard Carter Tut-anch-Amun entdecken zu lassen, zumal sich beide zu Beginn der 1920er Jahre ein wahres Wettrennen in der Popularität ihrer zeitgleichen Entdeckungen lieferten. Doch Woolley entschied sich für Karkemisch, wo er bis 1914 unter anderem mit T. E. Lawrence zusammenarbeitete und Hamoudi kennenlernte, der für viele Jahre sein treuer Vormann auf der Grabung werden sollte und über Woolley sagte: „*Wir haben zusammen eine Menge Brot gebrochen.*" Gemeinsam mit Lawrence unternahm Woolley einen Negev-Survey und arbeitete für den britischen Geheimdienst. 1916 geriet er in türkische Kriegsgefangenschaft, kehrte aber später, anders als Lawrence, wieder in die Archäologie zurück.

Die Ausgrabungen von Ur in Chaldäa

Ab 1922 grub Woolley mit einem großen Team von etwa 200–250 Einheimischen das antike Ur in Chaldäa aus. Er besaß ein natürliches Verständnis für seine Arbeiter, die ihn als Chef sehr schätzten und großen Respekt vor ihm hatten – aber auch vor seiner Gattin! Insbesondere das riesige, beigabenreiche Gräberfeld der sumerischen Herrscher erregte internationales Interesse, vor allem durch die fremdartige, verstörende Sitte der massenhaften – und nicht unbedingt freiwilligen – Totenfolge von Mensch und Tier. Es fanden sich Unmengen von reich verzierten Alltagsgeräten, die ein anschauliches Bild des sumerischen Lebens geben und deutliche Parallelen zur Induskultur zeigen. Die Klimabedingungen in Ur waren sehr extrem – Monsun, Überschwemmungen und Sandstürme gehörten zum Alltag. Woolley erzählte immer, er habe seine Augen darauf trainiert, den hineingewehten Sand automatisch wieder hinauszubefördern.

Woolley war immer in Eile. Oft tat es seinen Mitarbeitern weh, zu sehen, wie schnell er manche Arbeiten, etwa Planzeichnungen, erledigte. Während der Saison schlief er sehr wenig – er war oft schon um zwei oder drei in der Nacht wieder im Büro, nachdem er erst um Mitternacht schlafen gegangen war. In diesen frühen Morgenstunden führte er Tagebuch und Korrespondenz. Woolley war sicher kein Schatzgräber, musste aber unter großem Zeitdruck viele wichtige und wertvolle Funde bergen. Max Mallowan dazu: „*Woolleys Methoden waren hopplahopp, aber er erkannte instinktiv, was wirklich von Bedeutung war – niemand war besser in der Lage, ausgezeichnete Feldarbeit zu leisten.*" So verwendete Woolley innovative Techniken wie das Ausgießen von Höhlungen mit Gips. Als er in der allerersten Kampagne bereits auf beigabenreiche Gräber traf, erkannte er, dass er noch nicht in der Lage war, sie angemessen zu bergen. So ließ er die Stelle wieder zuschütten und nahm sie erst im vierten Jahr mit mehr Erfahrung auf Seiten der Ausgräber und Arbeiter erneut in Angriff. Jedes Jahr auf der Heimfahrt nach London schrieb er noch auf dem Schiff die Vorberichte für das Antiquaries Journal, wenn die Eindrücke der Grabung noch frisch im Gedächtnis waren.

Was bleibt?

Woolley ging es als einem der ersten vorderasiatischen Archäologen weniger um das Freilegen spektakulärer, „dekorativer" Antiken, sondern um die genaue Erfassung eines Fundensembles, um dadurch Rückschlüsse auf das Leben der einstigen Bewohner ziehen zu können. Seine Frau Katharine wird dagegen wohl immer eine Sphinx bleiben.

In Museum und Töpferwerkstatt

Gisela Maria Augusta Richter

Name: **Gisela Maria Augusta Richter**
Geboren: **14. August 1882 in London**
Gestorben: **24. Dezember 1972 in Rom**
Tätigkeiten: **Klassische Archäologin, Museumskuratorin**
Besonderheit: **Vorreiterin der Experimentellen Archäologie**

Auch wenn Gisela Richter nie selbst zum Spaten gegriffen hat, ist sie eine der wichtigsten Klassischen Archäologinnen des frühen 20. Jhs. Ihre besondere Liebe gehörte der griechischen Kunst – ihr Werk über die Statuentypen der Kouroi und Korai ist bis heute unverzichtbar.

Wer war das?

Richter wurde in London in eine internationale Familie hineingeboren. Ihre Eltern waren deutschstämmig, doch ihr Großvater mütterlicherseits hatte lange als Konsul am Marmara-Meer gedient, so dass auch seine Tochter eine weltoffene Frau wurde. Sie war eine erfolgreiche Schriftstellerin (Romane, Reisebeschreibungen) und Übersetzerin von Kunstbüchern. Richters Vater Jean Paul stammte aus Dresden und war französisch-hugenottisch-deutscher Abstammung. Er hatte ursprünglich Theologie studiert und als Hauslehrer gearbeitet, reiste jedoch viel und machte schließlich seine Liebe zur Renaissance-Kunst zum Beruf. Als Sammler und Kunsthändler war er auf Leonardo da Vinci spezialisiert. Von ihm lernte Richter vieles, was sie später bei ihrer Museumsarbeit gebrauchen konnte.

Richter besuchte das Girton College in Cambridge, wo sie unter anderem bei Katharine Jex-Blake studierte, die ihr in allen Bereichen – auch in Frauenfragen – zum Vorbild wurde. Mit ihrer Schwester Irma, einer Künstlerin, Kunsttheoretikerin und Autorin, war Gisela zeitlebens sehr eng verbunden. Gemeinsam besuchten sie Museen und Vorträge, und schließlich zogen sie nach dem Tod beider Eltern bis an ihr Lebensende zusammen. Richter war von frühester Jugend an beeinflusst von der Kunsttheorie des Giovanni Morelli, die ursprünglich für die Renaissance-Kunst entwickelt worden war, sich aber laut Richter auf alle anderen Epochen übertragen ließ – sogar auf griechische Vasenmalerei.

1904 ging Richter für ein Jahr an die British School of Archaeology in Athen, wo sie auch ihre ersten Artikel schrieb. Sie besuchte Grabungen in Griechenland, Kreta und Kleinasien und lernte eigens dafür reiten – was sie später im Central Park in New York fortsetzen konnte. Auf Kreta freundete sie sich mit Harriet Boyd (Hawes) an, die sie sofort in die USA einlud. Richter folgte der Einladung und *„blieb hängen"*. Bald bekam sie für ein Jahr befristete Arbeit am Metropolitan Museum of Art und wurde erneut eingeladen, wiederzukommen – diesmal, um zu bleiben. Sie stimmte nur unter der Bedingung zu, dass sie drei Monate im Jahr auf Studienreisen nach Europa durfte. Sie blieb schließlich bis zu ihrer Pensionierung 1948 an diesem Museum, erhielt aber darüber hinaus Lehraufträge an der Columbia University, in Yale und Bryn Mawr sowie am Oberlin College – doch das Lehren gehörte nie zu ihren Vorlieben. Sie starb mit 90 Jahren im Winter nach ihrer großen Geburtstagsfeier.

Menschliches ...

Über den Menschen Gisela Richter ist nur wenig Schlaglichtartiges überliefert. So nahm sie sich immer für ihre Studenten und Mitarbeiter Zeit und empfing zu Hause regelmäßig Besuch von Archäologen aller Nationen. Im Metropolitan Museums begann Richter als eine der ersten Frauen zu einer Zeit, als der Chef, General Cesnola, partout keine Frauen in seinem Museum sehen wollte. Sie mussten ihm regelrecht aus dem Weg gehen und auch zum Mittagessen getrennte Räume aufsuchen. So entstand der Ladies' Lunch Club im Untergeschoss. Erst kurz vor Richters Pensionierung durften Frauen mit im Speisesaal des Direktors essen – denn der war inzwischen ein anderer. Wenn sie nicht arbeitete, las Richter gerne Detektivgeschichten, vor allem solche über Georges Simenons Kommissar Maigret.

Was hat sie geleistet?

Richter fasste den Entschluss, Archäologin zu werden, mit 14 Jahren, nachdem sie Rom besucht und Vorträge von Emmanuel Loewy gehört hatte. Vorbereitet durch die Arbeit ihres Vaters und ihre eigenen Studien in Athen, lernte sie erst ab 1905 in New York die Museumsarbeit von der Pike auf kennen. Alles im Metropolitan Museum sollte nach dem Vorbild des Britischen Museums London eingerichtet werden, von der Rezeption bis hin zu einem System der Fundkatalogisierung und dem Herausgeben von Publikationen. Die Antikenabteilung wurde über ihren Grundstock, die Sammlung Cesnola, hinaus ausgebaut, da es inzwischen einen Etat für Ankäufe gab. Richter arbeitete zunächst im Fundeingang, später aber auch im Ankauf, wo sie unter anderem den New Yorker Kouros für das Museum sicherte. Als Museumsarchäologin kämpfte sie insbesondere mit dem Problem möglicher Fälschungen – der Kouroi- und Korai-Corpus ist entstanden, um Kritikern zu beweisen, dass der New Yorker Kouros echt ist. Nur nebenbei entstand so die erste Zusammenstellung dieser archaischen Statuentypen. 1925 wurde sie als erste Frau in den USA Kuratorin, 1930 übernahm sie dann die Leitung der gesamten Abteilung.

Kouroi und Korai – ein archaisch-griechischer Statuentypus

Kouroi und Korai, männliche und weibliche Standbilder aus der archaischen Epoche Griechenlands (8.–5. Jh. v. Chr.), gehören zu den charakteristischsten Typen griechischer Plastik. Streng frontal ausgerichtet und den Betrachter anblickend, waren sie in Heiligtümern wie auf der Athener Akropolis oder auf Grabmälern aufgestellt. Während die weiblichen Figuren immer bekleidet dargestellt sind, wurden die männlichen Statuen in heroischer Nacktheit wiedergegeben. Auf einigen der erhaltenen Exemplare haben sich Farbreste gefunden, die belegen, dass die Standbilder in der Antike in leuchtenden Farben bemalt waren.

Während ihrer ganzen New Yorker Zeit publizierte sie: Neuerwerbungen, aber auch vielfältige eigene Studien – Richter war die typische „Museumsarchäologin" mit dem unfehlbaren Auge. Sie wurde Spezialistin für archaische Kunst, ihre Chronologie der archaischen Plastik ist bis heute fast unverändert gültig. Ihr „Handbuch der griechischen Kunst" sowie weitere Standardwerke erleben immer neue Auflagen und wurden in zahlreiche Fremdsprachen übersetzt. Neben der antiken Plastik arbeitete Richter auch über antikes Glas, Möbel oder figürliche Bronzen.

„… denn man kommt dem antiken Künstler näher, indem man versucht, vergleichbare Arbeiten zu machen."

Gisela Richter erklärt, warum sie antike Handwerkstechniken erlernte

Immer sah sie die Einzelstücke in größerem Zusammenhang – um antike Töpferkunst wirklich verstehen zu können, lernte sie beispielsweise selbst Töpfern. Zusammen mit ihrer Freundin und Lehrerin Maude Robinson, einer berufsmäßigen Töpferin, versuchte sie, technische Probleme durch praktische Versuche zu lösen. Auch Bildhauerei und Bronzeguss erlernte sie, immer mit Blick auf die antiken Kunstwerke. Für die Arbeit über antike Möbel ließ sie Rekonstruktionen in Originalgröße anfertigen, um die Stücke im Raum beurteilen zu können – eine damals noch völlig unbekannte Methode.

Was bleibt?

Richter war über 60 Jahre in der Archäologie tätig, wobei die Kontinuität ihrer Tätigkeit am Metropolitan Museum in New York ihr Gelegenheit zu ganz speziellen Detailforschungen gab. Insbesondere ihre praktischen Rekonstruktionsversuche antiker Handwerkstechniken waren zukunftsweisend.

Der Dichter unter den Archäologen

Ernst Buschor

Name: **Ernst Heinrich Buschor**
Geboren: **2. Juni 1886 in Hürben/Bayerisch-Schwaben**
Gestorben: **11. Dezember 1961 in München**
Tätigkeiten: **Klassischer Archäologe**
Besonderheit: **Ausgräber des Heraion auf Samos**

Der lobenden Beinamen Ernst Buschors gibt es viele – genialer Zauberer, Visionär, Revolutionär, Dämon gar (H. Walter). Alles Begriffe, die man nicht unbedingt mit einem Klassischen Archäologen in Zusammenhang bringen würde. Und doch war Buschor genau das, ein von seiner Intuition geleiteter Wissenschaftler, der im Fach der Klassischen Archäologie neue Wege für die Nachkommenden bahnen sollte.

Wer war das?

Geboren als eines von acht Kindern des Dorfpfarrers von Hürben, wuchs Buschor in der ländlichen Idylle Bayerisch-Schwabens auf, die sein Leben prägen sollte. Doch er ging nicht dort, sondern in Nürnberg zur Schule und studierte als letzter Schüler Furtwänglers in München. Er promovierte 1912 bei dessen Nachfolger Paul Wolters über griechische Textilkunst und erhielt bereits 1919, noch vor der Habilitation, einen Ruf nach Erlangen, dem im Jahr darauf Freiburg folgte. Bereits 1921 wurde er 1. Sekretär des DAI Athen – die nun folgenden Jahre wurden zu einer ertragreichen Zeit für ihn, aber auch für die Institution an sich. 1925 begannen die Ausgrabungen auf Samos, die zu Buschors Lebenswerk werden sollten. 1929 wurde er dann an die Universität München berufen, wo er bis zu seiner Pensionierung lehrte und forschte.

Verspielt und rätselhaft

Von seiner ländlichen Kindheit an war Buschor auf das Einfache geprägt, das zum Leben Notwendige. Er war zugleich melancholisch und praktisch veranlagt, konnte aber, wenn nötig, auch zupacken. Zeit seines Lebens war er stolz auf seine Herkunft aus einem alten Bauerngeschlecht. Offen für alle Arten von Eindrücken, wie er von Natur aus war, nahm er während seiner Nürnberger Schulzeit den Geist des Mittelalters in sich auf, auch wenn er sich später ganz der Antike verschreiben sollte. Buschor zeichnete sich durch eine starke künstlerische Ader aus, hatte ein hervorragendes Gedächtnis und eine immense Sprachbegabung. Obwohl dieser Mann mit der Seele eines Dichters in seinen Büchern und Vorlesungen immer eine einfache Sprache verwendete, war er keineswegs leicht zu verstehen. Mit der griechischen Kultur fühlte er sich sein Leben lang auf unerklärliche Weise verbunden: *„Als die griechischen Götter Wirklichkeit wurden …“*, lautet ein Satz aus einer seiner Schriften. Fast nebenbei übersetzte er alle 31 erhaltenen griechischen Tragödien neu ins Deutsche und konnte so etwas vom Leben des antiken Griechenlands in die Jetztzeit zurückholen. Schließlich war er auch ein großer Erzähler und Fabulierer mit geradezu magischer Wirkung auf seine Zuhörer – daher auch der Beiname „Zauberer“ (H. Walter).
Auch ein *Homo ludens*, ein Spielender, war Buschor, voller hintersinnigem Humor, was nicht nur aus seiner großen Verehrung Karl Valentins deutlich wird. Neben allen archäologischen Arbeiten publizierte er *„sein schwierigstes Buch“* (K. Schefold), die „Rätselküche“, eine Sammlung von einander gegenseitig aufgegebenen Rätseln, zusammengetragen aus dem Dialog vieler Abende an einheimisch-griechischen Lagerfeuern. Als großer Verehrer des Marionettentheaters gestaltete er selbst Puppen – er liebte das Spiel an sich, das Spiel als Kulturform. Mit Carl Orff war er viele Jahre lang befreundet, den Schriften Stefan Georges fühlte er sich verbunden. Buschor war verheiratet und Vater von fünf Kindern – 1961 verstarb er, kurz nachdem bei ihm ein tödlicher Hirntumor diagnostiziert wurde.

Was hat er entdeckt?

Schon früh war Buschor als hervorragender wissenschaftlicher Autor hervorgetreten. Sein Buch über antike Vasenmalerei, geschrieben in Fortsetzung einer Arbeit Furtwänglers, erschien 1912 noch vor der Promotion und sollte ihn schnell international berühmt machen. Später arbeitete er am *Corpus Vasorum Antiquorum*, dem Gesamtkatalog aller erhaltenen griechischen Vasen mit. Ab 1925 leitete Buschor die Ausgrabungen im Heraion von Samos sowie in Olympia und Athen. Dabei war insbesondere Samos für ihn wichtig, wo es ihm gelang, bis in die frühesten Schichten vorzustoßen und auch Funde aus vergänglichem Material, etwa archaische Holzfiguren, zu bergen. Laut seinem Biografen H. Walter *„ahnte er"*, wo etwas zu finden war.

Das Heraion auf Samos

Das Hera-Heiligtum auf der Insel Samos gehört zu den wichtigsten antiken Heiligtümern. Es wurde um das Jahr 1000 v. Chr. errichtet und in den folgenden Jahrhunderten immer wieder umgebaut und erweitert. Um 540 v. Chr. erbauten die Architekten Theodoros und Rhoikos dort den größten Tempel der Antike, dessen Fundamente bis heute erhalten sind. Die Ausgrabungen Ernst Buschors dauerten mit Unterbrechungen von 1925–1961 und förderten spektakuläre Funde zutage. Der Tempelbezirk gehört heute zum UNESCO-Weltkulturerbe.

In der Universitätsarbeit ging es ihm nicht darum, reines Beschreiben zu vermitteln, sondern um ein Erkennen des dem Kunstwerk innewohnenden Wesens – des griechischen Geists. Auf diesem Wege fand er eine *„neue Dimension des Sehens"* – wie es H. Sedlmayr genannt hat –, die er als geborener Lehrer gut an seine Schüler vermitteln konnte. Legendär sind seine Vorlesungen mit jeweils zwei kaum kommentierten Lichtbildern, die für sich selbst sprechen sollten – die Studenten sollten in erster Linie Hinschauen lernen. In dieser Tradition ist auch sein möglicherweise wichtigstes Werk zu verstehen, das schmale Bändchen „Technisches Sehen", das eine ganzheitliche Betrachtungsweise der (spät-)römischen Kunst einfordert.

Buschor erkannte als einer der ersten Klassischen Archäologen die Bedeutung frühgriechischer Kunst mit ihrer Wende von der Archaik zur Klassik um 500 v. Chr., die er mit der gleichzeitigen Entstehung der attischen Demokratie in Verbindung brachte. Richtungsweisend ist seine Monografie über *„Phidias der Mensch"*, dem er bestimmte Bildwerke zuweist und in dem er mehrere verschiedene Bildhauerhände am Athener Parthenon unterscheidet. Wichtig sind auch seine mythologischen Forschungen sowie die Arbeiten zum antiken Theater. Er erkannte in den griechischen Kunstwerken eine beinahe religiöse Tiefe, die er als veränderte Wirklichkeitswahrnehmung deutete. Kunstgeschichte war für Buschor immer auch Geistesgeschichte, wobei er sich selbst nur als Diener der griechischen Kunst verstand.

Was bleibt?

Buschor sah die Kunst der Antike immer in ihrem Zusammenhang mit der modernen Zeit und verstand sie als wichtigen Beitrag zum heutigen geistigen Leben (K. Schefold). Danach hat der heutige Mensch eine Verantwortung für die antike Kunst, die Buschor nicht nur dem Fachmann, sondern vor allem dem Laien vermitteln wollte. Immer hatte dieser genaue Beobachter einen Blick für das Übergreifende, für die großen Zusammenhänge, für die Beziehungen einzelner Kulturen zueinander. Zugleich Wissenschaftler und Künstler schlug er immer den Bogen von weit zurückliegenden Epochen zu seiner eigenen Zeit, so in seinem Buch „Das Porträt", das von Altägypten bis zur modernen Kunst reicht. Er setzte die antike Plastik in Verbindung zur Suche nach einem neuen Menschenbild, das er auch in der modernen Kunst zu finden glaubte. Einer der wenigen, die ihn wirklich verstanden haben, Ludwig Curtius, nannte ihn eine *„radikal-moderne Persönlichkeit"*.

Aus der Zeit gefallen

T. E. Lawrence

Name: **Thomas Edward Lawrence**
Geboren: **16. August 1888 in Tremadoc/Wales**
Gestorben: **19. Mai 1935 in Clouds Hill bei Wareham/England**
Tätigkeiten: **Archäologe, Schriftsteller, Geheimagent**
Besonderheit: **Erlangte als „Lawrence von Arabien" Weltruhm**

Wie Gertrude Bell verbindet man T. E. Lawrence, besser bekannt als Lawrence von Arabien, eher mit der Politik zu Zeiten des 1. Weltkrieges und weniger mit der Archäologie. Doch auch er hat in Oxford Geschichte studiert und im Nahen Osten ausgegraben, bevor er zum bewunderten Geheimagenten und Politiker wurde.

Wer war das?

Lawrence stammte aus komplizierten Familienverhältnissen: Sein adeliger Vater hatte seine erste Familie mit Sarah, dem Kindermädchen seiner vier Töchter, verlassen, sich aber nie scheiden lassen. Dementsprechend hat er auch Sarah nie heiraten können, obwohl sie jahrelang miteinander lebten, sich Mr. und Mrs. Lawrence nannten und schließlich fünf Söhne hatten. So wuchs der junge „Ned" in einer von Schuldgefühlen und Bigotterie geprägten Umgebung auf. Insbesondere seine Mutter litt unter der Situation und wandte sich verstärkt der Religion zu, war sie doch der Meinung, schwer gesündigt zu haben, was sich in einer extrem religiösen Erziehung der Söhne niederschlug. Auch später hatte Lawrence massive Probleme mit seiner Identität, was sich in mehreren Namensänderungen äußerte. Zudem kannte er das Gefühl, um etwas betrogen worden zu sein, denn er und seine Brüder hatten nie Anspruch auf das väterliche Erbe – vielleicht ein Grund für seine Liebe zu Burgen und dem mittelalterlichen, „besseren" Leben?

Fahrradexkursionen

Schon als neunjähriger Junge war Lawrence gerne mit dem Fahrrad zu historischen Monumenten in der Umgebung unterwegs, wobei ihn besonders mittelalterliche Zeugnisse interessierten. Während seiner Universitätszeit bereiste er ebenfalls mit dem Fahrrad Frankreich, wo er insgesamt 36 mittelalterliche Burgen vermaß, fotografierte und zeichnete. Als junger Mann und Geschichtsstudent reiste er schließlich 1909 für drei Monate allein zu Fuß durch Syrien, den Libanon und Palästina, um die dortigen Kreuzfahrerburgen aufzunehmen, was damals noch ein neues Thema war.

Lawrence grub vor dem 1. Weltkrieg mit Hogarth in Karkemisch, später mit Campbell Thompson und Woolley sowie kurzzeitig mit Petrie, wobei sein Forschungsschwerpunkt auf der hethitischen Zeit lag. Im Oktober 1914 wurde Lawrence zur britischen Armee eingezogen. Da er gute Kenntnisse von Land und Leuten hatte, wurde er bald als Verbindungsoffizier zu den arabischen Stämmen eingesetzt, wobei er sich sehr für die Sache der Araber engagierte und sie in ihrem Guerillakrieg gegen das Osmanische Reich unterstützte – die ganze Zeit über wohl wissend, dass sie auch nach einem Sieg keine Unabhängigkeit erhalten würden, sondern unter britische und französische Mandatsregierung gestellt werden würden. Daraus erwuchsen Lawrence solche Schuldgefühle, dass er seinen Dienst quittierte und auch später immer wieder die Partei der Araber ergriff. In England bereits als Held gefeiert, trat er 1922 unter falschem Namen der britischen Luftwaffe bei – man könnte auch sagen, er versteckte sich dort – und diente als einfacher Soldat bis 1935.

Schriftstellerische Erfolge

Seine Erlebnisse im Orient schrieb Lawrence in den 1926 erschienenen „Sieben Säulen der Weisheit“ nieder, die ihn legendär machten, auch wenn sich später einige Angaben als inkorrekt erweisen sollten. Auch seine Briefe veröffentlichte Lawrence – er war, wie fast alle seiner Zeitgenossen, ein manischer Briefschreiber. Berühmt machten ihn aber vor allem seine arabischen Abenteuer sowie verschiedene Biografien, die noch zu seinen Lebzeiten erschienen, etwa die von Robert Graves. Als Herzensprojekt gelang ihm in den Jahren 1928–31 die Übertragung von Homers Odyssee in Prosa, die mit ihrem Schwergewicht auf dem Erzählen eigentlich mehr ist als eine bloße Übersetzung.

1935 starb Lawrence mit 46 Jahren bei einem Motorradunfall in der Nähe seines Cottage in England. Aufgrund dieses tragischen Geschehens entwickelte sein behandelnder Arzt in den Folgejahren Helme für Motorradfahrer. Erst 20 Jahre nach diesem verfrühten Unfalltod wurde „Unter dem Prägestock" veröffentlicht, das Lawrences Erfahrungen in der Armee zum Thema hat und ihn als leidenschaftlichen Pazifisten zeichnet.

Menschliches ...

Über den Menschen Lawrence ist viel spekuliert und geschrieben worden, doch wenig von all dem steht auf halbwegs glaubwürdiger Basis. Nicht einmal seine Angaben in den „Sieben Säulen" sind unbedingt zuverlässig, denn offenbar spielte er ab und zu mit der Wahrheit. Nur wenige Schlaglichter sind verbürgt, so etwa, dass er vom arabischen Vormann Woolleys, dem berühmten Hamoudi, der zusammen mit seinen Söhnen später auch Max Mallowan assistierte, in die arabische Kultur und Sprache eingeführt wurde. Lawrence begeisterte sich so sehr für das Nomadenleben der Beduinen, dass er sich später immer wieder in arabischer Tracht fotografieren ließ. Dazu wäre es aber fast nicht mehr gekommen: Lebensbedrohlich an Typhus erkrankt, lag er lange im Haus Hamoudis, der ihn mit lokalen Hausmitteln wieder auf die Beine brachte, etwa einer Diät aus Sauermilch. Lawrence verdankte ihm sein Leben.
Die Legenden, die sich bis heute um Lawrence ranken, nähren sich auch aus seinem mysteriöser Charakter sowie seinem zwiespältigen Umgang mit der Presse. Einerseits gab er bereitwillig Interviews, andererseits aber verachtete er die so erzielte Popularität. So tourte beispielsweise der amerikanische Journalist Lowell Thomas mit einer „biografischen Show" über Lawrence durch England und die USA, wo sie von geschätzten vier Millionen Zuschauern gesehen wurde. Und obwohl er Thomas für einen „vulgären Mann" hielt, besuchte Lawrence mehrfach selbst diese Vorführungen.

Was hat er geleistet?

Die seit seiner Jugend akribisch betriebene Bauaufnahme mittelalterlicher Burgen in Europa und dem Orient mündete 1910 in Lawrences hervorragend beurteilter Oxforder Dissertation, in der er die These aufstellte, dass Kreuzfahrerburgen – entgegen herrschender Meinung – weitgehend nach westlichen Vorbildern errichtet worden seien und kaum östliche Einflüsse berücksichtigt hätten. Schon während seines Studiums war Lawrence D. G. Hogarth, dem Kurator des Ashmolean Museum in Oxford, aufgefallen, während er als Anfänger dort arbeitete. Dieser nahm ihn dann nach Abschluss seiner Dissertation als unbezahlten Assistenten mit auf seine Grabung nach Karkemisch, einer Hauptstadt des Hethiterreiches. Lawrence kannte sich bereits mit vorgeschichtlicher und mittelalterlicher Keramik und dem Fotografieren aus und sprach Arabisch, was ihn zum Mittelsmann zwischen den Europäern und den einheimischen Arbeitern machte – auch auf der benachbarten Grabung von Max von Oppenheim auf dem Tell Halaf, der ihn mehrmals zur Schlichtung von Streitigkeiten „auslieh".

„... er ist ein recht ungewöhnlicher Typ und besitzt weite und genaue archäologische Kenntnisse, wenn auch nicht von ägyptischen Objekten. Nach ihrer Zusage wird er sich zu Fuß von Nord-Syrien nach Ägypten aufmachen, auch beherrscht er die arabische Sprache. Er verdient ausgiebige Förderung."

Aus einem Empfehlungsschreiben für Lawrence an W. M. F. Petrie

Einmal half Lawrence kurzfristig bei W. M. F. Petrie in Ägypten aus, der südlich von Kairo grub und ihn, ob seiner Kleidung mit weißem Blazer, mit den Worten empfing: *„Wollen Sie hier Kricket spielen?"* In der Folgezeit musste er aber Mumien katalogisieren und auswickeln, was er überhaupt nicht schätzte, da er deren Geruch als unerträglich empfand. Dementsprechend lehnte er Petries Angebot einer zweiten, gut bezahlten Kampagne ab und kehrte nach Karkemisch zurück, wo er für weitere fünf Kampagnen zusammen mit Leonard Woolley arbeitete. Rückblickend bezeichnete Lawrence seine Zeit in Karkemisch als die glücklichste seines Lebens.

Erstes Treffen mit Gertrude Bell

In Karkemisch traf er auch zum ersten Mal mit Gertrude Bell zusammen, ein Treffen, das von beiden Seiten etwas unterschiedlich geschildert wurde, da sich Bell kritisch über die verwendeten Ausgrabungsmethoden äußerte und Lawrence das nicht auf sich und seinem Chef sitzen lassen wollte: „*Da sie unsere Grabungsmethoden als prähistorisch bezeichnete, mussten wir ihr erst einmal eine Lektion erteilen. Abwechselnd belehrten wir sie über die Architektur der Byzantiner, Kreuzfahrer, Römer, Hethiter und Assyrer, dann kamen Keramik, Phototechnik, die Jungtürken, die aktuellen Kamelpreise und die deutschen Grabungsmethoden an die Reihe. Inzwischen war sie respektvoller geworden und bat nach anderthalb Stunden um eine Tasse Tee. Sie bewunderte unsere umfangreichen Notizen und Skizzen ... So lief dieser Besuch doch noch gut ab.*“ Beide erinnerten sich später mit Humor an dieses Treffen.

1914 wurden er und Woolley angeworben, um einen Survey des strategisch wichtigen Negev durchzuführen, der sowohl archäologische als auch militärische Gründe hatte, auch wenn die Studie offiziell vom Palestine Exploration Fund finanziert wurde und von den osmanischen Behörden genehmigt worden war. Im unmittelbaren Vorfeld des 1. Weltkrieges hatten solche Expeditionen immer zugleich eine politische Bedeutung, denn Landaufnahmen und Kartierungen dienten sowohl der Wissenschaft als auch dem Geheimdienst, listeten sie doch nicht nur archäologische Fundstellen auf, sondern auch moderne Straßen und Wasserstellen.

Was bleibt?

Obwohl sich Petrie und Hogarth ernsthaft darum bemühten, kehrte Lawrence nach dem 1. Weltkrieg nie wieder in die Archäologie zurück – zu groß war der Einschnitt, den der Kriegsdienst hinterlassen hatte und den er nun schriftstellerisch bewältigen wollte. Heute ist er vor allem für diese Bücher sowie für seine filmische Biografie durch David Lean bekannt.

Vertrieben aus dem wissenschaftlichen Paradies

Gerhard Bersu

Name: **Gerhard Bersu**
Geboren: **26. September 1889 in Jauer/Schlesien**
Gestorben: **19. November 1964 in Magdeburg**
Tätigkeiten: **Vorgeschichtler, Direktor der Römisch-Germanischen Kommission**
Besonderheit: **Entwickler einer bis heute gültigen Ausgrabungsmethode**

Gerhard Bersu war in der Zeit zwischen den beiden Weltkriegen einer der wichtigsten deutschen Prähistoriker – trotzdem kennt heute kaum mehr jemand auch nur seinen Namen, geschweige denn seine Leistungen. Grund dafür ist die menschenverachtende Politik der Nationalsozialisten, die nicht nur seine geradlinig aufstrebende Karriere jäh unterbrachen. Trotzdem hatte er mehr Glück als andere – er überlebte und konnte nach dem Krieg sein unvollendet gebliebenes Lebenswerk wieder aufnehmen.

Wer war das?

Bersu wurde in Schlesien als Sohn eines Industriellen geboren und besuchte die Schule in Frankfurt an der Oder. Da er sich bereits damals für die heimische Vorgeschichte interessierte, stellte ihn sein Gymnasialdirektor dem Archäologen Carl Schuchhardt vor, der ihn 1909 mit auf eine Grabung nach Potsdam nahm. Trotzdem studierte Bersu zunächst Geologie und Naturwissenschaften, wechselte dann aber zur Archäologie und Kunstgeschichte über.

Im 1. Weltkrieg meldete sich der patriotische Bersu freiwillig zur Armee, wo man sofort erkannte, dass er zum Soldaten nicht taugte. So wurde er zunächst als Funker eingesetzt, später dann, seinen Neigungen entsprechend, zum Kunstschutz an der Westfront abkommandiert. Auch bei den Waffenstillstandsverhandlungen in Spa war er zugegen.

Nach dem Krieg wurde Bersu Assistent bei der Römisch-Germanischen Kommission (RGK) in Frankfurt, konnte jedoch noch nicht verbeamtet werden, da er noch immer nicht promoviert war – er war einfach nicht dazu gekommen. Das wurde 1925 schnell und auf Fürsprache Theodor Wiegands nachgeholt. Bersus Thema war der schlesische Burgwall von Striegau, den er mit richtungsweisender Methodik ergraben hatte, während er zugleich vehement gegen die ethnische Interpretation von Funden à la Kossinna argumentierte. Diese Kritik am „Urvater der Vorgeschichte" und die Tatsache, dass ein vielversprechender junger Wissenschaftler bei einem Klassischen Archäologen und nicht einem Prähistoriker promoviert wurde, rief heftige Reaktionen unter den Kossinna-Anhängern hervor, was Bersu damals noch höchst amüsant fand.

Die Römisch-Germanische Kommission des Deutschen Archäologischen Instituts

Die RGK wurde 1902 als für heimische Vor- und Frühgeschichte zuständige Abteilung des DAI gegründet und hat ihren Sitz in Frankfurt a. M., seit 1956 in dem nach Kriegszerstörung neu errichteten Gebäude am Palmengarten, dessen Einrichtung Gerhard Bersu leitete. Die RGK pflegt Kontakte zu Wissenschaftlern der ganzen Welt und arbeitet eng mit anderen archäologischen Institutionen wie Landesämtern und Universitäten zusammen. Unter ihrer Ägide erscheinen mehrere Publikationsreihen.

1928 ging Bersu an die RGK, wo er 1931, nach dem überraschenden und mysteriösen Tod des erst 44-jährigen Friedrich Drexel im Februar 1930, schließlich 1. Direktor wurde. Somit war zum ersten Mal ein Vorgeschichtler der Chef dieser vorwiegend provinzialrömisch geprägten Institution und verlagerte den Schwerpunkt im Arbeitsgebiet zugunsten der vorgeschichtlichen Epochen. Ab 1933 versuchte der Tübinger Prähistoriker Hans Reinerth über die NSDAP massiven Einfluss zu gewinnen und auf Kosten des DAI und der RGK sein „Reichsinstitut für deutsche Vorgeschichte" aus der Taufe zu heben. Er ging mit allen Tricks vor, beschaffte sich auf Umwegen Bersus Stammbaum und diffamierte ihn von nun an als „den Juden Bersu" – obwohl bereits Bersus Vater wie auch er selbst evangelisch getauft waren. Viele seiner Kollegen setzen sich in der Folgezeit für den Verunglimpften ein, am wichtigsten war aber die Fürsprache Theodor Wiegands, der ihn 1935, als Reinerth die

Absetzung endlich durchbekam, als „Referent für Ausgrabungen" an die Zentrale des DAI nach Berlin holte. Der massive internationale Protest, der sich nun erhob, war überhaupt nicht im Sinne der Machthaber, so dass es noch zwei Jahre dauerte, bis Bersu schließlich doch in den vorzeitigen Ruhestand versetzt wurde. Offizieller Grund war dabei nicht die jüdische Herkunft, denn Bersu galt inzwischen offiziell als „Mischling", sondern eine „Vereinfachung der Verwaltung". Auf der von Wissenschaftsminister Rust unterzeichneten Pensionierungsurkunde ist folgende scheinheilige Klausel zu lesen: *„Ich spreche ihm für seine dem Reich geleisteten Dienste meinen Dank aus."* Bersu bemerkte dazu, seine Pensionierung habe *„am gleichen Tage, an dem im Januar 1937 Herr Geheimrat Wiegand beerdigt wurde"*, stattgefunden.

Nur wenig später nahm Bersu eine Einladung nach England an, wo er zunächst umfangreiche Ausgrabungen durchführen konnte, die ihn auch auf der Insel bekannt machten. Nach Ausbruch des 2. Weltkrieges wurden er und seine Frau als Deutsche auf der Isle of Man interniert. Genau genommen erwies sich diese Internierung als Glücksfall im Leben der Bersus, denn in Berlin hätten sie den Krieg höchstwahrscheinlich nicht überlebt. Seine Pension wurde ihm weiterhin mithilfe des Roten Kreuzes überwiesen, während seine Berliner Wohnung 1943 ausgebombt wurde. Von seiner umfangreichen Privatbibliothek blieb nur ein einziges Buch erhalten, das er Paul Reinecke geborgt hatte.

1947 wurde Bersu zunächst Professor an der Royal Irish Academy in Dublin, um dann ab 1950 wieder in Frankfurt auf seinem alten Posten tätig zu werden. Er baute die RGK aus den Ruinen zu neuem Glanz auf, indem er den Neubau des Institutsgebäudes in die Wege leitete. 1956 ging er dann in den Ruhestand, nicht ohne kurz vorher noch die 1952 ausgefallene 50-Jahrfeier des Instituts unter großer internationaler Beteiligung nachzuholen. Laut Kurt Bittel war dies die Krönung seines Lebenswerkes. Auch als Pensionär blieb Bersu bis zu seinem Tod 1964 für die europäische Vorgeschichte aktiv.

Menschliches ...

Bersu war ein kleiner, schwergewichtiger Mann voller Humor, der selbst ausweglose Situationen noch mit Ironie betrachten konnte. Besonders in der Nachkriegszeit zog er gerne die Fäden und organisierte, wenn auch wohl nicht in dem Umfang, den sein Spitzname *„der kleine Papst in Frankfurt"* nahelegt. 1928 hatte er die promovierte Kunsthistorikerin Maria Goltermann geheiratet, die damals als Sekretärin und Bibliothekarin bei der RGK arbeitete. In der Folgezeit nahm sie immer lebhaften Anteil an der Arbeit ihres Mannes und zeichnete beispielsweise viele Grabungspläne.

Was hat er geleistet?

Bereits als junger Mann hatte Bersu bei Robert Forrer in Straßburg volontiert, dort in der mittelalterlichen Altstadt Baubeobachtungen durchgeführt und erste Einblicke in die römische Epoche erhalten. 1913, ebenfalls noch als Student vor der Promotion, wurde er Assistent am Landeskonservatorium Stuttgart bei Peter Goessler, der sein grabungstechnisches Talent erkannte. In den nächsten Jahren sollte Bersu in Württemberg zahlreiche Ausgrabungen durchführen, wobei besonders die internationale „Lehrgrabung" vom Goldberg im Ries bleibende Relevanz haben sollte. Auch mit der Bedeutung der Viereckschanzen und der römischen Besetzung Württembergs beschäftigte er sich ausführlich. Zu erwähnen sind außerdem Grabungsteilnahmen in Österreich (Feistritz/Duel 1928/31) und Bulgarien (Sadovec 1936/37) sowie die legendären „Studienfahrten deutscher und donauländischer Bodenforscher" im Auftrag der RGK 1928–1935. Auch zu Zeiten des III. Reiches war es ihm weiterhin möglich, ins Ausland zu reisen, um zu graben oder Funde aufzuarbeiten – die Untersuchung des Wittnauer Horns im Kanton Aargau/Schweiz fällt in diese Zeit. Zu groß war die Angst der Machthaber vor internationalem Protest, hätte man Bersus Tätigkeiten beschränkt, denn mit seinen weitgefächerten Kontakten wollte sich das neue Regime gerne schmücken.

Ein weiterer Schwerpunkt in der wissenschaftlichen Arbeit des Gerhard Bersu war die Organisation internationaler Tagungen. Der erste der von ihm mitbegründeten Vorgeschichtlerkongresse wurde in London unter Beteiligung von 500 Wissenschaftlern vieler Länder abgehalten. Die dort geknüpften Verbindungen mit seinen britischen Kollegen sollten Bersu dann zu Zeiten seines Exils weiterhelfen. Besonders wichtig war dabei die Freundschaft mit O. G. S. Crawford, dem Pionier der Luftbildarchäologie.

Nach seiner Zwangspensionierung nahm Bersu 1938 eine Einladung zur Ausgrabung der eisenzeitlichen Siedlung Little Woodbury in England an, die man ihm als Spezialisten für großflächige Siedlungsgrabungen angeboten hatte. Nach der zweiten Kampagne konnte Bersu im Sommer 1939 nicht mehr nach Deutschland zurückkehren und nahm notgedrungen weitere Ausgrabungsaufträge an. Aufgrund dieser Arbeiten ist Bersu in der englischen Vorgeschichtsforschung bis heute ein Begriff – vor allem deswegen, weil er nachweisen konnte, dass die Bevölkerung vor der römischen Okkupation keineswegs in Erdgruben gelebt hatte, wie sogar R. E. M. Wheeler und andere traditionell annahmen. Zu diesem Nestor der britischen Archäologie hatte Bersu allerdings ein etwas angespanntes Verhältnis, hatte er doch bei seinem Besuch in Maiden Castle 1936 dessen Grabungsmethoden kritisiert. Wheeler revanchierte sich damit, dass er sich mit dem Argument gegen Bersus Ausgrabungen auf der Isle of Man wandte, die Beschäftigung von internierten Ausländern müsse nicht noch von der Society of Antiquaries London finanziert werden. Auch ließ er kein gutes Haar an Bersus „impressionistischen" Grabungszeichnungen.

Was bleibt?

Bersu war durch seine internationalen Kontakte weithin bekannt und beliebt. Aufgrund seiner vielfältigen Grabungen kannte er sich in allen Epochen aus, nicht nur in der Vorgeschichte. Es sind vor allem seine bei Carl Schuchhardt erlernten und später weiterentwickelten revolutionären Grabungsmethoden, die internationale Beachtung fanden und zu seinem Ruf als hervorragender Ausgräber beitrugen. Die Wiedereinrichtung der RGK nach dem Krieg ist sein Verdienst.

Morde und Mäuse in Mesopotamien

Agatha Christie und Max Mallowan

Name: **Agatha Mary Clarissa Miller, gesch. Christie, verh. Mallowan**
Geboren: **15. September 1890 in Torquay/Devon**
Gestorben: **12. Januar 1976 in Wallingford/Oxfordshire**
Tätigkeiten: **Schriftstellerin, Aushilfsarchäologin**
Besonderheit: **Erfolgreichste Kriminalschriftstellerin des 20. Jhs.**

Name: **Sir Max Edgar Lucien Mallowan**
Geboren: **6. Mai 1904 in London**
Gestorben: **19. August 1978 in Wallingford/Oxfordshire**
Tätigkeiten: **Vorderasiatischer Archäologe**
Besonderheit: **Kaum bekannter Ehemann der Agatha Christie**

Agatha Christie ist weithin bekannt als Krimiautorin – doch dass sie auch eine intensive Beziehung zur Archäologie hatte, ist so gut wie unbekannt. Oder besser ausgedrückt, sie hatte eine intensive Beziehung zu einem ganz bestimmten Archäologen namens Max Mallowan. Dieser keineswegs unwichtige Teil ihres Lebens wird angesichts der ländlich-englischen Atmosphäre, in der ihre Miss-Marple-Geschichten spielen, häufig vergessen. Doch diese sind nur eine Seite der Medaille – schon Hercule Poirot begibt sich in fernere Gefilde wie Ägypten („*Tod auf dem Nil*“) oder das mandatszeitliche Palästina („*Rendezvous mit einer Leiche*“), und einige Romane spielen ganz in archäologischem Ambiente, wie „*Mord in Mesopotamien*“.

Agatha Christie Anfang der 1930er Jahre als Ägyptentouristin, stilecht mit Fliegenwedel – fotografiert von ihrem frisch angetrauten Gatten Max Mallowan.

Wer war das?

Agatha wurde als Tochter eines Amerikaners und einer Engländerin im zutiefst viktorianischen Umfeld der gehobenen Mittelschicht geboren. Aufgewachsen fast nur in der Gesellschaft Erwachsener, entwickelte sie sich zu einer scharf denkenden und formulierenden Persönlichkeit. Sie las wie besessen und verbrachte einen großen Teil ihrer Kindheit in der Bibliothek ihres Vaters; in *„imaginären Welten mit imaginären Freunden"*, wie sie später sagen sollte. Während des 1. Weltkrieges arbeitete Agatha unter anderem als Freiwillige in einer Apotheke, wo sie vor allem von den verschiedenartigen Giftstoffen fasziniert war – eine gute Vorarbeit für ihre späteren Romane! 1920 veröffentlichte sie – bereits unter ihrem Ehenamen Agatha Christie – ihren ersten Roman, denn 1914 hatte sie den Luftwaffenoffizier Archibald Christie geheiratet. Doch diese Ehe endete vorzeitig, als Archibald seine Frau und seine Tochter Rosalind wegen einer anderen verließ.

Max Mallowan wurde in London geboren, war aber keineswegs englischer Herkunft: Sein Vater hatte seine Heimat in der Steiermark vor dem 1. Weltkrieg verlassen, um in England sein Glück als Kaufmann zu machen. Dort heiratete er eine Pariserin, mit der er drei Söhne in die Welt setzte – einer davon war Max. Er war wahrlich keine Leuchte in der Schule oder an der Universität Oxford und nennt sich selbst einen „Spätstarter". Nach seinen Plänen für die Zukunft gefragt, stellte sich heraus, dass er keine hatte. Einer seiner Professoren verwies ihn an Leonard Woolley, der gerade einen Assistenten für die Grabung in Ur suchte, und Max folgte dieser *„Reihe glücklicher Zufälle"* und landete so bei der Archäologie. Doch nun lernte er schnell alles, was für das Ausgrabungswesen nötig war und vor allem auch den Umgang mit Menschen, von denen die Frau seines Chefs, Katharine Woolley, der schwierigste war. Er arbeitete in Ur als „allgemeiner Feldassistent" (auch „Mädchen für alles genannt") für einen Chef, der ein hervorragender, aber auch sehr strenger Lehrer war. Überstunden bedeuteten für ihn nichts, und wenn Max morgens verschlafen und verspätet auf der Grabung erschien, meinte Woolley nur: *„Wenn Sie morgens nicht aus dem Bett kommen, müssen Sie eben früher schlafen gehen!"* Leicht gesagt bei einem Tagespensum, das kaum vor Mitternacht zu schaffen war.

Agatha Christie wollte nach dem Ende ihrer ersten Ehe Abstand und Frieden gewinnen und sich in der Karibik an den Strand legen. Kurz vor der Abreise traf sie allerdings ein Ehepaar, das gerade aus Bagdad zurückkam und ihr in den höchsten Tönen vom Irak vorschwärmte. Da sich Agatha schon immer für den Orient und die Archäologie interessiert hatte, war sie gefesselt. Als sie auch noch erfuhr, dass die einzige Möglichkeit dorthin zu kommen, darin bestand, mit dem legendären Orient-Express zu reisen, buchte sie spontan ihre Reise um – schließlich war sie von kaum etwas in ihrem Leben so fasziniert wie von Zügen, die dementsprechend auch in ihren Büchern immer wieder eine wichtige Rolle spielen. Jedenfalls war Agatha davon überzeugt, dass das Schicksal in diesem Augenblick die Kontrolle über ihr weiteres Leben übernommen hatte.

Agatha besucht Ur und findet einen Mann

Die Ausgräber von Ur, das Ehepaar Woolley, waren große Fans von Agathas Romanen, so dass sie ihre berühmte Besucherin herzlich willkommen hießen. Katharine Woolley befahl Max, sich um den Gast

Max Mallowan – fotografiert von Agatha Christie.

zu kümmern, was er gern tat – auch wenn Agatha deswegen ein schlechtes Gewissen haben sollte. Doch die beiden verstanden sich wie von selbst, da sie den gleichen Humor hatten. Schon nach kurzer Zeit bekannte Max, noch nie eine Frau wie Agatha getroffen zu haben – was genaugenommen nichts heißt, denn er kannte nur wenige und Katharine Woolley war ein abschreckendes Beispiel. Sie reisten im Land umher, er führte sie an der Hand über hohe Wehrmauern, denn Agatha hatte Höhenangst, und besonders denkwürdig war – neben den üblichen Missgeschicken wie einem im Sand festgefahrenen Auto – eine Nacht im Gefängnis in Kerbela. Nicht als Gefangene, wohlgemerkt, sondern als Übernachtungsgäste, jeder in seiner eigenen Zelle. Agatha und Max trafen sich im März, im September waren sie verheiratet –

trotz des Altersunterschiedes von 14 Jahren, dessentwegen Agatha große Gewissensbisse hatte, einzuwilligen. Doch Max blieb hartnäckig, und so begann für Agatha im Alter von 40 Jahren ein neues Leben, das genau das war, wonach sie immer gesucht hatte.

Mallowan wurde 1947 Professor für Vorderasiatische Archäologie am Institute of Archaeology der University of London. Max, der Ausgräber von Nimrud, saß dort in der Folgezeit neben so bekannten Kollegen wie Kathleen Kenyon, die in Jericho grub, und Mortimer Wheeler, der gerade Mohejo Daro erkundete. Die Grabungen in Nimrud sollten elf Jahre lang dauern und spektakuläre Funde erbringen, darunter zahllose reliefierte Elfenbeintafeln. Während der ganzen Jahre schrieb Agatha unablässig einen Krimi nach dem anderen.

„Ich liebe Leichen und Tote."

Agathas Antwort auf Max' Frage, ob sie sich an seinem Beruf störe

Max starb zwei Jahre nach Agathas Tod. Kurz zuvor erschien 1977 seine Autobiografie, „Mallowan's Memoirs", in der er humorvoll von seinem Leben mit Agatha berichtet.

Die Mallowans behielten ihren gewohnten englischen Lebensstandard auch in der Wüste bei: Die Luftpost-Ausgabe der Times wurde ihnen nachgeschickt, zum Abendessen zog man sich um, die Inventarliste der aus England mitgebrachten Küchenutensilien würde einem Landsitz zur Ehre gereichen. Wie gewohnt war Agatha die Herrin über Küche und Haus und erwartete einen reibungslosen Ablauf der anfallenden Arbeiten. Deshalb war sie immer wieder fassungslos, wenn einer der Hausboys einen Bettbezug als Wischtuch einsetzte – da nutzten auch keine Beteuerungen, es sei ja kein frischer.

Menschliches ...

Agatha war von Kindheit an sehr religiös und folgte einem strikten Wertekanon, weswegen sie auch der Ehebruch ihres ersten Mannes umso schlimmer traf. Daher erklären sich auch ihre häufigen Verweise auf biblische Motive und Geschichten, etwa *„es ist wie in der Bibel, mich rührt das an"* angesichts der ländlichen Idylle des Zweistrom-

landes. Und auch ihre Kriminalgeschichten haben biblisch-einfache Motive, etwa den Kampf Gut gegen Böse. Trotzdem war sie voller natürlichem Humor, auch wenn sie ihr Leben lang scheu und Fremden gegenüber voller Zurückhaltung war. Sie war eine große Menschenbeobachterin, die insbesondere den Orient und seine Bewohner mit einer *„liebevollen Distanz"* (C. Trümpler) betrachtete und zugleich in ihren Büchern und Fotografien ein lebendiges Bild einer heute nicht mehr existierenden Welt erschaffte.
Agatha berichtet mit einem Augenzwinkern über die Tatsache, mit einem Archäologen verheiratet zu sein, etwa, wenn Max ein Muster auf ihrem Kleid mit antiken Fruchtbarkeitssymbolen in Verbindung brachte oder auf die Frage, was sie anziehen sollte, antwortete: *„Zieh doch das grüne an mit dem Tell-Halaf-Rautenmuster."* Passende wüstentaugliche Kleidung zu erstehen, war für eine Frau ihres Formats keineswegs einfach, denn sie war schon in den 1930er Jahren „stattlich" und schreibt: *„Wie erniedrigend, eine ‚große Größe' zu sein. Wieviel schlimmer noch, sofort als ‚große Größe' erkannt zu werden."*
Zunächst hatte Agatha gewisse Probleme, sich an die orientalische Tierwelt zu gewöhnen, während die Menschen weniger ein Problem darstellten: In der ersten Nacht in Chagar Bazar wurde sie von Mäusen belagert, die sie nicht schlafen ließen. Obwohl sie keine der Frauen war, die vor Mäusen schreiend davonrennen, konnte sie sich einer gewissen Panik nicht erwehren: *„Kaum sind die Lampen gelöscht, kriechen Horden von Mäusen – ich glaube, es waren Hunderte – aus ihren Löchern in den Wänden und dem Boden. Sie hüpfen mit Gequieke über unsere Betten, Mäuse auf dem Gesicht, kneifende Mäuse im Haar – Mäuse, Mäuse, MÄUSE!"* Dieses Problem wurde jedoch umgehend durch den Einsatz einer „Profi-Killer-Katze" behoben.

Was haben sie geleistet?

Sofort nach ihrer Hochzeit begleitete Agatha Max auf allen seinen Expeditionen. Nur nach Ur konnten sie nicht mehr zurückkehren, denn Katharine Woolley hätte keine zweite Frau auf der Grabung geduldet. Stattdessen ging das junge Paar nach Ninive und beteiligte sich dort an der *„Jagd nach Keilschrifttafeln"*, wie Max es später formulieren sollte. 1932 leitete er seine ersten eigenen Ausgrabungen, am bekanntesten ist wohl Tell Brak mit seinen „Augen-Tempeln".

Während all der Jahre bestand Agatha darauf, ihre Reisekosten selbst zu bezahlen. Sie wohnte und arbeitete mit im Expeditionshaus –

oft unter nicht unbedingt erwünschter Anteilnahme einiger Grabungsteilnehmer, die nicht recht verstanden, wobei sie sie störten, wenn sie ihre Arbeit kurz auf ein Schwätzchen unterbrachen. In Nimrud schließlich erhielt sie ihr eigenes (und wiederum selbst bezahltes) Reich: „Beit Agatha", Agathas Haus. Auch entwickelte sie bald vorbereitende Strategien, um im Orient und auf der Grabung am besten zurechtzukommen, denn es gab genügend Dinge, an die Max nicht dachte: Etwa, mehrere Armbanduhren (*„die Wüste ist nicht uhrenfreundlich"*) oder ausreichend Bleistifte mitzunehmen, da letztere immer auf magische Weise verschwanden.

Puzzlespiele und Fotografien

Agatha nahm aktiv an allen anfallenden Arbeiten teil, auch wenn es etwas dauerte, bis sie ihre durch ungleich abgelaufene Schuhe bedingte „Schieflage" mit der tagelangen Prospektion von vielversprechenden Hügeln in Zusammenhang brachte, die sie immer mit dem Gipfel zur Linken umkreist hatte. Alle folgenden Hügel nahm sie in der entgegengesetzten Richtung in Angriff, und das Gleichgewicht war wieder hergestellt. Mit Begeisterung beschriftete sie die Funde oder setzte die Keramik zusammen, wobei ihr ihre langjährige Erfahrung mit Puzzlespielen zugutekam. Besonders wichtig war Agathas Arbeit als Fotografin und Entwicklerin der Grabungsfotos, die sie zunächst in einer Miniatur-Dunkelkammer ausübte, in der sie sich – als „große Größe" – kaum bewegen konnte. Erst später konnte sie sich auch hierin durch einen Neubau räumlich verbessern. In den Monaten in England belegte sie sogar Foto- und Zeichenkurse, obwohl sie gerade dazu keinerlei Talent hatte und ihren Lehrer zur Verzweiflung brachte. Trotzdem hatte sie durchaus den nötigen „archäologischen Blick", der ihre Fotos auch heute noch für Wissenschaftler wichtig macht. Neben den rein archäologischen Motiven hielt sie auch viele „ethnologisch" interessante Szenen aus dem Orient fest – oder aber den Grabungshund von Tell Brak, denn Agatha war – typisch englisch – eine Hundenärrin.

In Nimrud war Agatha dann aktiv an der Konservierung der zahllosen in Feuchtbodenerhaltung angetroffenen Elfenbeinfunde beteiligt, indem sie sie gegen das Austrocknen mit Gesichtscreme bestrich: *„Es kam zu einem solchen Ansturm auf meine Gesichtscreme, dass ich nach ein paar Wochen nichts mehr für mein armes Gesicht hatte."* Das Leben auf der

Grabung floss immer wieder in Agathas Romane ein, ab und zu sogar in dem Maße, dass bestimmte vorbildhafte Personen auch als solche zu identifizieren sind: Das Mordopfer Mrs. Leidner in „Mord in Mesopotamien“ ist niemand anderes als Katharine Woolley. Trotzdem erhob sie nie den Anspruch, „Archäologin“ zu sein, obwohl sie mit Max *„auch in beruflicher Hinsicht auf geradezu einzigartige Weise eine Symbiose bildete“* (C. Trümpler). Ein Schlaglicht auf diese enge Zusammenarbeit wirft folgende Anekdote von Max Mallowan: Als er einmal mit drei Kollegen auf der Durchreise gemeinsam frühstückte, kam die Sprache auf die Romane von Agatha Christie. Georges Chenet, der Assistent von Claude Schaeffer, fragte genauer nach bestimmten Titeln. *„Ja, hab ich auch gelesen“*, antwortete Max Mallowan, *„ ... und zwangsläufig alle anderen Romane der Autorin, weil ich deren Ehemann bin ...“*

Was bleibt?

Lassen wir am Ende dieses Kapitels noch einmal die beiden Protagonisten selbst zu Worte kommen:

„Eine wunderbare Gehilfin, eine immer lächelnde Gastgeberin, eine mutige und glückliche Kameradin ... und außerdem war sie Fotografin und assistierte bei der Reinigung und Registrierung der kleineren Funde.“

Max über Agatha

„Ich wollte nicht in die Vergangenheit flüchten, sondern in die Mühsal und das Leid von heute etwas Unzerstörbares bringen, das wir nicht nur besaßen, sondern noch immer besitzen.“

Agatha über ihre Zeit mit Max im Orient; aus dem Epilog von „Erinnerungen an glückliche Tage“

Der Filou und das Mädchen

Mortimer und Tessa Wheeler

Name:	**Sir Robert Eric Mortimer Wheeler**	**Tessa Verney**
Geboren:	**10. September 1890 in Glasgow**	**1893 in Johannesburg**
Gestorben:	**22. Juli 1976 in London**	**15. April 1936 in London**
Tätigkeiten:	**Archäologe, Selbstdarsteller**	**Ausgräberin**
Besonderheit:	**Erster Archäologe des Fernsehzeitalters**	**Grabungstechnikerin**

Mortimer Wheeler war einer der bedeutendsten britischen Archäologen, im wahrsten Sinne ein Mann der Superlative. Laut Max Mallowan, der lange Tür an Tür mit ihm saß, war er *„... ein feuerspuckender Drache, der seine Gegner entweder verbrannte oder kauterisierend und erneuernd wirkte“*. Doch was davon ist real, was charakterisiert die Persönlichkeit dieses R. E. M. Wheeler? Und welche Rolle spielte seine erste Frau Tessa für die Archäologie?

Wer war das?

Mortimer Wheeler wurde 1890 geboren und war von klein auf viel in der Natur unterwegs, wo er sich als *„wildes Geschöpf unter anderen wilden Geschöpfen“* fühlte. Von Kindheit an malte und zeichnete er, machte aber auch erste schriftstellerische Erfahrungen, als er zusammen mit seiner Schwester eine Familienzeitschrift herausgab. Später folgten dann eine Schulzeitschrift, Gedichte und kurze Berichte über eine Vielzahl von Themen. Für Sport hatte der künstlerisch begabte Junge dagegen keinerlei Ader – er wurde nur deshalb „Ehrenmitglied“ der Fußballmannschaft, weil er für sie immer Plakate und Karikaturen zeichnete. Als er jedoch nach der Schulzeit die Londoner Kunstakademie besuchte, erkannte er nach kurzer Zeit, dass sein Talent für eine Künstlerkarriere nicht ausreichte. Nach langem Überlegen wandte er sich der Archäologie zu. Er studierte Classical Studies am Londoner University College, bildete sich aber darüber hinaus selbstständig durch Lesen und ausgedehnte Museumsbesuche weiter.

Nach Abschluss des Studiums arbeitete Wheeler zunächst bei der Royal Commission on Historical Monuments, was eigentlich die falsche Stelle für ihn war, denn statt Ausgrabungen machte man dort Bauaufnahmen von Gebäuden, von denen die ältesten ins 17. oder 18. Jh. datierten. Unterbrochen durch den Kriegsdienst im 1. Weltkrieg wurde diese Aufgabe für ihn immer unbefriedigender. Nach den Jahren als Offizier fehlte ihm die Demut für einen solchen schlecht bezahlten Job, denn er fühlte sich zu Höherem berufen – und sollte es erreichen.

Menschliches ...

Max Mallowan greift zu den höchsten Worten, wenn er in seiner Biografie seinen Kollegen Wheeler beschreibt. Er sei *„voller dämonischer Energie gewesen, wie getrieben von sieben Teufeln. Alles, was er berührte, erwachte zum Leben. Er war wie König Lear, von überwältigender Präsenz“*. Tatsächlich verschwendete Wheeler keinen Gedanken an Diplomatie oder Einfühlungsvermögen. Er benutzte die Menschen, spielte mit ihnen und ließ sie ebenso schnell wieder fallen, wenn er sie nicht mehr brauchte. Sein Urteil über seine Mitmenschen war oft gnadenlos – und doch war er, der geborene Selbstdarsteller, anfällig für Schmeicheleien. Er war ein Organisationstalent wie Leonard Woolley, wollte aber anders als dieser immer im Mittelpunkt stehen.

1914 heiratete Wheeler in heimlicher Hochzeit seine erste große Liebe Tessa Verney, die durch ihre knabenhafte, fast katzengleiche Schönheit bestach. Beider Sohn Michael wurde im Jahr darauf geboren, so dass sich Wheelers Leben jetzt auf einen Schlag komplett änderte – nicht zuletzt durch seinen Militärdienst im 1. Weltkrieg. Zunächst nur als Artillerieausbilder in England eingesetzt, kam er erst im letzten Kriegsabschnitt an die Front nach Frankreich, wo er mitten im schlimmsten Gemetzel landete und es nur durch großes Glück überlebte. Wheeler machte diese Zeit trotzdem zum begeisterten Soldaten, vielleicht auch weil er gerne Befehle gab und Männer führte. In seinen Memoiren und Briefen berichtet er jedenfalls sehr lebhaft und ausführlich über seine Kriegserlebnisse. Er kam als veränderter Mann zurück, den der Krieg geprägt hatte – ihn, der sich einige Jahre zuvor über die „Soldatenspielereien“ seiner Altersgenossen lustig gemacht hatte. Viele seiner späteren eisernen Prinzipien gehen auf diese Zeit zurück, denn ab jetzt sah er sich als *„Überlebender mit einer Mission“* (J. Hawkes): Er wollte die Archäologie neu erfinden.

„Die Archäologie muss eine gelebte Wissenschaft sein und mit Menschlichkeit gewürzt werden. Tote Archäologie ist der trockenste Staub, der herumweht.“

Mortimer Wheeler

Wheeler gab seinen ungeliebten Job auf und stürzte sich kopfüber in jede Aufgabe, die zur Realisierung seiner Mission dienlich schien. Bereits in dieser Zeit kriselte es erstmals in der jungen Ehe, doch insbesondere Tessa wollte es nicht wahrhaben und begann wie manisch, ihren Gatten bei seiner Arbeit zu unterstützen – und sich selbst zu überanstrengen. Als Wheeler auch noch eine Vorliebe für hübsche junge Studentinnen entwickelte, die auf der Grabung in mehr als einer Hinsicht begehrt waren, und er seine Frau mehrfach durch Affären verletzte, vergrub sie sich immer tiefer in die Arbeit, die eigentlich die seine war. 1936 starb Tessa völlig überraschend nach einer harmlosen und einer zweiten unnötigen Operation. Wheeler, der gerade in weiblicher Begleitung sechs Wochen lang durch Ägypten und Palästina gereist war, erfuhr auf der Rückfahrt aus der Zeitung vom Tod seiner Frau. Er war am Boden zerstört, denn trotz seiner vielen Freundinnen hatte er nur Tessa wirklich geliebt. Auch er vergrub sich jetzt in seinen Projekten, wurde immer mehr zum Medienhelden, zum *„Abenteurer der Archäologie“*, wie seine Biografin ihn genannt hat. Ohne Tessa wäre Mortimer jedoch nicht zu dem berühmten Mann geworden, der er werden sollte.

Was haben sie geleistet?

Ab 1913 entwickelte Wheeler Kontakte zu allen wichtigen Archäologen in England und grub im römischen Wroxeter, wo er den Plan für eine Doktorarbeit über römische Keramik entwickelte. Er erhielt das von Arthur Evans gestiftete Stipendium, das dieser ihm aus eigener Tasche noch verdoppelte, und reiste ins Rheinland, um dort in allen wichtigen Museen römische Keramik zu zeichnen. Selbst als er während des 1. Weltkrieges erneut in Belgien, Nordfrankreich und dem Rheinland war, machte er letzte Fundaufnahmen. Er sagte, er sei mit seiner fertigen

Dissertation im Notizbuch aus dem Krieg heimgekehrt, und so ist es nicht verwunderlich, dass er bald darauf promoviert war.

Wheeler bewarb sich unter anderem mit einem gezielt und schnell *„in Zugwaggons und Landgasthäusern"* geschriebenen Buch über das vorgeschichtliche und römische Wales als Museumsleiter am dortigen Nationalmuseum und erhielt die Stelle. Von 1920–1926 war er Direktor in diesem seit langer Zeit vernachlässigten Haus, das er komplett umgestaltete. In der Anfangszeit in Wales schlugen er und Tessa im Museum Feldbetten auf, um fast rund um die Uhr arbeiten zu können. Dabei nutzte er auch Tessas Talent, sich in seine Arbeit hineinzuversetzen. Selbst auf den ersten Ausgrabungen wie Segontium 1924/25 übernahm sie weit mehr als die reine Fundstatistik. Beide freuten sich daran, dass sie in der Lokalpresse nun als „die Wheelers" beschrieben wurden – ein scheinbar unzertrennliches Team. In Caerleon sollten beide eine weitere römische Stadt ausgraben, doch Wheeler erzählte den Journalisten etwas von der „Tafelrunde des König Artus", um seine Popularität zu erhöhen. Damit nahm er bereits vorweg, was Woolley dann mit den Sintflutstraten in Ur machen sollte – er vermarktete sie gut jenseits aller archäologischen Fakten.

Die Wheeler'sche Ausgrabungsmethode

In seiner Grabungstechnik war Wheeler von Pitt-Rivers (1827–1900) beeinflusst, den er sozusagen wiederentdeckte, denn obwohl dessen Arbeit erst gut 30 Jahre zurücklag, war sie praktisch vergessen. Er sagte immer, die englische Archäologie habe die Zeit zurückgedreht, um noch im 20. Jh. so auszugraben wie Schliemann in Troja. Wheeler machte also einen Umweg über die Vergangenheit, um in der Zukunft anzukommen. Für ihn war wieder die genaue Aufzeichnung der Fundlage eines jeden gefundenen Objekts das entscheidende Kriterium, denn man müsse es jederzeit an seinen angestammten Platz zurücklegen können. Damit war die Urform der Wheeler-Grabungsmethode geboren – doch diejenige, die in erster Linie damit arbeitete und sie weiterentwickelte, war Tessa Wheeler. Mortimer war dagegen oft durch Öffentlichkeitsarbeit und andere Aufgaben verhindert, während seine Frau vor Ort die Stellung hielt und die praktische Arbeit machte. Was in diesen frühen Jahren vor allem an dieser Grabungsmethode, die schließlich als Wheeler-Kenyon-Methode berühmt werden sollte, kritisiert wurde, waren ihre stark schematisierten Grabungspläne. Sie stehen im krassen Gegensatz zu den naturalistischeren Plänen von Archäologen wie Gerhard Bersu, dessen Stil Wheeler abfällig als

„impressionistisch“ und „nebulös“ bezeichnete, weil die für ihn typischen Trennlinien der Schichten fehlten, während seine eigene Methode bereits beim Zeichnen eine Interpretation mit einschloss und somit keine objektive Dokumentation war.

Von 1926 bis 1944 kam die nächste Aufgabe: das London Museum. Kaum war Wheeler dabei, sich in Wales einen Namen zu machen, war er schon wieder auf dem Sprung – seine Familie hinterher, die sich nicht einmal im gerade bezogenen Eigenheim einrichten konnte. Die bereits zugesagten Ausgrabungen im winterlichen Caerleon übernahm Tessa und pendelte zwischen beiden Orten, was sich bald in ersten gesundheitlichen Ausfällen bemerkbar machen sollte. Wheeler nannte das London Museum einen „Ramschladen“, das mehr an ein fürstliches Kuriositätenkabinett erinnerte denn an ein staatliches Museum. Die Wheelers bezogen eine einfache Wohnung in der Nähe, die auch nach Jahren noch ungenutzt aussah, da sie die meiste Zeit im Museum verbrachten. Dort räumte Wheeler die Rumpelkammer gnadenlos mit dem eisernen Besen aus – während ein Modell des Londoner Stadtbrandes bleiben durfte, flogen die ausgestopften Möwen hinaus. Parallel dazu schrieb er den ersten einer neuen Reihe von Museumsführern.

Das Institute of Archaeology in London

Bereits damals wurde eine weitere visionäre Idee geboren: das Institute of Archaeology. Als das Ehepaar Wheeler nach London zurückkehrte, waren die Pläne sozusagen bis hin zu Personalfragen komplett fertig. Trotzdem sollte es noch einmal zehn Jahre dauern, bis das Haus eröffnet werden konnte, und Tessa sollte diesen Tag nicht mehr erleben. Bis zuletzt bemühte sie sich, Sponsorengelder aufzutreiben und ein geeignetes *„großes Gebäude fast ohne Miete“* zu finden, was ihr auch gelang. Das neue Institute of Archaeology wurde schließlich ziemlich genau ein Jahr nach Tessas Tod eröffnet – an der Wand zur Bibliothek gedachte man ihr mit einer Marmortafel.

Die Karriere von Wheeler ging weiter steil bergauf. Nach dem 2. Weltkrieg wurde er Direktor des Archaeological Survey of India, wo er mit der Indus-Kultur ein völlig neues Betätigungsfeld fand und Mohenjo Daro erforschte. 1952 wurde er für seine Verdienste um die englische Archäologie geadelt.

Was bleibt?

Bis weit in die 1960er Jahre schrieb Wheeler populäre Bücher und trat oft mit archäologischen Themen im Fernsehen auf. Seine Popularität nutzte er für sein lebenslanges Anliegen: Die Archäologie im Bewusstsein der Bevölkerung zu verankern. Doch ein Großteil seiner Leistung geht eigentlich auf das Konto seiner Frau Tessa, deren Namen heute kaum mehr jemand kennt.

Feministin, Mutter, Archäologin

Hanna Rydh

Name: **Hanna Rydh, verh. Schnittger**
Geboren: **1891 in Stockholm**
Gestorben: **1964 in Solna**
Tätigkeiten: **Archäologin, Feministin, Schriftstellerin**
Besonderheit: **Erste Frau, die in Schweden im Fach Archäologie promovierte**

Hanna Rydh war die erste Frau, die 1919 in Schweden in Archäologie promovierte. In den Folgejahren schaffte sie es als eine der wenigen, Beruf, Familie und feministischen Aktivismus zu kombinieren, während ihre Kolleginnen meist alle anderen Aktivitäten ihrem Beruf opferten – oder die Archäologie aufgaben.

Wer war das?

Rydh war die Tochter einer wohlhabenden Familie, ihr Vater war Direktor eines Kraftwerkes. 1910 machte sie Abitur an einer der traditionsreichsten Mädchenschulen Stockholms, wo sie auch im Anschluss daran studierte. 1915 legte sie ihren Magister in Literaturwissenschaften und Archäologie ab. Bereits als Studentin engagierte sie sich in Frauenvereinigungen und war erfreut darüber, dass unter ihren Kommilitonen keine Geschlechtertrennung herrschte und man „ganz normal" zusammenarbeiten konnte.

Menschliches ...

Rydh heiratete ihren Kollegen und ehemaligen akademischen Lehrer Bror Schnittger, der ausdrücklich ihre Berufstätigkeit unterstützte und zeitweise mit ihr zusammenarbeitete. Er war sogar damit einverstanden, dass sie nach dem neuen Ehegesetz von 1920 ihren Namen behielt, denn er wollte keine Verwechslungen bei den Publikationen. Eine feste Stelle erhielt Rydh jedoch nicht, sondern arbeitete auf

Projektbasis. Möglicherweise war das einer der Gründe, warum sie Kinder nie als Hindernis ihrer archäologischen Arbeiten verstand. Als sie sich für ein wichtiges englisches Stipendium bewarb und es erhielt, war sie soeben Mutter eines Sohnes geworden. Die vergebende Stelle fragte vorsichtig nach, ob sie nun noch die Absicht habe, das Stipendium anzutreten. Rydhs lakonisches Antworttelegramm ist in England inzwischen legendär: *„Die Geburt meines Sohnes macht keinen Unterschied."* Später kam noch ein zweiter Sohn dazu, den sie wie den älteren Bruder auf ihre Reisen einfach mitnahm. Ihr Mann Bror jedoch verstarb schon 1924 im Alter von 33 Jahren, so dass Rydh auch seine liegen gebliebenen Arbeiten vollendete. 1929 heiratete sie erneut, diesmal einen Diplomaten und Politiker, als dessen Frau sie auch repräsentieren musste und so zwangsläufig ihre politisch-aktivistische Tätigkeit intensivierte. 1942 starb auch dieser Gatte, und Rydh blieb weitgehend in der Politik aktiv und war 1943/44 sogar Parlamentsmitglied mit den Spezialgebieten Emanzipation, Familienpolitik und Berufstätigkeit von Frauen.

Was hat sie geleistet?

Nach ihrem Magisterexamen in Stockholm ging Rydh an die Universität Uppsala, wo sie bei Oscar Almgren studierte. Im Sommer leitete sie oft Ausgrabungen. 1919 schrieb sie ihre Lizentiatsarbeit, die nicht gedruckt wurde und die Grundlage der darauf aufbauenden Dissertation war. Montelius wurde auf sie aufmerksam und beschleunigte ihre Promotion, damit sie nicht endlos lange an ihrem Thema säße und eine Arbeit schriebe, *„so dick, dass sie niemand würde lesen wollen"*. In ihren Lebenserinnerungen berichtet sie: *„Am 23. Mai [1919] wurde aus der Kandidatin Rydh die Lizentiatin Rydh, eine Woche später wurde aus der Lizentiatin Rydh Frau Doktor Rydh, eine Woche später wurde aus Frau Doktor Rydh Frau Schnittger und vier Tage später hielt die Familie Rydh-Schnittger einen Vortrag auf einem Archäologenkongress in Kopenhagen."*

In den folgenden Jahren unternahm Rydh ausgedehnte Reisen nach Frankreich und in die Mittelmeerländer, die ihr Interesse an paläolithischer Kunst weckten. Sie besuchte Arthur Evans im frisch restaurierten Palast von Knossos. Als er sie nach ihrer Meinung zu den Rekonstruktionen fragte, hatte sie das Problem, ihm gegenüber *„gleichzeitig aufrichtig und höflich"* sein zu wollen. Sie publizierte nicht nur die Ergebnisse ihrer zahlreichen Ausgrabungen, sondern schrieb auch zahlreiche populäre

Werke: Reiseberichte über den Mittelmeerraum, Asien und Amerika, Jugendbücher sowie „Frauenportraits" über vorgeschichtliche Frauen, die in Zeitschriften veröffentlicht wurden. Ihre Monografien „Die Frau in der nordischen Vorzeit" oder „Das Jahrtausend der Höhlenmenschen" richteten sich an Laien und Jugendliche. 1952 schließlich kehrte Rydh noch einmal in die praktische Archäologie zurück, als sie im Alter von über 60 Jahren eine große Expedition nach Rajastan in Indien leitete und deren Ergebnis publizierte.

Was bleibt?

Wie auch Margaret Murray war Hanna Rydh ihr Leben lang in Frauenbelangen engagiert und konnte so den dringend nötigen „weiblichen Blick" auch in der nordischen Vorgeschichte etablieren.

Stadtarchäologie und Glasforschung

Fritz Fremersdorf

Name: **Fritz Fremersdorf**
Geboren: **14. Januar 1894 in Mainz**
Gestorben: **25. Januar 1983 in Köln**
Tätigkeiten: **Provinzialrömischer Archäologe, Museumsdirektor**
Besonderheit: **Gründer des Römisch-Germanischen Museums in Köln**

Weder die provinzialrömische Archäologie noch die Bodendenkmalpflege noch die Museumslandschaft in Köln wäre ohne Fritz Fremersdorf denkbar – er war der erste, der in dieser seit Jahrtausenden besiedelten Stadt eine Art „Stadtarchäologie“ realisierte und von 1922 bis 1959 jedes Bauvorhaben in Köln denkmalpflegerisch begleitete. Daneben fand er noch ausgiebig Zeit für sein Lieblingsthema, das römische Glas, das er in zahlreichen Monografien und Artikeln würdigte.

„Römisches Köln und römisches Glas gehören auf das engste zusammen.“

O. Doppelfeld über Fremersdorfs Lieblingsthema

Wer war das?

Fremersdorf war jedoch kein „Sohn der Stadt Köln“, sondern wurde weiter südlich in Mainz geboren. Er studierte in Bonn und promovierte 1922 über römische Bildlampen aus einer augusteischen Lampentöpferei nahe Mainz. Im Alter von 29 Jahren wurde er anschließend Direktor der Römischen Abteilung des Wallraf-Richartz Museums in Köln, dem damaligen Vorläufer des Römisch-Germanischen Museums (RGM), das 1946 auf Betreiben Fremersdorfs gegründet wurde. Insbesondere dieses Haus mit seiner imposanten Schausammlung ist sein eigentliches Erbe.

Was hat er geleistet?

In seinen archäologischen Arbeiten konzentrierte Fremersdorf sich ganz auf das römische und frühmittelalterliche Köln und sein Umland. Besonders wichtig sind dabei seine ab 1924 durchgeführten kontinuierlichen Baubeobachtungen. Gerade auch in den Vororten Kölns konnten dabei erstaunliche Befunde aufgedeckt werden: die Villen mit Gräberfeld von Köln-Müngersdorf und Köln-Braunsfeld, die Grabkammer von Köln-Weiden sowie die riesigen Gräberfelder an der Luxemburger Straße und unter der Kirche St. Severin. In der schwierigen Anfangsphase der Zwischenkriegszeit arbeitete Fremersdorf eng mit dem damaligen Kölner Bürgermeister Konrad Adenauer zusammen, der viele der oft langjährigen Grabungen und Ankäufe aus Stadtmitteln finanzierte oder zumindest bezuschusste.

Das römische Köln

Colonia Claudia Ara Agrippinensium ist eine der ältesten und bedeutendsten Römerstädte auf deutschem Boden. Entstanden rund um ein lokales Heiligtum, wurde die Stadt, in der die Kaisergattin Agrippina geboren worden war, von Kaiser Claudius 50 n. Chr. zur Colonia erhoben. Köln war erst Verwaltungssitz, später Hauptstadt der Provinz Niedergermanien und Heeresstützpunkt. Während der gesamten Römerzeit besiedelt, blieb *Colonia* auch im Mittelalter und in der Neuzeit eine bedeutende Handelsstadt, in der bis heute zahlreiche Ruinen – und das Römisch-Germanische Museum – an ihre römische Vergangenheit erinnern.

Publiziert wurden all diese Neufunde in zahlreichen Artikeln sowie in der 1928 gegründeten Monografien-Reihe „Denkmäler des römischen Köln", die sich vor allem mit seiner besonderen Liebe, dem antiken Glas, befasst, aber auch Neuerwerbungen des Museums vorstellt. Von ihm auf 25 Bände angelegt, konnten schließlich bis 1984 neun Bände erscheinen. Zusammen mit seinem späteren Assistenten Otto Doppelfeld und dem Ingenieur Waldemar Haberey hat Fremersdorf in seiner langjährigen Tätigkeit gezeigt, wie viel man über die Römerzeit und die Kontinuität zum Frühmittelalter aussagen kann, wenn man sich „nur" auf einen Ort konzentriert.

Umkämpfte Germanen

Zu erwähnen sind noch die für das Museum wichtigen Ankäufe der Privatsammlungen Niessen, Diergardt und Wollmann. Der Ankauf der Sammlung Diergardt wirft zudem ein Schlaglicht auf eine schwierige Zeit: Da es sich bei diesen bedeutenden frühmittelalterlichen Funden aus dem Schwarzmeergebiet um „germanische" Produkte handelte, wollten die Nationalsozialisten sie für das Berliner Museum requirieren – doch Himmler scheiterte am Widerstand Fremersdorfs, der die Sammlung für Köln retten konnte. Daraufhin benannte er sein Museum in „Römisch-Germanisches Museum" um, was also aus einem ganz konkreten Anlass heraus geschah, der eben gerade nicht dem „Zeitgeist" huldigte.

Was bleibt?

Die Mehrzahl der Funde, die im RGM ausgestellt sind, ist zur Amtszeit Fritz Fremersdorfs dazugekommen. Er führte somit die verstaubte Abteilung des vernachlässigten Wallraf-Richartz-Museums zu einem viel besuchten, großen Haus von Weltgeltung.

Die Botschafterin der Gläser

Th. E. Haevernick

Name: **Thea Elisabeth Haevernick**
Geboren: **31. Juli 1899 in Rostock**
Gestorben: **14. April 1982 in Marburg**
Tätigkeiten: **Vorgeschichtlerin**
Besonderheit: **Bedeutendste Glasspezialistin Deutschlands**

Der Name „Haevernick" ist einer jener Namen, die jeder Archäologe im Laufe seiner beruflichen Tätigkeit schon einmal gehört hat – und doch fällt es den meisten schwer, ihn richtig einzuordnen. Wer war das gleich wieder? Das wissen nur diejenigen auswendig, die sich ebenfalls Haevernicks Spezialgebiet, dem antiken Glas, verschrieben haben.

Wer war das?

Thea Haevernick wurde in Rostock geboren und studierte bei Gero von Merhart in Marburg. Nähere Angaben sind nicht publiziert, wohl auch, weil sie selbst darauf keinen Wert legte. Bereits in ihrer Dissertation befasste sie sich mit dem Thema ihres Lebens, dem Glas, und schrieb über La-Tène-zeitliche Glasperlen und -armringe. Später war sie Assistentin an der Staatssammlung für Vor- und Frühgeschichte in München (heute Archäologische Staatssammlung) und war am Landesamt für Vorgeschichte in Posen beschäftigt. Während des 2. Weltkriegs arbeitete sie als Krankenschwester, wurde gefangen genommen und blieb bis 1945 in Kriegsgefangenschaft. Auch später hatte sie vor allem kurzzeitige Assistenzstellen an der RGK (Römisch-Germanische Kommission), dem RGZM (Römisch-Germanisches Zentralmuseum) und weiteren Museen.

Menschliches ...

Haevernick war ihr Leben lang in Sachen „Glas“ unterwegs, entweder in Museen oder auf Tagungen. Einfach, aber elegant gekleidet, hielt sie sich aus den großen Fachdiskussionen heraus, und wenn sie sich einmal äußerte, verblüffte sie umso mehr mit ihren wohlüberlegten und treffenden Statements. Viel Geld hatte sie nie, was sie aber nicht davon abhielt, mit dem Wenigen die Welt zu bereisen, immer ihrer untrüglichen Nase nach auf der Suche nach vergessenen Glasfunden. Sie lebte auf diesen Expeditionen quasi „von einer Handvoll Reis“. Luxus und Bequemlichkeit waren ihr egal, solange sie nur vergessene Schätze aus ihren Kistchen ans Licht holen konnte. Manch heutiger Jungforscher möge sich an dieser Haltung gerne ein Beispiel nehmen!

Was hat sie geleistet?

1948 war Haevernick am Museum der Stadt Regensburg zur Betreuung der vorgeschichtlichen Sammlung beschäftigt, bekam aber mit ihrer geradlinigen Art bald Probleme. Zu Kompromissen war sie nicht bereit, so dass kam, was denn kommen musste: Ende desselben Jahres wurde sie aufgrund von „Sparmaßnahmen“ wieder gekündigt – also ein typischer Verlauf weiblicher Berufstätigkeit in der Archäologie.

1950 finden wir sie dann bei der RGK in Frankfurt und dem RGZM in Mainz – das alles wäre noch nicht unbedingt einen Eintrag in diesem Buch wert, doch – Th. E. Haevernick beschäftigte sich ihr Leben lang mit Glasperlen, Armringen und anderen Glaskleinfunden. Keiner kannte das Material so wie sie, wie aus den zahllosen Aufsätzen und Miszellen deutlich wird, die sie bis an ihr Lebensende schrieb und die 1981 im Sammelband „Beiträge zur Glasforschung“ zusammengetragen wurden. Nicht selten prägte sie auf diesem Wege den noch heute in der Wissenschaft gültigen Fachterminus, wie z. B. im Falle der „Zarten Rippenschalen“.

Glasperlen

Glasperlen gehören zu den ältesten und faszinierendsten künstlich hergestellten Schmuckgegenständen der Menschheit und erfreuen sich bis heute gleichbleibender Beliebtheit. Im alten Ägypten waren sie ebenso bekannt wie im urnenfelderzeitlichen Europa. Aufgrund ihrer immensen Vielfältigkeit ist noch nie versucht worden, eine umfassende

Typologie dieser meist vernachlässigten Kleinfundgattung zu erstellen. Selbst Thea Haevernick konnte das zu ihren Lebzeiten nicht leisten, auch wenn sie diesen winzigen Kunstwerken ihr ganzes Leben widmete.

Sie reiste im gesamten europäischen und vorderasiatischen Gebiet umher, um Glasperlen etc. aufzunehmen. Keine Schausammlung und kein Magazin von der Iberischen Halbinsel bis Russland, von Skandinavien bis Nordafrika, das sie nicht kannte und katalogisierte. Oft warteten vor Ort schon die Ausgräber mit einem kleinen Schächtelchen voller dubioser Glasperlen, denn keiner von ihnen fühlte sich auch nur annähernd dazu in der Lage, etwas zu deren Datierung oder Herkunft auszusagen – galten doch Glasperlen von allen Kleinfunden als die langweiligsten und unergiebigsten!

Daraus entstand eine immense Kartei, deren Auswertung noch lange nicht beendet ist – Haevernick konnte sie zu ihren Lebzeiten selbst nicht mehr leisten. Noch auf Jahre hinaus wird diese Sammlung die Studentinnen des Marburger Instituts, wohin ihr Nachlass gelangte, beschäftigen. Thea Haevernick aber kannte alles, von mykenischen Anhängern bis hin zu den sog. „*Trade-beads*“, den Glasperlen, die die neuzeitlichen europäischen Kolonisatoren zu Hauf mit den afrikanischen Ureinwohnern tauschten.

Was bleibt?

Kein Wunder also, dass Thea Haevernick, die „*Haevernixe*“, einen einzigartigen Ruf in der Welt der Archäologie besitzt. Um einen Überblick über ihr enzyklopädisches Wissen zu erhalten, seien allen Interessenten ihre „Beiträge zur Glasforschung“ empfohlen.

Karriere um jeden Preis

Hans Schleif

Name: **Philipp Oswald Hans Schleif**
Geboren: **23. Februar 1902 in Wiesbaden**
Gestorben: **Ende April 1945 in Berlin**
Tätigkeiten: **Architekt, Klassischer Archäologe**
Besonderheit: **Ausgräber von Olympia**

Es sind weniger die archäologischen Leistungen des Hans Schleif, die einen Eintrag in diesem Buch rechtfertigen, als sein beinahe exemplarischer Lebenslauf, der deutlich macht, wie sehr zur Zeit des Nationalsozialismus das berufliche Vorankommen von der Partizipierung am Regime abhing – und wie sehr die persönliche Integrität einzelner dahinter zurückzustehen hatte.

Wer war das?

Schleif war gutbürgerlicher Herkunft. Aufgewachsen in Wiesbaden, ging er später in Berlin zur Schule und studierte nach dem Abitur 1920–1924 in Dresden und München Architektur. Bereits damals war er in der Studentenbewegung aktiv, wobei sich schnell herausstellte, was ihm persönlich wichtig war: eine national-konservative Grundeinstellung sowie der Drang zu einer leitenden Position. Diese beiden Kriterien sollten sein weiteres Leben bestimmen, denn der sehr ehrgeizige Schleif fühlte sich zu Höherem berufen. Er heiratete, bekam eine Tochter und arbeitete in einem Architekturbüro. Nebenbei fertigte er eindrucksvolle Modelle antiker und mittelalterlicher Bauten und Stadtanlagen an, die damals so gesucht waren, dass er zeitweise allein davon hätte leben können.

Doch er wollte mehr: 1927 erhielt er auf Vorschlag von Daniel Krencker das Reisestipendium des DAI, das auch in seinem Falle über die Zukunft entscheiden sollte. Er assistierte Ernst Buschor bei der Ausgrabung des samischen Heraion und traf bald darauf seinen langjährigen Mentor und Freund Wilhelm Dörpfeld, mit dem er in Olympia zusammenarbeitete. Dörpfeld, der bereits über 70 Jahre alt war und zu erblinden drohte, war froh über diesen fähigen jungen Mann, dem er immer mehr Aufgaben übertrug und schließlich sogar seinen Nachlass anvertraute. Schleif zeichnete die Grabungspläne, führte die Dokumentation und war Dörpfeld in jeder Weise behilflich, was einige zu der etwas spöttischen Bemerkung veranlasste, die Olympia-Grabung werde von der *„Firma Dörpfeld & Sohn"* durchgeführt. Im Nachhinein kann vermutet werden, dass es nicht nur ein persönliches, bis zur Freundschaft reichendes Mentorenverhältnis war, das Schleif und Dörpfeld verband, sondern dass ersterer daran auch den konkreten Wunsch nach Förderung durch den Nestor der Bauforschung knüpfte. Tatsächlich hat sich Dörpfeld in diesen Jahren mehrmals dafür eingesetzt, Schleif eine feste Stelle zu verschaffen, allerdings ohne Erfolg. Über Jahre hinweg arbeitete dieser „nur" auf Werkvertragsbasis und war damit mehr als unzufrieden, sah er sich doch als eine der großen Hoffnungen der deutschen Bauforschung.

„Führergrabung" Olympia

Olympia auf der griechischen Halbinsel Peloponnes war in der Antike Austragungsort der Olympischen Spiele, die dort vom 7. Jh. v. Chr. bis ins 5. Jh. n. Chr. durchgeführt wurden. Seit dem 11. Jh. v. Chr. kann dort eine Verehrung des Göttervaters Zeus zusammen mit seiner Gattin Hera nachgewiesen werden. Neben diversen Kultbauten und der Werkstatt des Bildhauers Phidias sind auch Sportstätten ergraben worden. Durch die Austragung der Olympischen Spiele im Jahr 1936 in Berlin wurde der Fokus der Nationalsozialisten erneut auf diesen Ort gelenkt, der bereits von 1875–1881 u. a. durch Adolf Furtwängler und Wilhelm Dörpfeld ausgegraben worden war. Man veranlasste neue Grabungskampagnen, die ob ihres internationalen Prestiges als „reichswichtige Führergrabung" betitelt wurden. Nach dem 2. Weltkrieg nahm das DAI die Ausgrabungen wieder auf, die bis heute weitergeführt werden.

Schließlich bemühte sich Schleif um eine Professur, was ihn in den Umkreis der Nationalsozialisten brachte, denn Habilitationen waren ohne Besuch des NS-Dozentenkurses schon nicht mehr möglich. Inwieweit er mit dem neuen Regime tatsächlich konform ging, ist nicht mehr festzustellen. Möglicherweise entsprang seine damalige Teilnahme eher gekränkter Eitelkeit denn politischer Überzeugung, auch wenn der Schritt vom konservativen Elitebewusstsein zur Nazi-Ideologie oft nicht sehr weit war. 1936 wurde Schleif jedenfalls habilitiert. Die so begehrte Professur erhielt er jedoch noch immer nicht, weshalb das Noch-Nicht-Parteimitglied Schleif in die SS eintrat und Referent beim „Ahnenerbe“ wurde. Auch in diesem Fall ist nicht mehr wirklich nachzuvollziehen, ob dieser Schritt allein aus persönlichen Karrieregründen vollzogen oder wie auch immer „erzwungen“ war. Dabei darf man keinesfalls die fatale Rolle, die die SS im Nazi-Regime innehatte, herunterspielen – wer Mitglied wurde, wusste zumindest in groben Zügen, worauf er sich einließ. Waren viele Ideen, die das konkurrierende „Amt Rosenberg“ propagierte, schlichter Humbug, so war das „Ahnenerbe“ weitaus gefährlicher, da es Propaganda mit streng wissenschaftlicher Arbeit bemäntelte. Tatsache ist allerdings, dass das DAI in jenen Jahren kaum noch Mittel für Werkverträge hatte und Schleif dort sicher keine Zukunft mehr sah. Endgültig aus der Bauforschung ausscheiden wollte er jedoch auch nicht.

Zwar schien nun alles besser voranzugehen, schrieb Schleif doch an Dörpfeld: *„Wie immer in wirklich guten Zeiten siegt die Tugend.“* Doch noch immer ließ die Professur auf sich warten. Liest man Schleifs Schriften aus jenen Jahren, so geben sie nicht die sonst übliche Nazi-Diktion wieder. War es also doch nur eine äußerliche Anpassung an das System? Über Wissenschaftsminister Rust versuchte Schleif dann, Leiter der Olympiagrabung zu werden, die als „Führergrabung“ besondere Priorität genoss – doch wieder bekam er nur einen Werkvertrag und war zwar faktischer, nicht aber offizieller Grabungsleiter. Als ihm eine Beförderung innerhalb des „Ahnenerbes“ noch immer nicht die erhoffte Führungsposition brachte – die neue Stelle war ihm *„nicht ansehnlich genug“* –, meldete er sich in Absprache mit dem „Ahnenerbe“ freiwillig zur Waffen-SS, um der Einberufung zur Wehrmacht zu entgehen. Seine neue Aufgabe wurde die sog. „Sicherung von Kulturgütern“ (= Kunstraub) in Polen, bei der Schleif durch überaus arrogantes Verhalten auffiel. Immer wieder wurden ihm „Ersatzpositionen“ beim DAI und der RGK (Römisch-Germanische Kommission) angeboten, die Schleif jedoch allesamt als zu niedrig ablehnte, ohne nur irgendwo in die Nähe einer Professur zu gelangen.

Kriegsende in Berlin

1943 wurde Schleif in Berlin ausgebombt, wobei seine Bibliothek und viele der Unterlagen aus dem Dörpfeld'schen Nachlass vernichtet wurden. Auch privat kam es zu Umwälzungen: Schleif ließ sich 1944 scheiden und heiratete seine Assistentin beim „Ahnenerbe“, mit der er die Zwillingssöhne Alexander und Konstantin bekam – man kann vermuten, dass diese Namenswahl einmal mehr den Schleif'schen Führungsanspruch spiegelte. Schließlich wurde die Besetzung der TH-Professur auf „nach Kriegsende" verschoben, wodurch sich Schleifs Lebensziel in Wohlgefallen auflöste, war ihm doch sofort klar, dass er als SS-Mitglied sie dann würde sicher nicht mehr erhalten können. In einer wie auch immer gearteten Verzweiflungsreaktion zog Schleif Ende April 1945 die Konsequenzen und erschoss sich und seine Familie. Die Motive dafür sind unklar – wäre er nur, wie so viele andere, „Mitläufer" gewesen, warum dann das eigene Leben wegwerfen und das seiner Frau und der gerade erst geborenen Söhne mitnehmen? Nach seinem Tod erschienen jedenfalls keine oder nur sehr kurze Nachrufe ohne Nennung der Todesursache. Trotzdem bezeichnet Peter Goessler ihn in seiner Dörpfeld-Biografie als ein „Kriegsopfer" – damit tut er den unzähligen wirklichen Opfern der NS-Diktatur Unrecht, denn Schleif scheint in erster Linie ein Opfer seines eigenen, übersteigerten Ehrgeizes geworden zu sein.

Was bleibt?

Hans Schleif war ein guter Architekt und begnadeter Modellbauer, der für verschiedene Museen (sogar in den USA) Modelle antiker und mittelalterlicher Städte anfertigte (Trierer Kaiserthermen, Olympia), von denen einige bis heute erhalten sind. Sie illustrieren gut seinen immensen Fleiß und Arbeitseifer, der sich auch in den exzellenten Grabungsplänen zeigt. Die von ihm durchgeführten Ausgrabungen waren durchweg auf der Höhe der Zeit – trotzdem wurde Schleif von seinen „Fachkollegen" nicht wirklich als Archäologe anerkannt. Die daraus resultierende Enttäuschung ließ ihn dann im Zusammenspiel mit seinen Charaktereigenschaften und unglücklichen Verstrickungen in der Tragödie enden.

Die „Dreck-Archäologin“

Kathleen Kenyon

Name: **Kathleen Mary Kenyon**
Geboren: **5. Januar 1906 in London**
Gestorben: **24. August 1978 in Wrexham/England**
Tätigkeiten: **Archäologin**
Besonderheit: **Entdeckerin von Jericho**

Kathleen Kenyon, oder „K“, wie sie gerne genannt wurde, war lieber auf der Grabung als in der akademischen Welt, aus der sie stammte – sie war die sprichwörtliche „dreckige Archäologin“ („dirty archaeologist“).

Wer war das?

Kenyon wurde 1906 als ältere Tochter von Sir Frederick Kenyon geboren, dem Direktor des Britischen Museums von 1909–1930, einem biblischen Archäologen. Sie kannte sich daher von klein auf mit Archäologie aus, auch wenn sie später immer vehement abstritt, dass ihr Elternhaus etwas mit ihrer Berufswahl zu tun gehabt hätte. Zwar begann sie ihre Karriere mit provinzialrömischen, nicht mit biblischen Ausgrabungen, scheint aber ansonsten ihrem Vater durchaus ähnlich gewesen zu sein. Beide waren pragmatische Persönlichkeiten mit großer Disziplin und Durchsetzungsfähigkeit – und einem angeborenen Talent zur Öffentlichkeitsarbeit.

Kenyon ging in London zur Schule und studierte in Oxford am Somerville College, wo sie in mittelalterlicher Geschichte abschloss. Jedoch machte sie nie ihren Doktor, da dies zu ihrer Zeit noch nicht üblich und als „amerikanische Spinnerei“ verachtet war. Ihre ersten Erfahrungen auf einer Ausgrabung machte sie unter Leitung von Gertrude Caton Thompson in Zimbabwe, wo sie allerdings noch nicht selbst grub, sondern für die Expedition fotografierte.

Wieder in England, traf sie den Mann, der für ihre weitere Karriere entscheidend werden sollte – R. E. M. Wheeler, dessen enge Mitarbeiterin sie wurde. Während des 2. Weltkrieges vertrat sie ihn, der in Nordafrika eingesetzt war, am Institute of Archaeology, leitete aber auch selbst weitere Ausgrabungen. Von 1948–1962 hatte sie einen Lehrauftrag am Institut mit dem Schwerpunkt Archäologie der Levante. Immer war ein Studium bei ihr auch mit praktischer Ausgrabungstätigkeit verbunden (Jericho, Jerusalem), so dass sie schließlich maßgeblich werden sollte für eine ganze Generation junger Archäologen, die inzwischen über die ganze Welt verstreut ihre Techniken weitergeben.

Kenyon wurden im Laufe ihres Lebens viele Ehrungen zuteil, unter denen der Adelstitel im Jahr 1973 die bedeutendste war. Die Umbenennung der British School of Archaeology in Jerusalem in „Kenyon Institute" hätte ihr aber sicher mehr bedeutet als der Titel einer Dame, doch erfolgte diese Widmung erst 15 Jahre nach ihrem Tod im Jahr 1978.

Menschliches ...

Kenyon wird als sehr durchsetzungsfreudig und dominant geschildert, so in einer oft zitierten Passage in den Memoiren von Max Mallowan: *„Wehe denen, die sich ihr entgegenstellten!"* Gefragt, wie er selbst mit ihr ausgekommen sei, antwortete er: *„Ausgezeichnet, weil ich immer nachgegeben habe."* Trotz dieser Neigung zur Herrschsucht soll Kenyon aber ein goldenes Herz besessen haben – und eine Vorliebe für Vierbeiner, wie ebenfalls Max Mallowan berichtet. Demnach war ihr Grund für den Weggang aus dem Institute of Archaeology keineswegs fachlicher Natur. Als mehrere Kollegen ihre als „Straßenköter" charakterisierten Hunde – und es gab meist zahlreiche davon – nicht mehr dulden wollten, reichte sie ihren Abschied ein und ging an das St. Hugh's College in Oxford, wo die Hunde offenbar kein Problem darstellten. Für Frauen hatte sie keine besondere Vorliebe, und die Tatsache, dass sie als großes Vorbild für ihre zahlreichen Schülerinnen diente, tat sie als Zufall ab – nie habe sie Studentinnen ausdrücklich gefördert, eher im Gegenteil, da sie eben keine Geschlechterunterschiede mache.

Was hat sie entdeckt?

Nach ihren wichtigsten Lehrern gefragt, nannte Kenyon Vere Gordon Childe und R. E. M. Wheeler. Im Alter von 24 Jahren wurde sie enge Mitarbeiterin des Ehepaars Wheeler in Verulamium/St. Albans. Da Mortimer Wheeler oft durch andere Aufgaben an den reinen Ausgrabungsarbeiten gehindert war, wurden diese von seiner Frau Tessa mit großem Geschick und auffallender Sorgfalt geleitet. Als erste Aufgabe

sollte Kenyon das antike Theater Verulamiums freilegen, was sie mit Bravour bewältigte und 1935 auch publizierte. Im Gegensatz zum flamboyanten, selbstherrlichen Wheeler war sie in jungen Jahren noch vorsichtig abwägend und kritisch.

Eine hoch gerühmte Ausgrabungsmethode?

Bereits in Verulamium passte sie das Wheeler'sche System, bestehend aus einem Flächenraster von 5 m Seitenlänge mit nur vorläufig stehen gelassenen Stegen *(„catwalks")* den örtlichen Gegebenheiten an und

modifizierte es ihr Leben lang auf allen Grabungen, die sie leitete.
Diese Grabungsmethode sollte später als *„Wheeler-Kenyon Improved Trenching Method"* berühmt werden – eine Bezeichnung, die Kenyon überhaupt nicht schätzte, da es sie nur als „Anhängsel" des großen Mortimer erscheinen ließ.
Diese hochgerühmte Methode erregte immer wieder massive Kritik, die hier nicht im Einzelnen diskutiert werden kann. So legte sie z. B. zu großen Wert auf die Schnitte und Profile, worunter die flächige Rekonstruktion von Gebäuden litt. Zudem lieferten die Schnitte allein zu wenig repräsentatives Material, was eine genaue Zuweisung zu bestimmten Epochen schwierig bis unmöglich machte. In Jericho waren Kenyons Schnitte im unteren Bereich oft so eng, dass man dort weder vernünftig zeichnen noch fotografieren konnte. Da sie auf ihren Grabungen immer viele junge Studenten beschäftigte, die sich alle sklavisch genau an ihre Methode hielten, ohne selbst etwas zu deren Verbesserung beitragen zu können, oblag die Auswertung allein Kenyon. Das war offenbar durchaus in ihrem Sinne, konnte sie doch, wie so viele Ausgräber, nicht delegieren. 1952 erschien „Beginning in Archaeology", ein Handbuch für Studienanfänger, das ihre Methodik in Bezug auf Ausgrabungstechnik, Stratigrafie und der daraus resultierenden Keramikbestimmung richtungsweisend für viele weitere Generationen von Archäologen werden ließ.

Als das Ehepaar Wheeler in den frühen 1930er Jahren in London das Institute of Archaeology gründete, wurde Kenyon auch dort zu ihrer Mitarbeiterin und zur ersten Sekretärin des neuen Instituts, an dem sie viele Jahre wirken sollte. Nach Max Mallowan kämpfte sie *„wie ein Drachen"* um das Wohl dieses Hauses. Doch noch ein weiteres Archäologenehepaar wurde wichtig für Kenyons Karriere: Grace und John Crowfoot beschäftigten sie auf ihrer Grabung in Samaria/Sebaste im heutigen Israel. Der Ort war aufgrund seiner topografischen Lage nur schwer auszugraben und stellte hohe Anforderungen an die Wissenschaftler. Kenyon führte auch dort wieder das bewährte Wheeler'sche System ein und brachte so erstmals eine moderne Methode in die palästinische Archäologie. Sie zeigte ein großes organisatorisches Geschick und konnte zahlreiche geschlossene Funde bergen, die die Chronologie der früheren Ausgräber Reisner und Crowfoot präzisierten. Kenyon erwies sich hier als geborene Feldarchäologin, die intuitiv die verschiedenen Bauphasen erkannte – angeblich war sie darin sogar besser als Wheeler selbst.

Kenyon gräbt in Jericho

In den 1950er Jahren folgte die Grabung, die zu Kenyons berühmtester überhaupt werden sollte: Jericho. In sieben Kampagnen wurde die älteste ummauerte Stadt der Menschheit freigelegt, die bereits im Mesolithikum entstanden war und überaus spektakuläre steinzeitliche Funde freigab. Es war gerade der biblische Bezug, der diese Ausgrabung so populär machen sollte, insbesondere nachdem dort keinerlei Beweise für die Richtigkeit der biblischen Geschichten gefunden werden konnten. Wo war denn nun die Stadt, die Josua erobert hatte? Durch die Ausgrabungen von Jericho wurde Kenyon die erste Archäologin des „Fernsehzeitalters", und ihr 1957 in Erstauflage erschienenes Buch „Digging up Jericho" gehört zu den archäologischen Bestsellern.

Im Gegensatz zu anderen Archäologen schaffte sie es jedoch nicht, ihre Grabungsergebnisse wissenschaftlich zu publizieren und so nachprüfbar zu machen – was ihr oft vorgeworfen wurde. Weder zu Jericho noch zu Jerusalem erschienen zu ihren Lebzeiten abschließende Aufarbeitungen, erst etwa zehn Jahre nach ihrem Tod wurden einige Bände von ihren Schülern fertiggestellt. Kenyon suchte die Schuld daran immer in den äußeren Umständen, etwa der Tatsache, dass sie sich keinen festen Assistenten leisten konnte – sie vermochte aber nie zuzugeben, dass es auch ihre eigene, im Nachhinein oder von anderen schwer nachzuvollziehende Methode war, die eine Aufarbeitung verzögerte. Doch dieser Umstand schmälert ihre großen feldarchäologischen Leistungen kaum.

Was bleibt?

Kenyon ist die bedeutendste Ausgräberin in der Geschichte der Archäologie. Sie war in ihrer Arbeit auf keine Epoche oder Kultur festgelegt und grub ohne Unterschied alles von Vorgeschichte bis zur Römerzeit. Sie schrieb zahlreiche meist populäre Bücher und Artikel, ihre Publikationsliste umfasst fast 170 Titel. Insbesondere alles, was mit dem Heiligen Land zu tun hatte, wurde zum Verkaufsschlager. Dabei war und ist die Biblische Archäologie mehr als jede andere Spezialdisziplin eine Männerdomäne – Kenyon war auch hier Pionierin, obwohl sie weder Theologin noch Philologin war. Stattdessen stand sie biblischen Fragestellungen ziemlich gleichgültig gegenüber – ihr ging es allein um die Stratigrafie.

Archäologin zwischen zwei Welten

Jale Inan

Name: **Jale Ogan, verh. Inan**
Geboren: **1. Februar 1914 in Istanbul**
Gestorben: **26. Februar 2001 ebenda**
Tätigkeiten: **Klassische Archäologin**
Besonderheit: **Wegbereiterin der Archäologie und Denkmalpflege in der Türkei**

Jale Inan war die erste Professorin für Klassische Archäologie an der Universität Istanbul – studiert hat sie während des 2. Weltkriegs bei Gerhart Rodenwaldt in Berlin.

Als Tochter von Aziz Ogan, dem türkischen Altertumsbeamten im Bezirk Izmir, kam Jale Ogan schon von klein auf mit der Archäologie in Berührung. Zunächst faszinierten sie die Aquarelle ihres Vaters, auf denen antike Stätten dargestellt waren. Später erlebte sie immer wieder Besuche von Archäologen in ihrem Elternhaus, so waren etwa Theodor Wiegand und ihr späterer Doktorvater Rodenwaldt zu Gast. 1931 wurde ihr Vater Direktor des archäologischen Museums Istanbul und die Familie zog in die Großstadt. Da es noch keinen archäologischen Lehrstuhl gab, entschloss sich Jale Ogan zunächst für ein Medizinstudium. Erst als sie ein Stipendium für Deutschland erhielt, wechselte sie endgültig zur Archäologie und studierte schließlich in Berlin und München.

Studium im umkämpften Berlin

Bei Kriegsausbruch 1939 wurde Jale Ogan in die Türkei zurückgerufen und musste dort eine Erklärung unterschreiben, auf eigene Verantwortung zu handeln, um wieder zurückkehren zu dürfen. Gegen alle Widerstände bestand sie jedoch darauf, wieder nach Berlin zurückzugehen, um ihre Dissertation zu beenden und ihren Freunden in dieser schwierigen Zeit beizustehen. Sie hatte ihr Manuskript immer in einem kleinen Koffer griffbereit neben sich, um es bei Bombenalarm nicht erst einsammeln zu müssen – und um im Luftschutzkeller sofort weiterarbeiten zu können. Als eine Leidensgenossin sie fragte, ob sie Nerven aus Stahl habe, antwortete sie: „... *wenn ich wüßte, das man durch das Schreien die Bomben vertreiben könnte, würde ich am lautesten schreien.*" 1943 promovierte sie bei Gerhart Rodenwaldt zu einem numismatischen Thema.

Nachdem sie ihre Prüfung abgelegt hatte, kehrte Jale Inan noch im selben Jahr per Bahn in die Türkei zurück – eine Reise von fünf Tagen. Nun wurde sie zunächst Assistentin am Lehrstuhl für Alte Geschichte und Numismatik in Istanbul. Wenig später heiratete sie den Ingenieur Mustafa Inan und bekam 1945 einen Sohn, den sie offenbar in guten Händen zurücklassen konnte, als sie kurz darauf ihre ersten Ausgrabungen in Kleinasien machte. Sie forschte im Gebiet um Antalya (Perge, Side). Da es vor Ort kein Grabungshaus gab, musste sie jeden Tag eine Dreiviertelstunde Fußmarsch hin und zurück zu ihrer Unterkunft zurücklegen. 1947 wurde sie Assistentin von Arif Müfit Mansel, dem ersten Ordinarius für Klassische Archäologie in Istanbul, dem sie tatkräftig beim Aufbau des Instituts half. Sie habilitierte 1953 und folgte Mansel schließlich 1975 auf den Lehrstuhl.

Was bleibt?

Aus der Feder Jale Inans stammen grundlegende Forschungen in Kleinasien, die sie in zahlreichen Büchern über die klassische bis byzantinische Kunst in der Türkei vorstellte. Außerdem engagierte sie sich im Kampf gegen Antikenraub und Schmuggel – gerade in der Türkei ein großes Problem.

Zum Weiterlesen

M. Allsebrook, Born to Rebel. The Life of Harriet Boyd Hawes (Oxford 1992).

J. Baumgartner, Mit der Baghdad-Bahn von den „Sieben Säulen" zu Homer. Thomas Edward Lawrence, der Archäologe und Odyssee-Übersetzer. Antike Welt 28/4, 1997, 361–362.

G. Belzoni, Entdeckungsreisen in Ägypten 1815–1819 (Köln 1982).

S. Bergmann/S. Kästner/E.-M. Mertens (Hrsg.), Göttinnen, Gräberinnen und gelehrte Frauen. Frauen – Forschung – Archäologie 5 (Münster 2004).

M. Bertram, Archäologenporträts – Rudolf Virchow (1821–1902). Antike Welt 33/6, 2002, 693–697.

L. Bonfante, Archäologin in zwei Welten. Margarete Bieber – Vorreiterin für die Emanzipation der Frau in der Altertumswissenschaft. Antike Welt 28/2, 1997, 178.

G. Borrmann, Ludwig Lindenschmit der Ältere (1809–1893). Mainzer Zeitschr. 89, 1994, 181–185.

A. Christie, Erinnerung an glückliche Tage. Aus meinem Leben (Bern 1999).

C. Claassen (Hrsg.), Women in Archaeology (Philadelphia 1994).

J. Cobet, Heinrich Schliemann. Archäologe und Abenteurer (München 2007), mit älterer Literatur.

G. M. Cohen/M. Sharp Joukowsky (Hrsg.), Breaking Ground. Pioneering Women Archaeologists (Ann Arbor 2004).

L. Curtius, Deutsche und antike Welt. Erinnerungen (Stuttgart 1958).

L. Curtius, Torso. Verstreute und nachgelassene Schriften (Stuttgart 1958).

M. Díaz-Andreu/M. L. Stig Sørensen, Excavating Women. A History of Women in European Archaeology (London, New York 1998).

A. Dierichs, Ein Leben für die Archäologie. Jale Inan, die erste türkische Archäologin. Antike Welt 36/2, 2005, 42–44.

M. S. Drower, Flinders Petrie. A Life in Archaeology (London 1987, ²1995).

M. S. Drower (Hrsg.), Letters from the Desert. The Correspondence of Flinders and Hilda Petrie (Oxford 2004).

S. L. Dyson, Eugénie Sellers Strong. Portrait of an Archaeologist (London 2004).

B. Fagan, The Rape of the Nile: Tomb Robbers, Tourists, and Archaeologists in Egypt(New York ² 2004).

F. Ficker, Zur Erinnerung an Ernst Buschor. Antike Welt 33/3, 2002, 363–364.

M. Flashar (Hrsg.), Adolf Furtwängler, der Archäologe (München 2003).

P. Goessler, Wilhelm Dörpfeld. Ein Leben im Dienst der Antike (Stuttgart 1951).

E. Gran-Aymeric/J. Gran-Aymeric, Jane Dieulafoy. Une vie d'homme (Paris 1991).

Th. E. Haevernick, Beiträge zur Glasforschung. Die wichtigsten Aufsätze von 1938 bis 1981 (Mainz 1981).

D. B. Harden, Sir Arthur Evans 1851–1941. A Memoir (Oxford 1983).

J. Hawkes, Adventurer in Archaeology. The Biography of Sir Mortimer Wheeler (New York 1982).

T. G. H. James, Howard Carter. The Path to Tutankhamun (London, New York 1993).

K. Junker, Das Archäologische Institut des Deutschen Reiches zwischen Forschung und Politik. Die Jahre 1929 bis 1945 (Mainz 1997).

J. K. Koch/E.-M. Mertens (Hrsg.), Eine Dame zwischen 500 Herren. Johanna Mestorf – Werk und Wirkung. Frauen – Forschung – Archäologie 4 (Münster 2002).

W. Krämer, Gerhard Bersu – ein deutscher Prähistoriker. Ber. RGK 82, 2002, 5–105.

W. Leppmann, Winckelmann. Ein Leben für Apoll (Berlin 1996).

A. Leube (Hrsg.), Prähistorie und Nationalsozialismus. Die mittel- und osteuropäische Ur- und Frühgeschichtsforschung in den Jahren 1933–1945. Stud. Wissenschafts- u. Universitätsgesch. 2 (Heidelberg 2002).

R. Lullies/W. Schiering, Archäologenbildnisse. Porträts und Kurzbiographien von Klassischen Archäologen deutscher Sprache (Mainz 1988).

M. E. L. Mallowan, Mallowan's Memoirs. The Autobiography of Max Mallowan (London 1977).

J. Merten, Elvira Fölzer und die Erforschung der römischen Keramik in Trier. Ausgrabungen und Funde im Bezirk Trier 25, 1993, 44*–56*.

M. Murray, My first hundred years (London 1963).

L. Nicotra, Archeologia al Femminile. Il cammino delle donne nella disciplina archeologica attraverso le figure di otto archeologhe classiche vissute dalla metà dell'Ottocento ad oggi. Studia Arch. 129 (Roma 2004).

M. Ott, Die Entdeckung des Altertums. Der Umgang mit der römischen Vergangenheit Süddeutschlands im 16. Jahrhundert (Kallmünz 2002).

J. H. Ottaway, Rudolf Virchow: an appreciation. Antiquity 47, 1973, 101–108.

J. Rees, Amelia Edwards. Traveller, Novelist & Egyptologist (London 1998).

K. Rheidt/B. A. Lutz (Hrsg.), Peter Behrens, Theodor Wiegand und die Villa in Dahlem (Mainz 2004).

C. Richter Sherman/A. M. Holcomb (Hrsg.), Women as Interpreters of the Visual Arts, 1820–1979 (Westport, CT 1981).

B. Schnitzler, Robert Forrer (1866–1947). Archéologue, écrivain et antiquaire. Coll. „Recherches et documents" 65 (Strasbourg 1999).

S. Sheratt, Lorbeerkranz und Ritterwürde. Sir Arthur Evans oder die Geschichte von einem der auszog, eine unbekannte Kultur zu entdecken. Antike Welt 28/5, 1997, 446–447.

M. Sommer, Gertrude Bell – Ungekrönte Königin des Orients. Das ungewöhnliche Leben einer Archäologin in viktorianischer Zeit. Antike Welt 35/3, 2004, 55–60.

A. Steidele/I. Bosch (Hrsg.), Sibylle Mertens-Schaaffhausen (1797–1857). Zum 150. Todestag der „Rheingräfin" (Bonn 2007).

C. Trümpler (Hrsg.), Agatha Christie und der Orient. Kriminalistik und Archäologie (Bern 1999).

C. Vogel, „You either find grand things, or nothing at all". Der Mann hinter Howard Carter: Leben und Wirken des 5. Earl of Carnarvon. Antike Welt 31/1, 2000. 95–98.

H. Walter, Ernst Buschor. Ein klassischer Archäologe (1886–1961). Nachwort zur 2. Auflage von E. Buschor, Vom Sinn griechischer Standbilder (Berlin 1977) 57–75.

R.-B. Wartke, Auf dem Weg nach Babylon. Robert Koldewey – Ein Archäologenleben (Mainz 2008).

T. Weber, A brilliant stroke of fortune. Sir Max Mallowan und die britische Archäologie des Zweistromlandes. Antike Welt 28/1, 1997, 85.

H. V. F. Winstone, Woolley of Ur. The Life of Sir Leonard Woolley (London 1990).

H. Zäh, Konrad Peutinger und Margarete Welser – Ehe und Familie im Zeichen des Humanismus. In: M. Häberlein/J. Burkhardt (Hrsg.), Die Welser. Neue Forschungen zur Geschichte und Kultur des oberdeutschen Handelshauses. Colloquia Augustana 16 (Berlin 2002) 449–509.

A. Ziel, Von Reiseberichten und in Erfüllung gegangener Wissenschaft. Amelia Ann Blanford Edwards traf mit ihren Forschungen und Publikationen den Nerv des späten 19. Jhs. und wirkt bis heute nach. Antike Welt 37/2, 2006, 42–44.

A. Ziel, Vom Ehrenamt zur anerkannten Wissenschaft. Die archäologische Karriere der Johanna Mestorf war einzigartig im Norddeutschland des 19. Jahrhunderts. Antike Welt 38/1, 2007, 46–48.

Impressum

208 Seiten mit 21 Schwarzweißabbildungen.

Umschlagabbildung: Howard Carter im Tal der Könige.
Frontispiz: Heinrich Schliemann (oben rechts) und seine Frau (unten Mitte) mit Freunden (darunter Wilhelm Dörpfeld, oben links) am Löwentor von Mykene, 1885.

Bibliografische Information der Deutschen Nationalbibliothek

Die Deutsche Nationalbibliothek verzeichnet diese Publikation in der Deutschen Nationalbibliografie; detaillierte bibliografische Daten sind im Internet über <*http://dnb.d-nb.de*> abrufbar.

Weitere Publikationen aus unserem Programm finden Sie unter: *www.zabern.de*

ISBN: 978-3-8053-4063-2

Lektorat: Sarah Höxter, Hamburg
Gestaltung: Vollnhals Fotosatz, Neustadt a. d. Donau
Reihengestaltung/Umschlaggestaltung: Max Bartholl, b3K text und gestalt GbR, Frankfurt am Main und Hamburg

Printed in Germany by Philipp von Zabern
Printed on fade resistant and archival quality paper (PH 7 neutral) · tcf

Abbildungsnachweis

Umschlag, S. 1, 3: gemeinfrei

S. 7 nach: U. Jantzen, Einhundert Jahre Athener Institut 1874–1974, Geschichte und Dokumente 10 (Mainz 1986) Taf. 9

S. 19, 65, 134: akg-images

S. 29 nach: H. Kier/F. G. Zehnder (Hrsg.), Lust und Verlust (Köln 1995) S. 592

S. 41 nach: H. Schliemann, Selbstbiographie (Leipzig 1892) Taf. 1

S. 53 nach: J. Rees, Amelia Edwards. Traveller, Novelist & Egyptologist (London 1998) Taf. 1

S. 61 nach: G. M. Cohen/M. Sharp Joukowsky (Hrsg.), Breaking Ground. Pioneering Women Archaeologists (Ann Arbor 2004) Taf. I.3

S. 72 nach: Julia K. Koch/Eva-Maria Mertens (Hrsg.), Eine Dame zwischen 500 Herren. Johanna Mestorf – Werk und Wirkung. Frauen – Forschung – Archäologie 4 (Münster 2002) Abb. 1

S. 78, 88, 101 nach: M. Díaz-Andreu/M. L. Stig Sørensen, Excavating Women. A History of Women in European Archaeology (London/New York 1998) Abb. 2.2, 2.1, 9.1

S. 91 nach: S. L. Dyson, Eugénie Sellers Strong. Portrait of an Archaeologist (London 2004) Abb. 7

S. 117 nach: C. Lahusen, Die erste Irakerin, GEO 3, 2008, 130–141 Abb. S. 133

S. 129 nach: M. Allsebrook, Born to Rebel. The Life of Harriet Boyd Hawes (Oxford 1992) Abb. S. 21

S. 146 nach: C. Richter Sherman/A. M. Holcomb (Hrsg.), Women as Interpreters of the Visual Arts 1820–1979 (Westport, CT 1981) Abb. 14.

S. 173, 175 nach: C. Trümpler (Hrsg.), Agatha Christie und der Orient. Kriminalistik und Archäologie (Bern 1999) Abb. S. 22, S. 43

S. 201 nach: L. Nicotra, Archeologia al Femminile, Studia Arch. 129 (Rom 2004) Abb. S. 77